축제의 탄생

축제의 탄생

소홍삼 지음

연극과인간

2020년 축제 시계가 멈췄다.

현재진행형인 코로나19 팬데믹은 인류문명을 전대미문의 위기 속으로 몰아넣었다. 여행, 항공, 영화, 공연, 스포츠, 카페 등 사람이 만나고 교류하는 모든 곳의 존립 기반이 속절없이 무너져 가고 있다. 수많은 사람이 동일의 시·공간에서 모이는 축제 생태계 역시 처참한 형국이다. 축제가 멈춘 지금 불확실한 '축제의 미래'를 예측하면서 '축제의 과거'를 되돌아보는 것이 어떤 의미가 있을까? 이 물음의 한편에 회의감이 도사리고 있지만, "멀리 되돌아볼수록 더 먼 미래를 볼 수 있다"는 윈스턴 처칠의 말은 이 책의 집필을 포기하지 않게 해준 인사이트였다.

인류의 발전은 일직선의 발전이 아니라 전진과 후퇴를 반복하지만, 나선형 계단을 한 계단씩 밟아 올라가듯 변증법적 발전을 이뤄왔다. 인간의 놀라운 탄력성resilience은 코로나19 팬데믹을 극복할 것이고, 일상도 그리고 축제도 회복될 것이다. 물론 이런 희망은 '스톡데일 패러독스stockdale paradox' 교훈처럼 정확한 현실 인식을 기반으로 한 '합리적 낙관주의' 태도를 견지해야만 한다.

현재 코로나19로 가속화된 생활양식 '언택트'의 확산으로 '우리'

라는 공동체·통합적 개념보다 '나'라는 개인주의적·해체적 개념이 점점 더 강한 사회 분위기가 형성되고 있다. '언택트'도 단절과 고립이 아닌 안전하고 편리한 연결의 방법을 찾는 것이듯, 인간은 서로 연결되어 살아가는 사회적 동물이다. 이에 인간은 고립이 아닌 어울리며 소통하는 또 다른 대안을 찾아갈 것이다. 비대면 시장이 커지면 커질수록 근본적 외로움과 본질적 소외감을 극복하려는 '외로움 시장 Lonely Market' 등 다양한 공동체 비즈니스도 성장할 것이다. '언택트' 확산이 전형적인 방식의 축제 위기로 작용하고 있지만, 한편으론 아날로그적 만남의 길급힘을 불러왔다. 축제는 참가자 시로가 소통의 문을 열어주고 쌍방의 관계를 형성한다. 휴먼터치가 필요한 오늘날, 축제야말로 외로움을 극복해 나갈 효과적 치유제가 아닐까?

축제는 인간이 인류로서 직립하는 순간부터 시작되었고, 지금까지도 계속되고 있다. 축제는 늘 우리와 함께 해왔고, 인간의 역사가 지속되는 한 축제 또한 변화하고 진화할 것이다. 축제는 지역과 도시의 특정 공간·특정 시기에만 존재하는 것이 아니다. 인간이 사회를 구성하여 살아가는 모든 곳에 축제가 있다. 축제는 하늘과 길거리에도 있고, 우리의 생각과 삶, 그리고 지금 일어나는 모든 일에도 축제는 존재한다.

앞으로 일상의 풍경이 바뀌고 새로운 일상을 맞을지 모르지만, 우리는 그 상황에 적응하며 여전히 인간적인 삶의 조건을 만들어갈 것이다. 점점 더 각박해지고 극도의 효율성만을 추구하는 현대사회에서 인간들의 감성을 어루만져 주는 '치유제'로서, 인간애를 회복시킬 '가치재'로서, 바쁜 일상을 살아가는 현대인들의 '활력제'로서 축제는 강한 생명력을 이어갈 것이다.

무엇보다 "축제의 본질은 인간의 의식을 지상에서 가장 즐거운 상태로 끌어올리는 데 있다"는 장 뒤비뇨^{Jean Duvignavd, 프랑스 인류학자}의 말처럼 축제는 그 어떤 것보다 큰 즐거움을 제공해주기 때문이다. 여전히 그 무엇으로도 대체하기 힘든 가치를 지닌 다양한 축제들은 사람들에게 '생명의 질'을 높여주고, 도시에는 새로운 활력을 불어넣어 준다.

우리나라도 '축제공화국'이라 할 만큼 축제가 많이 늘어나고 다양화되었지만, 정작 그 축제를 기획하게 된 계기나 배경, 지역과 사회에 미치는 영향에 대해 입체적으로 분석하는 책을 쉽게 찾아볼 수 없다. 대부분 해외 사례와 이론을 소개하거나, 여행과 관광 안내 수준의 정보를 담고 있는 책이 주류를 이루고 있다. 또, 축제의 결실에만 관심을 두는 목표지향적인 시각도 짙게 배어있는 듯하다.

　거친 땅을 일궈 씨를 뿌리고, 여린 싹을 틔운 축제의 탄생과정에 좀
더 초점을 맞추어 이 책을 집필하고자 했다. 그러나 보통 10년이 훌
쩍 넘는 축제의 역사를 축약하는 것만도 결코 쉬운 작업은 아니었다.
우리나라 1,000여 개의 축제 중에서 12개의 축제를 선정하는 과정도
녹록지 않았다. 많은 고민 끝에 축제의 유형과 테마를 6개의 카테고
리로 구분하고, 1개 테마당 2개 축제를 선정해 총 12개의 집필 대상
축제를 선정했다. '지역축제' 하면 누구나 알고 있는 대표적인 축제도
좋지만, 각각의 콘셉트와 테마를 기준으로 그 가치에 비해 충분히 알
려지지 않은 축제에 대해 깊이 있는 탐색을 해보고 싶었다.
　이 책에서 기록하고 있는 12개의 축제는 박제화된 과거의 유물이
아니다. 오늘과 내일도 그 도시를 밝혀주며, 시민의 삶을 더욱 풍요롭
고 즐겁게 해주는 생생하게 살아 움직이는 유기체다. 축제에는 과거-
현재-미래의 시제가 공존하고, 정치, 경제, 사회, 역사, 문화 등 다양
한 요소들이 응집되어 있다. 지역에 활력을 불어넣는 차별화되고 다
양한 축제를 중심으로 초기기획 및 준비과정, 조직과정, 프로그램, 에
피소드와 비하인드 스토리, 핵심 콘텐츠, 성공의 원인과 시사점 등을

분석하고자 했다. 그리고, 무엇보다 축제를 기획하고 성장시킨 사람들의 이야기를 풍성하게 담아보고자 했다.

이 책의 집필을 시작하면서 미처 가보지 못한 축제의 방문을 계획했으나, 코로나19로 대부분 축제가 취소되는 바람에 직접 현장에 가보지 못한 몇몇 축제가 있다. 그 축제들은 자료와 인터뷰에 의지에 쓸 수밖에 없었다는 치명적 결함을 고백하지 않을 수 없다. '오늘의 식사는 내일로 미루지 않으면서… 왜 다음으로 미뤘을까?'라는 후회와 함께, 해당 축제의 미덕을 충분히 다 재현하지 못한 점이 아쉬움으로 남는다. 앞으로 어떠한 모습으로 축제가 나타날지 모르지만, 축제 그 실체에 대한 직접적인 참여의 경험을 권하고 싶다. 축제 현장에 직접 방문해 본다면 이 책에서 제대로 전달하지 못한 찐 감동과 미덕을 충분히 만끽할 수 있을 것이다.

공연장과 지역문화재단에 근무하면서 감사하게도 다수의 축제를 직접 기획·제작해 볼 수 있는 기회가 필자에게 주어졌다. 또 여러 축제에 다양한 형태로 관여해 본 경험이 있기에 많은 사람이 참여하고 큰 호응을 얻어내는 성공적인 축제를 만드는 일이 결코, 쉽지 않다는 걸 누구보다 잘 안다. 필자의 경험에 비춰볼 때 경계해야 할 것은 축제를 단기적 이벤트나 단순 관광자원·경제적 효과를 내세우는 근시안적인 인식이다. 도구로서의 축제가 아닌, 축제 그 자체가 목적이 되어야 한다. 그리고 지역의 문화로 천착하도록 그 성장 과정을 긴 호흡으로 따뜻하게 지켜보는 시선이 필요하다. 문화는 시간의 역사가 켜켜이 쌓이고 쌓여, 숙성과정을 거쳐 발효되기 때문이다. 축제에 성공의 법칙은 없다. 다만, 답을 찾아가는 탐색과 노력이 있을 뿐이다. 끊임없이 고민하고 시행착오를 겪으며, 수정·보완해나가는 과정이 필수적이다. 그리고, 각 지역마다 환경과 특성 모두 다르기에 정답 또한 하나일 수 없다. 문화를 바라보는 획일적이고 단선적인 해석을 강요하는 '의미의 파시즘'이 아닌, 축제를 건강하게 만드는 '의미의 다양성'이 필요하다. 이 책이 지역축제마다 자신들만의 방법과 황금률을 찾아가는 다양성 측면에 도움이 되기를 바라는 마음이다.

개인적으로 '축제의 3요소'를 꼽는다면 '기획자', '콘텐츠', '관람객'이라 생각한다. 축제에는 축제 토양을 일구고, 싹을 키워낸 사람들의 노력과 땀으로 가득 차 있다. 반딧불이 모이고 모여 어둠을 환하게 비추듯, 축제는 수많은 사람의 시간과 정성이 모이고 모인 결과물이다. 축제는 '시간의 역사'이자, '사람의 역사'이다. '절대 시간'의 숙성과정을 반드시 거쳐야 하고, 경험과 노하우가 축적된 기획자들을 통해 성장하고 진화한다.

대부분의 축제는 최소 몇 달 전부터 365일 내내 준비하는 오랜 시간의 과정을 거치지만, 축제 기간은 대부분 며칠에 불과하다. 축제는 꽃을 피우기 위해 거센 비바람과 시련을 견뎌낸 봄의 벚꽃처럼 짧은 순간 피고 지는 '순간의 꽃'일지 모르지만, 축제를 경험한 관람객의 가슴에 '순간 속의 무궁'처럼 오래오래 남는 꽃이다. 그 '축제의 꽃'이 다시 우리의 삶 속에 활짝 피어나길! 멈춘 축제의 시간이 다시 흐르기를 간절히 소망한다.

2021년, 지는 벚꽃 뒤로 피어나는 새잎을 보며
소홍삼

머리말 •5

아름다운 세상을 만드는 힘

공연예술축제

통영국제음악제: 봄 바다에 펼쳐지는 음악의 향연 •17
춘천마임축제: 예술가가 뿌린 축제의 씨앗, 세계 3대 마임축제로! •44

금강산도 식후경

맛있는 축제

강릉커피축제: 바다 품은 '커피 별', 강릉 •75
대구치맥페스티벌: '대프리카'의 여름나기 •99

일상의 쉼표

트렌디한 음악축제

블랙뮤직페스티벌: 블랙, 세상의 빛을 담다 •129
자라섬재즈페스티벌: 버려진 섬에서 피어난 '재즈의 꽃' •159

나-너, 우리

커뮤니티 축제

원주댄싱카니발: 거리는 무대, 시민은 주인공 •193

추억의 충장축제: 과거와 현재의 힙한 만남 •224

오래된 미래

전통문화축제

진주남강유등축제: 진주의 가을밤은 낮보다 더 아름답다 •255

김제지평선축제: 하늘과 땅이 만나는 황금빛 들녘에서 •285

'물'과 '불'의 제전

이색축제

제주들불축제: 새별 오름이 활활~, 강빵옵써! •315

장흥물축제: SUMMER 23℃ 정남진 장흥으로~ •339

2020~2021 문화관광축제 지역별 현황 지도 •369

아름다운 세상을 만드는 힘

공연예술축제

통영국제음악제
춘천마임축제

봄 바다에 펼쳐지는 음악의 향연

　시대착오적 이념 갈등의 어려움을 겪으면서도 '비가 온 뒤에 땅이 굳는다'는 말처럼 통영국제음악제는 더 단단하게 성장했다. 클래식이라는 순수예술장르로 기획된 국내에 몇 안 되는 축제로서 국내를 넘어 해외에서도 우수한 축제로 평가받고 있다.

　윤이상 작곡가의 추모로 시작되었던 통영국제음악제, 지나온 고달프고 힘들었던 과거를 딛고 이제 추운 겨울을 지나 흐드러진 연분홍 벚꽃이 피는 봄날을 맞이했다.

"나는 단 한 번도 충무(통영)를 잊어본 적이 없습니다. 그 잔잔한 바다, 그 푸른 물색…. 파도소리는 나에게 음악으로 들렸고, 그 잔잔한 초목을 스쳐가는 바람도 나에겐 음악으로 들렸습니다."

　　　　　　　　　　－ 윤이상(1917~1995) 선생 실제 인터뷰 中

　　　　　　　　　　(출처: 윤이상의 귀향, 2018 통영국제음악제)

　‘동양의 나폴리’라고 불리는 통영은 쪽빛 바다 위 보석 같은 수백 개의 섬들이 군락을 이루는 한려수도의 심장이다. 통영에서 바라보는 천혜의 비경은 마치 오선시에 올려놓은 음표 같고, 푸른 바다를 배경으로 불어오는 파도 소리는 어떤 악기의 소리로도 견줄 수 없는 깊은 울림이 있다. 벚꽃이 만개한 3월 말이 되면 통영의 봄 바다는 악보 그 자체가 된다. 크고 작은 섬은 오선지처럼 이어지고, 벚꽃 나무의 흩날리는 꽃잎들은 음표가 되어 도시 전체를 아름다운 음악 선율로 물들인다. 인고의 시간을 거치며 절경을 이루는 통영의 해안선은 모진 풍파를 겪으며 위대한 예술혼을 불사른 윤이상의 삶이 투영된 듯하다. 통영의 이런 아름다운 풍광은 윤이상에게 음악적 영감의 원천이었다.

　유치환, 김춘수, 박경리, 전혁림 등 걸출한 예술인들을 배출한 고장, 통영은 오래전부터 한국의 대표적 예향藝鄉으로 유명하다. 이 작은 항구도시는 2002년 문을 연 통영국제음악제Tongyeong International Music Festival. 이하 'TIMF'를 계기로 세계 속의 음악도시로 발돋움하기 시작했다.

봄의 길목 3월 말에서 4월 초까지 전국의 클래식 애호가들은 '통영국제음악제'를 관람하기 위해서 통영을 찾는다. 평소 클래식을 즐기지 않는 사람도 축제 기간에는 자연스럽게 마음을 열고 음악을 즐긴다. 축제를 시작한 지 19년 만에 독일의 유력지인 프랑크푸르트알게마이네 차이퉁Frankfurter Allgemeine Zeitung. FAZ으로부터 '아시아의 잘츠부르크 페스티벌'이라고 평가를 받는 글로벌브랜드가 됐다.

통영의 역사, 자연, 음식 모두 관광 콘텐츠

깊이 있는 자연유산을 가진 통영에는 그에 버금가는 다양한 콘텐츠들이 있다. 시간을 간직한 역사 콘텐츠, 경이로운 자연이 만들어 내는 비경, 그리고 그 시간과 자연 속에서 삶을 녹여낸 음식문화 모두가 통영의 문화관광 콘텐츠이다.

통영의 대표적인 역사 콘텐츠는 구국의 명장 '충무공 이순신'이다. 1592년 8월 14일선조 25년 음력 7월 8일 학익진으로 왜군을 크게 이긴 '한산도 대첩'의 장소가 바로 통영 앞바다에 있는 한산도다.

한산도가 바라다보이는 천연의 요새 통영항에는 '이순신공원'이 조성되어 있다. 속 시원하게 탁 트인 통영항과 무질서하게 불어대는 바람들은 한산도 대첩 때와 별반 다르지 않으리라. 이 공원에는 금방이라도 움직여 진두지휘할 것 같은 위엄 넘치는 이순신 장군 동상과 임진왜란 당시 사용되었던 투박한 천자총통이 자리하고 있다. 또, 이순신 장군이 사용했던 전라좌수영 거북선, 통제영 거북선, 한강 거북선과 조선 군선들이 전시되어 관람 및 직접 체험을 할 수 있다. 또 충무공 이순신의 혼을 기리기 위한 사당들로는 한산도의 '제승당', 민초들이 세운 최초의 사당 '착량묘', 왕명으로 세워진 사당 '통영충렬사'가 있다. 이외에도 통영한산대첩축제, 충무공 이순신의 호와 이름을 딴 충무교, 충무김밥 등 '이순신'이라는 하나의 콘텐츠로 다양하게 활용하고 있는 원소스 멀티유즈OSMU, One Source Multi Use를 잘 구현시켜 지역민들의 자긍심을 높이고 관광객들을 유치하는 통영만의 문화 '학익진' 전략이라고도 할 수 있다.

또한 짙은 녹색을 품고 황홀하게 이어지는 등선의 산, 생태공원 등 자연유산도 풍부하다. 통영은 겨울에는 따뜻하고 여름에는 시원한 도시로, 연평균기온 14℃의 온난대지역이다. 강과 작은 하천은 낮은 구릉성의 침식지형으로 이루어져 있어 평야나 분지의 지형도 없다. 해안선을 따라서 완만한 경사를 이루고 있는 여러 산의 봉우리를 이어보면 통영에서만 느낄 수 있는 동양의 미와 자연의 안락함을 찾을 수 있다.

통영 연화열도에서 가장 큰 섬인 '욕지도'는 널리 알려진 인기 있는 섬이다. '욕지도'에 사람이 살기 시작한 것은 불과 120여 년밖에 되지 않았다. 때묻지 않은 천혜의 비경을 눈에 넣을 수 있는 출렁다리와 2km의 등선을 누비는 모노레일도 최근 각광받는 관광명소다. 이밖에도 '사량도'의 해안일주도로와 사량대교, 해안절벽기암의 '수우도', 6·25전쟁 포로수용소가 있었던 '추봉도', 산홋빛 모래가 펼쳐진 '비진도', 해상공원이 자리하고 있는 '장사도', 국립공원 경관자원 100선에 선정된 '소매물도' 등 각각 뚜렷한 특색을 가진 섬들과 탁 트인 해안선을 따라 만들어진 해안도로와 해상공원들은 관광객들을 불러모으는 관광콘텐츠다. 또 '통영한산대첩축제', '한산도 바다체험축제', '욕지도 섬 문화축제', '사량도 옥녀봉축제' 등 다양한 소규모 축제 및 관광 콘텐츠들이 매년 개최되어 우리들의 시선을 당긴다.

금강산도 식후경! 통영은 미▸치도록 먹어보고 싶은 먹거리가 풍부하다고 소문난 도시이다. 통영의 청정해역은 예로부터 싱싱한 해산물로 칭송받았다. 그 대표적인 특산품으로 전국 생산량의 70%를 차지하는 멸치와 세계 제일로 손꼽히는 굴이 있다. 그 외에도 돌미역, 김, 멍게, 고구마 등 다양한 특산품으로 개발한 '충무김밥', 말린 통영고구마를 활용한 영양 간식 '빼떼기죽', 한반도에서 봄을 가장 먼저 맞이하는 도시의 상징 '도다리쑥국'이 있다. 도시의 이미지를 달달하고 포근하게 만들어주는 '꿀빵'과 통영만의 독특한 술안주 음식문화인 '다찌'*도 있다.

> * 다찌
> '다찌노미(立飮み, 서서 마시기)'에서 유래한 것으로 일제강점기 때 들어온 말. 대충 마시고 가는 일본의 음주문화와 달리 상다리가 부러지게 차려지는 통영의 다찌는 통영 고유의 음주문화다. 정해진 메뉴 없이 당일 공수한 신선한 재료로 구성되어 술을 시키면 술에 맞춰 안주가 입이 벌어질 정도로 푸짐하게 나온다.

20세기 위대한 작곡가, 윤이상

깊이 있는 역사, 자연유산과 다양한 문화콘텐츠를 가진 통영이 도시브랜드를 '자연'에서 '음악'으로 정체성을 확립한 그 토대는 '현대음악의 거장'이라 불리는 통영 출신 작곡가 '윤이상[1917~1995]'에서 비롯되었다.

1917년 일제강점기 산청에서 태어난 그는 네 살부터 보통학교[초등학교] 졸업까지 통영에서 성장했다. 이후 서울 유학길에 올라 2년 동안 화성학 교육을 받았다. 음악에 대한 꿈을 가지게 된 윤이상은 일본 오사

카음악학교에서 작곡과 첼로 공부를 하던 중 1941년 태평양 전쟁이 발발하면서 전쟁 직전 귀국했다. 1944년 반일 활동 혐의로 체포되어 두 달간 옥고를 치르기도 했다. 1945년 시인 유치환, 시인 김춘수, 화가 전혁림 등과 **통영문화협회***를 만들었다. 그는 일제강점기 '전국 학교의 교가 지어주기' 사업을 추진하여 통영지역 초등학교 10여 곡을 비롯해 전국적으로 30곡이 넘는 학교 교가를 작곡하는 등 민족공동체의 정체성 확립을 위한 계몽적인 문화 활동을 적극적으로 펼쳤다.

이후 1956년 6월 프랑스로 유학을 떠난 그는 1959년 9월에 네덜란드 다름슈타트에서 〈일곱 악기를 위한 음악〉을 **프랑시스 트라비스**[1921~, 스위스]* 지휘로 초연했으며, 이를 시작으로 유럽 현대음악계에서 주목을 받기 시작했다. 〈예의〉, 〈낙양〉 등 동양적 소재의 오페라를 선보여 현대음악가로서 입지를 넓혀가던 중 '동백림사건'으로 고초를 겪었지만 수감 중이던 1968년 오페라 〈나비의 꿈〉을 완성한 데 이어, 1972년 8월 뮌헨올림픽 개막 기념 오페라 〈심청〉을 선보여 극찬을 받으며 국제적 명성을 얻었다.

유럽 유학시절에는 박정희 군사정권에 대항하여 독일 유학생을 중심으로 한국의 민주화 투쟁 활동을 벌였다. 1963년 북한을 방문했다는 이유로 1967년 서울로 강제 소환돼 구속수감[동백림사건] 되었다. 이후 1969년 대통령특사로 석방되어 서독으로 추방되었다. 1994년 대한민국으로 입국을 시도했으나 정부로부터 거부당했고, 이듬해 1995년 11월 2일 끝내 고향 땅을 밟지 못하고 베를린에서 눈을 감았다.

'20세기 위대한 작곡가', '세계 음악사의 행운', '동양과 서양의 음

윤이상 선생 추모지

악적 기법을 완벽하게 결합시킨 천재 작곡가' 등 그를 평가하는 화려한 수식어들은 그가 남긴 현대음악사의 지대한 업적들을 짐작할 수 있게 해준다. 윤이상은 외국에서 세계적인 음악가로 칭송받았지만, 정작 고국에서는 현대사의 이념이라는 파도에 휩쓸린 불운아였다. 그의 사후 몇 년이 흐르고 나서야 사람들도 윤이상 음악의 위대함과 그가 평생 견뎌내야 했던 향수의 안타까움에 주목하게 됐다. '상처 입은 용'이라는 수식어에서 보듯 그의 삶은 굴곡으로 점철됐다. 우리나라 근현대사 질곡의 세월 동안 침식侵蝕작용을 마친 지금에서야 그는 어쩌면 인생의 절경을 마주하고 있는지 모른다.

윤이상은 생전에 남긴 "자신의 음악은 조국의 예술적, 철학적, 미학적 전통에서 태어났고, 고향은 작품 창작에 다시없이 귀중한 정서적인 원천이 되었으며, 고국의 불행한 운명과 질서의 파괴, 국가권력의 횡포에 자극을 받아 음악이 가져야 할 격조와 순도 한계 내에서 가능한 한 최대의 표현 언어를 구사하려고 했다."루이제 린저, 윤이상 1988. 윤이상-루이제 린저의 대담. 상처 입은 용는 말처럼 평생에 거쳐 그의 음악활동의 원천이 되는 조국과 고향에 대한 깊은 사랑을 음악으로 표현해냈다.

통영국제음악제의 태동과 성장

통영 최고의 브랜드인 'TIMF'는 세계적 작곡가 윤이상이 없었다면 불가능했다. 윤이상은 해마다 전 세계 음악인과 관객을 불러모으며, 자신의 고향 통영을 국제도시로 만들었다. 통영국제음악제는 지난 1999년 '윤이상 가곡의 밤'을 발판 삼았다. 윤이상은 1994년 한국에서 열린 윤이상 음악 축제에 참석하려 했으나, 우리 정부의 반대로 끝내 고국 땅을 밟아보지 못하고 1995년 세상을 떠났다. 그 후 민간 주최로 윤이상 추모회가 만들어졌으며, 이를 기점으로 1999년 5월 통영문화재단의 주최로 통영시민문화회관에서 '윤이상 가곡의 밤'이라는 작은 음악행사가 열렸다. 이것이 통영국제음악제TIMF의 모태다. 추모음악회는 윤이상의 음악과 그의 삶을 환기시키기에 충분했다.

바로 이듬해인 2000년 통영국제음악제의 씨앗이 뿌려졌다. 〈윤이상을 기리며Hommage a Isang Yun〉라는 주제로 통영국제음악제의 초창기 이름인 제1회 '통영현대음악제'가 통영시민문화회관에서 열렸다. 국내외 연주자들을 초청해 윤이상의 대표곡은 물론, 현대음악의 흐름을 파악할 수 있는 각종 워크숍을 여는 등 국제음악제로 발전할 수 있는 가능성을 열었다. 연이어 2001년 2월 '음악과 여성Music & Women'이라는 주제로 3일 동안 음악회와 세미나, 워크숍과 강연, 윤이상 대표곡 '교향곡 4번어둠속에서 노래하다'을 포함해 모두 34곡 현대음악이 연주되는 등 국제음악제로 가기 위한 시범무대가 꾸려졌다.

공연장과 예술단체는 수어지교水魚之交로 어느 한쪽이 없으면 존립할 수 없는 상생의 관계이다. 통영국제음악제의 상주단체인 'TIMF앙상블'은 국내외에서 활발한 활동을 펼치고 있는 우수한 연주자들로 구성되어 2001년 창단되었다. 2002년 통영국제음악제 'D-100 연주

회'를 시작으로 이후 클래식과 현대음악을 넘나드는 다양한 레퍼토리로 국내외에서 인정받고 있다. 그들이 운영하는 아카데미, 시즌별 기획프로그램, 신진음악가 발굴을 위한 윤이상국제음악콩쿠르 등은 축제의 지속적인 성장을 위한 토대가 되고 있다. 또 TIMF앙상블은 2005년부터 국내외 저명 음악가들을 초청하여 마스터클래스와 워크숍을 진행하여 차기 우리나라를 빛낼 신진음악가 육성에 공을 들이고 있다.

2002~2003년의 음악제는 겨우내 얼어있는 땅을 뚫고 봄의 새싹

을 틔우듯 여러 면에서 성장하는 기간이었다. 故박성용 금호아시아나그룹 명예회장을 초대 이사장으로 한 재단법인 통영국제음악제의 출범과 동시에 음악제 명칭도 '통영국제음악제'로 변경되었다. 그해 1월 〈D-50 연주회〉와 더불어 3월 8일부터 16일까지 〈서주와 추상 Fanfare&Memorial〉이라는 주제로 통영국제음악제가 개최되었다.

세상에 나온 음악제의 새싹은 봄과 함께하는 축제로 그 정체성을 확립하였다. 매년 3월 말에 시작하는 개최 시기는 지역적인 여건을 고려했다. 통영의 3월 말은 동백꽃과 벚꽃이 개화의 절정을 이루고 유채꽃의 꽃망울이 터지기 전 시기로 4월 중순부터 몰려드는 관광 시즌 직전의 비수기 끝자락이다. 지역경제의 상당 부분이 관광업 기반 소상공인 의존도가 큰 관광도시의 특성을 감안하면 관광 특수가 시작되기 직전에 손님맞이 채비를 막 끝낸 시기이다. 비수기 끝자락이기 때문에 숙박 시설 수요를 감당하기에 버겁지 않다. 특히 3월 말은 대학가의 봄 학기 단체여행이 추진되는 시기로서 대학생 관광의 단골 여행지로 각광받는 통영에서 국제음악제를 개최하기에 시기적으로 매우 적절했다. 2003년 3월에는 박관용 前 국회의장을 회장으로 재단법인 '통영국제음악제후원회'가 창립되어 음악제 개최와 사업을 후원하는 역할을 담당했다. 같은 해 11월 '윤이상국제음악콩쿠르'의 전신인 '경남국제음악콩쿠르' 첼로부문이 개최되었다. 콩쿠르는 피아노, 바이올린·첼로 부문으로 매년 번갈아 열린다. 한국의 국제 음악 콩쿠르로는 최초로 유네스코 산하 '국제음악콩쿠르세계연맹 WFIMC'에 가입·승인을 거친 콩쿠르로 자리매김했다.

2004~2006년까지는 나뭇가지의 꽃망울들이 꽃을 피우기 위해 따스한 햇살, 시원한 바람, 촉촉한 비를 맞는 등 다양한 변화를 맞이하는 음악제로 탈바꿈했다. 2004년 제3회 통영국제음악제는 〈공간es-

PACE〉으로 음악제의 기존 틀에서 벗어나 시즌제로 변화를 모색했다. 3월 22~27일에는 본 음악제를 개최하고, 4월, 6월, 8월에는 각각 1회의 시즌 콘서트를 각각의 서로 다른 공간에서 펼쳤고, 12월에는 폐막콘서트를 여는 등 기존 음악제와 차별화된 운영을 선보였다.

2005년에는 'TIMF 아카데미'가 첫발을 내딛었다. TIMF아카데미는, 2005년 통영국제음악제가 끝난 아쉬움에 세계적인 현대음악전문예술단체 독일의 앙상블 모데른Ensemble Modern*을 초청하여 '앙상블 모데른 아카데미'를 1주일간 진행했는데 반응이 좋아 독자성을 지닌 사업으로 브랜드화시킨 것이다. 이는 현대음악 연주자와 창작자 등을 통영국제음악제 스스로 양성하겠다는 적극적인 의지가 투영된 사업이었다. TIMF아카데미는 통영국제음악제를 단순한 음악 축제가 아닌 실력 있는 음악도가 꿈을 더욱 확장할 수 있는 무대로 만들고 있다.

TIMF는 2005~2008년까지는 봄과 가을로 시즌을 나눠 개최했으나, 2009년부터는 봄에는 음악제, 여름에는 아카데미, 가을에는 '윤이상국제음악콩쿠르'를 개최하였다. 2009년에는 '아시아·태평양 현대음악제'를 유치해 통영국제음악제와 함께 열면서 그 위상을 한껏 높였다.

해를 거듭하면서 국제적인 음악제로서, 지역축제로서 그 상징성과 명성을 더해갔지만, 클래식 전문공연장과 전문적인 음향시설의 부재가 발목을 잡았다. 2004년 폐막공연 예정이었던 뉴욕필하모닉의 공연이 공연장 시설로 인해 개최 직전 취소되는 최악의 상황까지 다다르자 통영시는 이를 해결하기 위해 '통영국제음악당ﾟ윤이상음악당' 건립을 추진하였다. 통영국제음악당은 2010년 3월 착공, 3년 4개월 만

* 앙상블 모데른
유럽의 대표적인 현대음악 연주단체. 1980년 대학생들로 구성된 '청년 독일 필하모니(Junge Deutsche Philharmonie)'에서 활동하던 연주자 19명에 의해 오케스트라 내 동아리 형태로 창단됐다. 윤이상의 '소관현악을 위한 인상'을 1987년 프랑크푸르트에서 초연하는 등 선생의 작품을 주요 레퍼토리에 포함시켜 연주했다. 2003년 통영국제음악제에서는 세계적인 오보이스트 하인츠 홀리거와 함께 개막 연주회를 담당하기도 했다.

에 명실상부 최고의 음향환경이 갖춰진 클래식 전문 음악공연장으로 준공되었다. 부지 33,058㎡에 연면적 14,618㎡의 지상 5층 건물로 1,300석의 음악 전용홀인 메인홀과 300석 규모의 다목적 공연장인 블랙박스를 비롯한 리허설룸, 카페테리아, VIP라운지, 옥외데크, 옥상전망대 등의 시설을 갖추고 있다. 한려수도의 심장 통영 앞바다를 배경으로 갈매기 두 마리가 하늘로 비상하는 독특한 외관으로 지역의 랜드마크로 부상했다.

매년 주제 선정... 새로운 시도

현재 국내에는 서울예술의전당 교향악축제, 평창대관령음악제, 서울스프링실내악축제, 제주국제관악제 등 다양한 클래식 축제들이 펼쳐지고 있다. TIMF가 이들 클래식 축제와의 차별점은 현대 창작음악에 대한 집중이다. 대표적인 슬로건 중 하나는 '아시아 현대음악의 중심지'이다. 음악제에서 성과로 강조하는 점은 어떤 작곡가가 초청되었거나, 참여하였는가이다. 특히 작곡가의 특정한 작품이 초연되거나, 주최측이 위촉하여 세계 초연되는 기록에 상당한 가치를 부여하고 있다. 소수의 스타 연주자 또는 연주단 중심으로 프로그램이 꾸려지는 일반적인 클래식 음악제와 구별되는 특징이라고 할 수 있다.

특히 매년 음악제의 핵심주제를 선정하고 있다. 주제를 관통하는 일관된 예술적 지향점을 제시함으로써 축제가 단순히 공연물을 나열하는 것이 아니라, 일정한 예술성과 철학을 지향하는 프로그램의 결정체임을 강조하는 것이다. 각각의 모든 프로그램이 주제에 종속되는 성향이 그다지 강하지 않은 양상을 보여주고 있지만, 대표적인 프로그램에서는 주제와 연관된 프로그램으로 구성하고 있다. 주제의 상당 부분은 작곡가 윤이상의 작품 부제에서 연유하고 있다. 2000년 첫 테마를 시작으로 매년 인물, 자연, 음악 이슈 등을 모티브로 축제의 테마를 정하고 추진한다. 최근 테마 중 유독 관심을 끈 테마는 2018년 '귀향Returning Home'으로 23년 만에 윤이상의 유해를 통영으로 이장했던 시기와 맞물려 세간의 큰 주목을 받았다.

[표] 통영국제음악제 연도별 주제

연도	주제	연도	주제
1999	윤이상 가곡의 밤	2010	音樂+(MUSIC+)
2000	윤이상을 기리며 (Hommage a Isang Yun)	2011	전환(Moving Dimension)
2001	음악과 여성 (Music & Women)	2012	소통(Without Distance)
2002	서주와 추상 (Fanfare & Memorial)	2013	자유&고독(Free & Lonely)
2003	꿈(Dream)	2014	해경(Seascapes)
2004	공간(eSPACE)	2015	여정(Voyages)
2005	기억(Memory)	2016	미래의 소리 (Sounds of Tomorrow)
2006	유동(FLUX)	2017	아시아에서 세계로 (From Asia to the World)
2007	만남(RENCONTRE)	2018	귀향(Returning Home)
2008	자유(Freiheit)	2019	운명(Destiny)
2009	東과 西(동과 서)	2020	현실(Reality), 새로운 현실(New Reality) *코로나19로 취소

또한 통영국제음악제에서는 다른 국제음악제에서 쉽게 볼 수 없는 다양한 시도가 눈에 띈다. 우선 '윤이상' 작곡가의 삶의 철학과 역동성이 여러 실험 무대의 변용으로 나타났다. 지난 2002년 첫 통영국제음악제에는 1980년 광주의 아픔을 노래한 '광주여, 영원히!', 남경대학살을 고발하는 비파 협주곡 '난징! 난징!' 등 동아시아 역사에 있어 부조리를 노래하는 곡들이 창작 초연됐다. 쇤베르크가 유대인 학살의 참상을 고발한 '바르샤바의 생존자' 역시 같은 맥락이다.

2003년에는 '음악과 종교'라는 부제 아래 국립국악원이 종묘제례악을 연주했고, 후고볼프 현악4중주단이 하이든 '십자가 위의 일곱 말씀', 상트페테르부르크 카펠라 합창단이 '성요한 크리소스톰을 위한 리트루기'를 연주했다. 더불어 남해안 별신굿 공연에서는 경남의 '굿' 문화가 음악적으로 재해석되는 무대로 거듭났다. 윤이상 선생이 작곡한 교가 부르기 등은 조영남, 도올 김용옥 등이 참가하는 등 색다른 무대로 관객의 시선을 끌었다.

2004년부터는 시즌제를 도입해 음악제를 연중행사로 이끌며 음악이 넘치는 통영을 만들었다. 도입 초기에는 '일회성 음악회를 늘어놓은 것밖에 되지 않았다'는 일부 비판도 있었지만 이후 봄·가을 시즌제로 변모하면서 프로그램과 시스템 등 여러 방면에서 안정감을 찾아갔다. 2006년에는 음악극 〈로즈〉로 개막공연을 시작했다. '기존의 뮤지컬이나 오페라의 관습을 배제'라는 문구로 상징적이고 추상적인 무대를 만들었다. 이후에도 음악극 한 편을 음악제 무대에 올리는 등 음악제 외연을 넓히는 방안을 꾸준히 모색해오고 있다.

2012년 시즌은 'Without Distance'를 주제로 음악을 통한 소통의 가능성을 보여줬다. 16개 공식 공연 가운데 7개가 매진되고, 90%에 육박하는 높은 객석 점유율을 기록했다. 특히, 10주년을 맞아 예술

2017년 TFO 투어에서 함부르크 엘프필하모니

감독 겸 지휘자 알렉산더 리브라이히가 이끄는 프로젝트 오케스트라인 통영 페스티벌 오케스트라^{TFO}가 포문을 연 개막공연은 완벽한 레퍼토리와 김선욱과의 빼어난 협연이 인상적이었다. 윤이상의 제자인 세계적 작곡가 도시오 호소카와의 명상^{meditation}의 세계적 초연은 일본 대지진으로 목숨을 읽은 이들의 넋을 위로하고, 스승 윤이상에 대한 겸손하고 충실한 오마주를 보여준 무대였다. 또 폐막을 장식한 한국 초연작 베아트 푸러 음악극 '파마'는 혁신적인 사운드를 통해 내부의 응축된 에너지를 표현, 열광적인 반응을 얻었다.

2017년에는 윤이상 탄생 100주년을 맞아 9월 22일부터 10월 2일까지 '통영페스티벌오케스트라^{TFO}'의 유럽 투어를 추진했다. 이 투어에는, 윤이상의 삶과 업적을 기리기 위해 열흘 동안 윤이상의 막역지우였던 '하인츠 홀리거'와 '클라라 주미 강'이 함께했다. 통영국제음악당 콘서트홀에서 출발해 독일 보훔 무지크포룸, 함부르크 엘프필하모니, 하노버 헤렌하우젠 궁전, 오스트리아 린츠 브루크너하우스, 체코 브르노 베세드니 둠, 슬로바키아 레두타 브라티슬라바 콘서트홀로 이어지는 대장정을 선보여 대한민국 클래식의 위상을 높였다. 아시아권의 대표적인 클래식 축제로서 통영국제음악제가 가진 브랜드 파급력을 증명했다는 평가를 받았다.

2019년에는 특히 윤이상 선생의 수제자이자 세계 음악계에서 추앙받고 있는 현대음악 작곡가 도시오 호소카와TOSHIO HOSOKAWA의 오페라 〈바다에서 온 여인The Maiden from The Sea〉이 무대에 올라 의미를 더했다. 일본 전통 가무극 노能를 대표하는 '후타리 시즈카'를 오페라로 재창작한 작품인데, 이날 아시아 초연으로 블랙박스 극장 무대에 올랐다. 또, 음악제에 참여한 첼리스트 미샤 마이스키가 욕지도를 찾아 '스쿨 콘서트'를 열었다. 세계적인 거장이 초등학생 36명, 중학생

2019년 통영국제음악제에서 공연된 도시오 호소카와의 오페라 〈바다에서 온 여인〉

10명을 위해 무대에 오른 것은 통영국제음악제에서도 좀처럼 볼 수 없는 새로운 시도로 평가받았다. 또 국내 페스티벌에서는 이례적으로 밤 10시에 시작하는 심야공연도 음악제의 이색 프로그램으로 인기가 높다.

TIMF 브랜드와 유네스코 지정 '음악창의도시'

TIMF는 매년 일회성으로 끝나는 축제가 아닌 시즌별 음악제를 개최하는 차별화로 365일 음악과 함께하는 도시 이미지를 만들었다. 따뜻한 봄에는 음악제를, 무더운 여름에는 아카데미를, 시원한 가을에는 프린지페스티벌과 콩쿠르 진행을 통해 클래식 장르의 문턱을 낮추고 일상과 함께하는 축제로 자리잡았다.

'음악과 동행한다'라는 모토로 시작된 프린지페스티벌은 마니아층은 물론 통영을 방문한 관광객과 지역민들이 같이 향유할 수 있는 기회를 제공하고 있다. 2002년부터 시작된 통영 프린지는 아카펠라, 국악, 크로스 오버 등 다채로운 장르의 공연과 다양한 연령대의 참가자들을 만날 수 있는 열린 무대로 클래식 공연에 집중한 통영국제음악제를 보완하는 역할을 톡톡히 수행하고 있다. 첫해 36개 팀이 참가했으나, 2005년 65개 팀, 2011년 158개 팀이 참가하여 해를 거듭하며 점점 발전해오고 있다. 또 한정되었던 장소를 벗어나, 도천동 윤이상기념공원, 내죽도 공원, 미륵산 정상 등 통영시 어디를 가더라도 프린지 공연을 볼 수 있도록 장소를 보다 확장하였다.

매년 새로운 시도를 펼치는 TIMF는 도시브랜드 구축에 물꼬를 텄다. 2015년 통영시는 글로벌 음악 도시로 도약하는 전환점을 맞게 됐

다. 유네스코가 지정하는 '음악창의도시'에 국내 최초로 선정되는 쾌
거를 이뤄낸 것이다. 아시아에서는 일본 하마마츠에 이어 두 번째이
자 세계에서는 열 번째였다. 예향이지만 전 세계가 인정하는 음악도
시로 부상한 데에는 윤이상과 그의 예술혼이 살아 숨쉬는 TIMF의
공이 크다. 쇼팽이나 차이코프스키의 이름을 딴 국제음악콩쿠르가
폴란드와 러시아의 브랜드이듯 TIMF는 해외 음악계에서도 통하는
브랜드가 됐다. 그렇다고 TIMF만으로 통영이 음악창의도시가 된 건
아니다. 지난 2015년 7월 통영시는 유네스코 음악창의도시 지정추진
위원회에 네트워크 가입신청서를 제출하면서 국가중요무형문화재인
승전무, 통영오광대, 남해안 별신굿 등 전통음악을 소개했다. 여기에
윤이상 작곡가와 TIMF, 통영국제음악당[2013년 건립] 등을 내세워 '준비
된 음악 창의도시'로서의 강점을 알렸다. 또한 관련 전담팀을 만들고
여러 차례 전문가와 시민들이 참여하는 포럼을 열어 음악창의도시에
대한 공감대를 높이는 데 힘을 모았다. 당시 김동진 시장[제4·7·8대 시장]이
보여준 의지는 대단하였다. 그는 가입 신청에 앞서 두 차례나 스페인
세비야, 이탈리아 볼로냐, 독일 만하임 등 기존 음악창의도시 관계자
들을 초청해 자문을 하는가 하면, 일본 가나자와에서 열린 유네스코
본부와 창의도시네트워크 총회를 직접 방문해 통영의 의지를 적극 알
렸다.

특히 아시아·태평양 공연예술센터연합회[AAPPAC], 국제음악콩쿠
르세계연맹[WFIMC]과의 활발한 국제교류활동 등 시가 보유하고 있는
음악자산과 비전을 담아 심사위원들로부터 좋은 평가를 이끌어냈
다. 통영시는 유네스코 음악창의도시 네트워크[Unesco Creative Cites Net-work·UCCN]에 가입 후 글로벌 도시로서의 격을 높이는 데 주력했다. 외
국인을 통영국제음악당 대표로 임명한 게 대표적 사례이다.

통영국제음악제의 주역들

TIMF의 강점은 축제 사무국의 전문성이다. 축제 초기에는 통영국제음악제 사무국으로 운영하다가 2014년 3월 통영국제음악당 개관과 동시에 통영국제음악재단을 설립하여 전문성을 더하고 있다.

축제 초기에 재단법인 통영국제음악제는 이사회, 운영위원회, 사무국으로 구성되었다. 머리가 되는 이사회는 통영국제음악제를 운영하는 조직 전체를 운영하고, 손이 되는 운영위원회는 기획프로그램 및 행사를 결정하는 역할을 수행하고, 양발이 되는 사무국에서는 실질적인 업무를 진행했다. 사무국은 한쪽 발은 통영에, 다른 한쪽 발은 서울에 두어 두 곳의 사무국이 분업시스템으로 축제를 운영했다. 통영사무국에서는 사업기획과 예산집행에 대한 기능을 담당했고, 당시 통영시청 공무원들은 행정적인 지원 업무를 맡았다.

서울사무국에서는 장기적인 전략사업과 국제교류업무, 홍보·마케팅 등을 담당하는 핵심적인 업무를 담당했다. 이렇게 분업화되어 진행되던 사무국은 2014년 통영국제음악재단 출범으로 하나로 합쳐졌다. 공무원들로 구성되어 축제의 전반을 움직이던 기획·예산부문을 예술경영전문가들로 일원화하면서 보다 효율적인 축제조직으로 거듭나고 있다.

통영국제음악재단의 출범은 통영의 조선업이 멈춰 도시경제가 쇠퇴의 길로 접어들 때 클래식음악과 윤이상이라는 콘텐츠를 활용하여 기획력을 발휘함으로써 도시에 활기를 불어넣었다. 그 성과를 인정받아 2015년 국내 최초의 유네스코 음악창의도시에 선정되는 쾌거를 이루었다.

통영국제음악재단의 성장배경에는 탁월한 안목을 가진 외국인 예술감독들의 역할도 컸다. 통영국제음악재단은 2011년부터 3년간 활동할 초대 예술감독으로 독일 태생의 오사카 필하모닉, BBC 심포니 오케스트라, 잘츠부르크 모차르테움 오케스트라, 뮌헨 필하모닉 등에서 지휘의 경력을 가진 '알렉산더 리브라이히Alexander Liebreich'를 선임했다. 리브라이히는 2012년 '통영페스티벌오케스트라TFO'를 결성, 또 한 차례 새로운 실험으로 관객들과 마주했다. TFO를 아시아를 대표하는 프로젝트 오케스트라로 육성하는 한편 젊은 작곡가들과 새로운 음악을 끊임없이 발굴함으로써 신진 예술가들의 전진 기지로서 역할을 강조하면서 통영국제음악제를 묵직하게 이끌었다. 특히 이 시기 통영음악제는 음악인들의 작품 세계를 집중조명하는 레지던스 프로그램에 힘을 쏟았다. 현재 클래식 음악계의 최전선에 있는 탁월한 작곡가와 연주자들을 선정, 음악제 기간 내내 통영에 머무르며 관객과의 진정한 소통을 이끌어 통영국제음악제만의 확실한 개성을 더했다. 2012 통영국제음악제의 레지던스 아티스트로는 한국의 젊은 피아니스트 김선욱과 오스트리아 타악기 연주자 마틴 그루빙거가 있다. 또 레지던스 작곡가로는 도시오 호소카와와 베아트 푸러가 통영을 찾았다. 이들은 통영국제음악제 공연뿐 아니라 워크숍, 렉처 등을 통해 그들의 음악 세계를 펼쳤다. 2013 레지던스 작곡가는 치강 첸 & 파스칼 뒤사팽이었다.

2014년부터는 플로리안 리임Florian Riem, 독일을 통영국제음악재단의 대표로 선임했다. 그는 대표로 선임된 이후 6년간 재단을 이끌며 '아시아의 잘츠부르크 페스티벌'을 모토로 통영시의 음악적 특화를 위해 노력해왔다. 플로리안 리임 대표는 통영시가 2015 유네스코 음악 창의도시로 선정되는 것은 물론 WFIMC국제음악콩쿠르 세계연맹, AAPPAC아시아 태평양 공연예술센터연합회, ISCM국제현대음악협회 등 국제적인 총회를 유치하는 등 네트워크 활동에도 주력하여 세계적인 커뮤니티를 구축해 나갔다. 핵심 목표 중 하나였던 다양한 관객층 개발을 위해 '스쿨 콘서트'를 비롯하여 세계 수준의 공연을 중심으로 다양한 관객을 참여시키는 것으로 큰 성과를 이뤘다. 특히 '스쿨 콘서트'는 통영시의 초·중·고등학교 학생들을 대상으로 국제적으로 유명한 아티스트들의 공연을 학생들의 눈

2019 미샤 욕지도 스쿨콘서트
미샤 마이스키

높이에 맞게 기획하여 해설이 있는 공연 프로그램으로 만든 것인데, 이 또한 큰 호응을 얻었다. 그는 윤이상 선생 유해 송환에도 결정적 역할을 한 것으로 알려졌다.

이들 못지않게 통영국제음악제의 성공을 일군 주역들이 있다. 독일 유학에서 윤이상 선생을 만난 후 음악제를 기획한 김승근 이사^{서울대}^{음대 교수}, 교사 출신으로서 음악제 초기부터 사무국장으로 활동한 이영민 본부장^{2021년 1월 통영국제음악재단 대표로 취임}, 클래식 기획전문가로서 초기부터 프로그래머 역할을 수행한 김소현 팀장^{현 예술기획본부장}의 역할이 컸다. 또한 진의영 통영시장을 비롯한 공무원들의 전폭적 지원과 시민 서포터즈 '황금파도'의 든든한 뒷받침이 있었기에 지금의 통영국제음악제가 존재하고 발전할 수 있었다.

하나 더 꼽으라고 한다면 통영의 아름다운 자연경관도 한몫한다. 푸른 파도와 수백 개의 섬이 만들어내는 풍경은 사람의 마음을 흔들기에 충분하기 때문이다.

통영국제음악제 시민지킴이 '황금파도'

2002년 한반도 끝자락 통영에서 열린 국제음악제 당시 음악제 성공적인 진행을 위해 시민 1천여 명이 뜻을 모은 적이 있었다. 이들은 황금물결을 이루는 통영 앞바다를 생각하며 '황금파도'라는 이름으로 뭉쳤다.

아무리 좋은 음악제라도 관객이 없으면 실패할 수밖에 없다는 절박함이 이들에게 있었다. 시민들은 형편이 되는대로 돈을 걸었고 지역 기업체 등도 나섰다. 이렇게 모은 돈으로 음악회 티켓을 구매, 티켓을 살 여력이 안 되는 학생 등에게 나눠줬다. 통영국제음악제는 이들의 적극적인 성원에 힘입어 성공리에 마무리됐고 지금 굳건히 자리를 잡았다. 하지만 13년의 세월이 흐르면서 통영시민들의 이런 '예술사랑' 에너지는 고갈됐고, 시간이 흐르면서 유명무실하게 됐다.

이러던 중 2013년 말 통영에 국제음악당이 들어서면서 새로운 동력이 마련됐다. 통영국제음악재단은 황금파도의 공을 잊을 수 없었고, 뜻을 함께하는 시민들을 다시 모으기 시작했다. 13년 전엔 시민들이 자발적으로 모였다고 한다면 이제는 2015년 7월 통영국제음악재단이 보답 차원에서 시민들을 부르기 시작한 것이다. 모집 광고를 통해 254명의 황금파도를 모았다 254명은 연극 등을 공연할 수 있는 통영국제음악당 다목적홀 블랙박스 좌석 수. 재단은 모집을 끝내고 이들과 함께 통영의 음악 수준을 끌어올리기 위한 다양한 활동을 펼치고 있다.

2015년 7월 10일 오후 6시 30분 통영국제음악당 블랙박스에서는 '다시 한 번 넘실대는 황금파도, 그 위대한 여정'을 기치로 황금파도 발대식이 열렸다. 다만 황금파도 대신 '황금파도아카데미'라는 표현을 쓰기로 했다. 여기에는 단순한 애향심이나 예술취향을 넘어 끊임없는 자기계발을 통해 통영시민과 지역문화의 동반성장을 이뤄보겠다는 의미가 깔려 있다. 통영국제음악당 관계자는 "통영국제음악제의 오늘이 가능하게 했던 원동력인 시민들의 열정을 다시 모아 시민 개개인의 역량을 끌어올림과 동시에 음악도시 통영의 위상을 끌어올리는 새로운 시대의 황금파도로 거듭나고자 황금파도아카데미를 발족하게 됐다."고 말했다. 한편, '황금파도^{회장 김용은}'는 2019년 9월 17일 윤이상 선생의 102번째 생일을 축하하는 '102주년 HAPPY BIRTHDAY 윤이상' 축하잔치를 통영국제음악당에서 열었다.

*자료출처: 이경욱, 2015, 『통영국제음악제 시민지킴이 '황금파도' 13년만에 부활』, 연합뉴스, 김상현, 2019, 『황금파도 윤이상 102세 생일잔치 열다』, 통영人뉴스

이념 갈등의 그림자를 벗고

통영국제음악제라고 좋은 일들만 있었던 것은 아니었다. '윤이상' 하면 가장 먼저 정치적 이슈가 떠올랐고, 이런 정치적 갈등들이 심각하게 표면으로 드러나기도 했다. 2012년 축제 기간에는 '무공수훈자회', '재향군인회', '상이군경회' 등 보수단체 회원 300여 명이 통영국제음악제 개막식 당일 오후 2시부터 통영국제음악당 등지에서 1시간가량 집회를 열고 음악제의 중단을 촉구하는 시위를 열었다. 이들은 윤이상은 국가정체성을 훼손한 인물이라며, 통영시가 매년 음악제와 추모제를 열어 한국을 대표하는 예술인으로 그를 추앙하는 것을

용납할 수 없다고 주장했다. 윤이상 작곡가의 허수아비를 화형火刑시키는 사건이 일어나기도 했다.

TIMF 프로그램 중 하나인 '윤이상국제음악콩쿠르'는 2008년까지 '경남국제음악콩쿠르'라는 명칭을 썼다. 윤이상의 업적을 기리고 문화 교류에 이바지한다는 취지로 시작했지만, 정작 '윤이상'이란 이름을 사용할 수 없었다. 그를 둘러싼 친북 논쟁 때문이었다. 그러자 외국에선 이 콩쿠르의 실체를 알지 못했다. '경남'을 사람 이름으로 오해하기도 했다. 이에 재단법인 통영국제음악제는 국내의 반대 여론을 잠재우고 명칭 변경을 신청했고, 2008년 5월 국제음악콩쿠르세계연맹WFIMC은 "이제 윤이상의 이름을 찾을 때가 됐다"는 평가와 함께 회원 만장일치로 승인했다.

이명박 정부2008~2013와 박근혜 정부2013~2017가 들어선 뒤 통영시에서 '윤이상'이라는 콘텐츠를 지우는 활동이 적극적으로 펼쳐졌다. 통영국제음악제가 열리는 '윤이상 음악당'은 '통영국제음악당'으로, '윤이상 콘서트홀'은 '콘서트 메인홀'로 바뀌는가 하면, 생가터 주변 '윤이상기념공원'은 '도천테마공원'으로 명칭을 바꿨다. 그러나 시간이 흘러 2017년 9월 시의회의 만장일치로 '윤이상기념공원' 이름을 되찾기도 했다.

2017년은 윤이상 탄생 100주년이었는데 국비와 도비 지원이 중단되면서 음악제는 10억 원으로만 치르게 됐다. 윤이상국제콩쿠르는 2006년 국내 최초로 유네스코UNESCO 산하 국제음악콩쿠르세계연맹WFIMC에 이름을 올려 공신력을 인정받아 국비와 도비 지원으로 이어졌다. 그러나 박근혜 정권 들어 블랙리스트에 오른 '윤이상 평화재단'을 비롯해 윤이상을 내세운 행사에 대한 국비 지원이 끊기기 시작했다. 윤이상국제음악콩쿠르는 매년 1억 원 안팎의 지원금을 받아왔지만, 2014년 지원금이 5,000만 원으로 줄었고 2016년에는 전액 삭감되기도 했다.

시대착오적 이념 갈등의 어려움을 겪으면서도 '비가 온 뒤에 땅이 굳는다'는 말처럼 통영국제음악제는 더 단단하게 성장했다. 클래식이라는 순수예술장르로 기획된 국내에 몇 안 되는 축제로서 국내를 넘어 해외에서도 우수한 축제로 평가받고 있다.

윤이상 작곡가의 추모로 시작되었던 통영국제음악제. 지나온 고달프고 힘들었던 과거를 딛고 이제 추운 겨울을 지나 흐드러진 연분홍 벚꽃이 피는 봄날을 맞이했다. TIMF의 미래는 통영의 쪽빛 바다처럼 푸르게 푸르게 빛나리라.

 한 명의 예술가가 바꾼 도시브랜드

유명한 인물을 지역마케팅에 활용하는 것은 흔한 전략이다. 특별할 것 없는 작은 동네에 유명인의 사연이 투사되며 외국인 관광객까지 끌어들이는 국제적인 명소가 되는 사례는 전 세계적으로 심심찮게 찾아볼 수 있다. 고흐가 생애 마지막 시절을 보냈던 마을이라든지, 바그너가 오페라극장을 지은 마을이라든지….

통영도 대중적으로 잘 알려진 문화예술인들과 인연이 많아 이야깃거리가 많은 도시다. 작가 유치환과 김춘수, 박경리의 고향이 통영이다. 백석이 통영 여인을 짝사랑해 남긴 시 '통영'은 그의 걸작 중 하나로 꼽히고, 화가 이중섭도 통영에서 많은 작품 활동을 한 것으로 알려져 있다. 그들의 조각상과 작품들을 통영 시내 곳곳에서 문득문득 마주치는 것은 즐거운 경험이다. 하지만 그중에서도 윤이상의 명성과 파란만장했던 인생사는 통영을 돋보이게 할 수 있는 매력적인 스토리이다.

통영 최고의 브랜드 TIMF는 세계적 작곡가 윤이상[1917~1995]이 없었다면 불가능했다. 윤이상은 자신의 고향 통영을 국제도시로 만들었고, 해마다 전 세계의 음악인과 관객을 불러모으고 있다. '윤이상국제음악콩쿠르'는 아시아에서 유일하게 사람 이름을 딴 국제콩쿠르가됐고, 윤이상의 명성만큼이나 국제적 인지도를 얻었다. 또 전 세계 재능 있고 젊은 음악가를 발굴, 육성하는 산실로 자리잡았다. 쇼팽이나차이코프스키의 이름을 쓰는 국제음악콩쿠르가 각각 자국의 자랑이되고 마케팅 자원으로 활용되는 것도 같은 이치다. 덩달아 통영의 위상도 훨씬 높아졌다. 세계 유수의 음악제가 개최도시의 이름을 쓰고,명망 있는 콩쿠르는 음악가의 이름을 따른다. 통영은 이 두 가지를 모두 갖췄다. 20세기 현대음악의 거장 윤이상이 통영을 세계에 알린 것은 물론 음악 도시로서의 정체성을 뚜렷하게 정립한 것이다. 통영처럼 훌륭한 예술가를 배출한 지역들이 많이 있다. 원석들도 가공되어야 보석이 되듯이, 지역의 예술자원을 잘 연마하고 가공하여 지역의문화콘텐츠로, 도시브랜드로서의 가치를 발휘할 수 있도록 개발해나가는 지혜가 필요하다.

참고문헌

김희진·안태기, 2010, 『문화예술축제론』, 도서출판 한울

이의신, 2014, 『윤이상의 음악세계로 살펴본 통영국제음악제의 발전방향』, 한국콘텐츠학
회

김수진, 2003, 『윤이상 작품에 나타난 사회·문화·정치적 요소에 관한 연구』, 연세대학교
교육대학원

이용민, 2005, 『통영국제음악제의 성공요인』, 음악응용연구

윤장원, 2014, 『문화예술축제의 운영 활성화 방안에 관한 연구 – 통영국제음악제 사례를 중
심으로』, 한국예술종합학교

전영옥, 2006, 『新 문화도시 전략과 시사점』, 삼성경제연구소

정희정, 2014, 『음악제 성공요인 분석을 통한 통영국제음악제 발전방안연구)』, 상명대학교
예술디자인대학원

진금주, 2015, 『장소마케팅을 위한 통영시 예술인 기념공간의 조성과정』, 서울대학교 대학원

이정훈·강인숙, 2019, 『통영국제음악당 공연콘텐츠 활용방안 – 3D 대안콘텐츠를 중심으
로』, 경상대학교 문화콘텐츠협동과정

이영은, 2011, 『통영국제음악제의 발전방안에 관한 고찰』, 경남대학교

윤이상·루이제린저(윤이상평화재단 옮김), 2005, 『상처 입은 용』, 랜덤하우스 중앙

김지나, 2018, 『'49년만의 귀향' 윤이상 반기는 통영 푸른 물결』, 시사저널

임효정, 2019, 『2019통영국제음악제, 운명처럼 유등하는 현대음악 봄빛 바다에 물들다』,
THE MOVE

이선엽, 2018, 『윤이상의 귀향… "나는 단 한번도 충무(통영)를 잊어본 적이 없습니다."』,
한국NGO신문

김희선, 2020, 『"음악은 시대와 국경을 뛰어넘은 메시지"』, 음악저널

이재훈, 2017, 『통영국제음악제 가보니① – 만개한 벚꽃속 윤이상 선율로 물든 통영』, 뉴시스

이경욱, 2015, 『통영국제음악제 시민지킴이 '황금파도' 13년만에 부활』, 연합뉴스

권혁범, 2013, 『사람이 브랜드다(4) 통영의 세계화 – 윤이상』, 국제신문

박진현, 2020, 『통영음악창의도시』, 광주일보

송창섭, 2018, 『'경계인' 윤이상 63년 만에 고향 통영과 '화해'』, 시사저널

박나리, 2010, 『통영 새로운 음악의 성지를 꿈꾸다』, 디자인하우스 M+

장지영, 2016, 『철 지난 이념 논란에 정부 지원금 끊긴 통영음악제』, 국민일보

www.timf.org

*사진제공: 통영국제음악재단

예술가가 뿌린 축제의 씨앗,
세계 3대 마임축제로!

춘천과 마임을 사랑하는 사람들의 열정과 노력이 만들어낸 30년 역사의 춘천마임축제는 국내 공연예술축제 출발점이자 역사이다.

그 역사는 현재진행형으로 지역과 시대의 흐름을 고찰하면서 항상 새로운 시도를 통해 '일상의 일탈'이라는 환상적인 축제의 장을 열어가고 있다.

"오늘같이 신록이 짙푸른 날에는 춘천으로 오라. 춘천으로 와서 지독한 안개에 중독되자. 지독한 사랑에 중독되자. 지독한 예술에 중독되자!"

오래 전 소설가 이외수 씨가 춘천마임축제의 도깨비난장에 초대하며 쓴 메시지다.

　서울 방향에서 춘천 진입로에 설치된 간판의 슬로건 '로맨틱 춘천'
처럼 누구나 한 번쯤은 꿈꿔봤을 청춘의 푸른 낭만이 소양강의 물안
개처럼 아련히 피어오르는 도시, 보물창고같이 일상 속 건조한 우리
의 감성을 아련한 시선의 기억으로 촉촉하고 묘한 설렘을 주는 도시
가 바로 춘천이다.

　강원도 중서부에 위치한 춘천은 북동쪽에서 소양강, 북서쪽에서
북한강이 흘러 분지 안에서 합류하여 조성된 소양호, 춘천호, 의암호
가 있는 천혜의 자연환경과 청정한 도심이 조화롭게 어우러진 아름다
운 도시다. 낭만, 봄, 설렘, 천혜의 자연환경, 문화예술가들의 동경과
꿈이 가득한 '춘천'은 '한 집 건너 한 집에 예술가가 살고 있다'라는
풍월이 있을 정도로 예술가들이 사랑하는 도시다. 문인, 화가, 마임,
연극, 음악, 무용 등 예술가들이 춘천에 둥지를 마련하는 이유는 아마

도 빡빡한 회색빛 대도시에서 누릴 수 없는 자연적·심적 여유로움이 예술적 감수성을 풍부하게 채워주기 때문 아닐까?

이러한 낭만의 도시 춘천은 사계절 내내 축제로 가득하다. 춘천마임축제, 춘천인형극제와 더불어 춘천연극제, 춘천아트페스티벌, 춘천막국수닭갈비축제, 춘천고음악페스티벌, 춘천소양강문화제, 봄내예술제, 춘천 애니타운 페스티벌, 김유정 문학제, 춘천 온세대 합창페스티벌, 춘천무한청춘페스티벌 등 10여 개의 다채로운 축제를 통해 춘천지역 시민들의 삶을 더욱 풍요롭게 해주고 있다.

이 축제 중 예술가들에 의해 뿌려진 작은 축제 씨앗이 마법처럼 세계적인 축제로 성장하게 된 두 개의 축제가 있다. 바로 1989년 마임이스트 유진규와 심철종, 문화기획가 박동일을 중심으로 시작한 '춘천마임축제'와 국내 문화기획자 1세대를 대표하는 큰 별 故 강준혁과 인형극 관계자들이 함께한 '춘천인형극제'가 그것.

30여 년간 예술축제이자 지역축제로 성장한 두 축제는 국내 공연예술축제의 기념비적 시작점을 찍었다 해도 과언이 아니다. 각 축제가 핵심적으로 표방하는 공연예술 장르는 마임과 인형극으로 각기 다르지만, 이 두 축제는 닮은 점이 많다. 축제의 탄생 시점, 축제의 거점 지역, 예술성과 대중성의 양립, 극장 공연과 야외 공연을 병행하는 공연 형태 등 극 중심으로 한 다채로운 공연예술이 축제 안에서 관람객들과 가깝게 소통하며 펼쳐진다.

축제의 탄생 계기도 도시 마케팅형으로 정책적인 계획에 의해서 시작된 것이 아닌 순수 민간주도로 시작되었다. 춘천마임축제와 춘천인형극제는 관에서 먼저 주도한 것이 아니라 운명적으로 자연스레 춘천과 인연을 맺게 된 문화예술인들의 자발적인 선택과 간절한 마음에서 시작되었다. 그리고 예술가들의 열정과 헌신으로 뿌려진 축제의 씨앗이 지역에 깊은 뿌리를 내리며 성장했다.

'춘천마임축제'가 유독 특별한 이유는 바로 '예술가의 생존과 예술적 표현의 욕구'에서 축제가 시작되었다는 점이다. 이는 '춘천마임축제'의 초기 축제 정신이라고 할 수 있다. '춘천마임축제'는 정부나 기업의 제안으로 시작된 것이 아닌 간절히 예술을 갈망하는 5인의 마임이스트와 이를 현실화시킬 수 있도록 동력을 더해준 기획자의 작은 불씨로 시작하였다.

1989년 '한국마임페스티벌'에서 출발한 작은 불씨는 1995년 '춘천국제마임축제'로, 그리고 2002년부터 '춘천마임축제'로 명칭을 바꾸어 가며 양적·질적 성장을 거듭해왔다. 해를 거듭하면서 30여 년간 시민들과 교감하고 지역과 호흡하며 춘천은 문화도시로서의 면모를 갖추게 되었다. 그리고 지역의 작은 예술적 움직임은 점점 국제적 파급력을 갖추며 '런던마임축제', '프랑스미모스축제'와 함께 세계 3대 마임축제로 어깨를 나란히 하게 됐다.

춘천에서 싹틔운 '마임'의 씨앗

1980년대 '마임'은 한국문화예술위원회 기준 예술 장르 항목 구분에서 '기타'로 분류될 만큼 독립된 예술 장르로 인정받지 못했다. 비주류 예술적 성향이 짙은 마임이 설 자리가 녹록지 않았던 상황에서 마임이스트들은 각개전투를 해야 했다. 마임 활동에 대한 인정을 받지 못한 시대적 상황은 그들의 생존 문제로 이어졌다. 공연 활동에 설 자리가 쉽지 않은 그들은 생존을 위해 현실과 타협을 하며 점차 무대를 떠나야 했다.

'마임'의 소멸 위기를 안타까워한 공연기획자 신영철은 꺼져가는 마임의 불씨를 살리기 위한 실행에 들어갔다. 1989년 5월 서울 공간사랑에서 1세대 마임이스트 유진규를 중심으로 유홍영, 심철종, 기국서 등 선후배 마임이스트들과 함께 제1회 '한국마임페스티벌'을 개최했다. 이 작은 시작은 마임축제의 불을 지피는 불씨가 되었다. 이후 '한국마임협의회'를 조직하고, 본격적

마임이스트 유진규
춘천마임축제 예술감독
(1989~2013)

으로 '마임'의 예술적 정립과 방향성을 제시해주는 문을 열어주었다.

같은 해 6월, '한국마임페스티벌'은 춘천문화방송의 초청으로 춘천에서 공연된다. 춘천문화방송 사옥에 있는 예술극장에서 열린 이 공연은 공간사랑에서 열린 '한국마임페스티벌' 작품 중 관심을 모았던 작품들을 선별하여 선보였다. 이 공연은 '춘천마임페스티벌'이 탄생하는 결정적인 계기가 된다. 춘천의 공연기획자 박동일, 이미 춘천에 둥지를 마련하여 활동하고 있는 마임이스트 유진규를 비롯한 한국마임협의회 회원들이 참여한 춘천 MBC 예술기획 프로그램에 마임공연이 소개되면서 춘천지역에 마임을 처음으로 선보인 것이다. 이때부터 마임이스트와 기획자들은 새로운 꿈을 꾸기 시작했다.

마임이스트 유진규와 한국마임협회, 그리고 공연기획자 박동일은 춘천에서 마임축제를 그리는 상상을 하게 된다. 이 상상은 1년 후인 1990년 마법처럼 실현되게 된다. 수많은 공연이 무대에 오르는 서울에서 공연 규모가 상대적으로 작은 마임 공연은 쉽게 눈길을 끌기 어려웠다. 지속적으로 무대에 서고, 마임을 널리 알리기 위해서는 새로

운 전략이 필요한 시점이었다. 이에 '한국마임페스티벌'을 보다 잘 알리는 방안으로 춘천에서 본격적인 축제판을 벌이자고 의견을 모았다.

1990년 11월 7일 춘천지역에서 펼쳐진 제2회 '한국마임페스티벌'은 지역의 소극장인 '춘천시립문화관'에서 열렸다. 소위 중앙무대인 서울 공연을 해야 주목받는 현실에서 지방 소도시 춘천에서 열린 마임페스티벌은 지역 언론뿐만 아니라 중앙 언론에도 보도되며 큰 호응을 얻었다. 지역을 기반으로 한 예술 콘텐츠로 고유성과 차별성을 가질 수 있는 색다른 축제의 가능성을 발견했기 때문이었다.

호반의 도시, 문화예술의 도시가 춘천을 상징하는 단어였지만, 실제로는 이렇다 할 예술적 특징이 적은 도시였다. 이러한 가운데 1989년 춘천인형극제가 탄생하고, 이와 때를 같이해 '춘천마임축제'의 전신인 '한국마임페스티벌'이 생겨나게 되었다. 기존 예술적 토양에서 빛을 발하지 못한 마임 장르가 춘천에서 축제를 통해 빛을 발하기 시작하면서 춘천은 새로운 색깔의 예술 도시로 변화해 가기 시작했다.

Rest Area

마임(mime)

마임은 흉내를 의미하는 그리스어 '미모스mimos'로부터 유래됐다. 그리스에서는 대사, 노래, 악기 연주와 함께 흉내연기를 강조한 소극을 마임이라고 하였다. 로마시대에는 '판토마임panto-mime'이라고 불리면서 각광을 받았다. 판토마임과 무성영화는 떼려야 뗄 수 없는 관계로 찰리 채플린과 버스트 키튼 등이 영화를 통해 마임의 세계를 널리 알렸다.

마임과 판토마임의 차이는, 마임이 시와 같이 함축적이고 상징적인 의미를 지닌 예술적 표현을 하는 데 비해, 판토마임은 이야기 중심으로 상황을 희극적인 구성과 묘사적인 연기로 표현하는 데 있다. 토머스 리비하트는 "마임은 신체가 갖는 표현 가능성을 극대화시켜서 몸의 움직임을 통해 내면의 흐름을 전달하는 공연양식"이라고 정의하고 있다. 최근의 마임은 몸의 표현이 중심이 되는 모든 공연으로 확장되면서, 신체극, 오브제극, 비주얼극, 총체극 등으로 다변화되고 있다.

*참고자료: 춘천마임축제 20년 '두개의 날개로 비상하는 축제', 2009, 사단법인 춘천마임축제

한국마임페스티벌이 춘천지역으로 거점을 옮긴 결정적인 배경을 마임이스트 유진규 씨는 다음과 같이 말한다. "이미 서울에서는 주요 예술장르가 공연 및 축제에서 당당히 자리잡고 있었고, 마임은 설자리가 너무 연약했다. 처음으로 춘천에서 선보인 마임공연은 반응이 뜨거웠다. 일회성 공연으로 끝나는 것이 아닌 지속 가능한 청사진에 대해서 긍정적인 얘기가 오가기 시작했다. 그러면서 자연스레 축제를 춘천에 유치하자는 의견이 나왔다. 춘천에서 '마임' 장르로 하는 공연예술축제는 첫 시도이며 유일할 수 있다고 생각했다. 그만큼 축제가 장르적으로 희소성의 가치를 지닐 수 있다. 또 대도시는 너무 큰 게 많으니, 중심이 없다. 이것도 저것도 다 중요하다. 아무것도 없는 춘천에 마임의 씨를 뿌려 마임의 도시로 만드는 게 좋겠다."고 생각했다는 것이다.

한편 '한국마임페스티벌'은 1991년 제3회로 접어들면서 그 규모가 확장되었다. 공연 일정도 5월로 옮겨 매년 봄의 축제로 자리를 잡

기 시작했다. 제4회 '한국마임페스티벌'이 개최된 1992년은 한국 마임 20주년을 맞는 해였다. 공연과 함께 한국 마임 20년을 기념하는 세미나와 마임 정보지 발간, 신인무대 등을 기획했다. 제4회 페스티벌은 춘천에 안착하는 중요한 시기였다. '호반의 도시 춘천'에서 낯설었던 '마임'이 춘천의 대표적 예술 콘텐츠로 인식되기 시작했다.

1993년에는 춘천에 새로운 문화예술공간인 춘천문화예술회관이 개관하였다. 마임축제를 기획하던 박동일은 춘천문화예술회관 총괄 기획을 맡으면서 '한국마임페스티벌'을 개관 기념행사의 하나로 유치했다. 개관 기념 무대에 '한국마임페스티벌'이 함께한다는 것은 마임이 춘천문화예술을 대표하는 예술장르로 부상했다는 상징적인 의미였다.

1989~1993년은, 한국마임페스티벌이 춘천지역에서 예술가와 기획자의 끈끈한 예술적 연대를 통해 마임에 관심을 불러일으키고, 중앙이 아닌 지역에서 공연예술축제로서 가능성을 싹틔운 시기였다.

춘천을 '마임의 도시'로

한국마임페스티벌은 1994년부터 본격적으로 축제의 모양새를 갖추기 시작했다. 축제 집행위원회를 만들고 유진규 씨가 집행위원장으로서 축제를 지휘하게 되었다. 1994~1997년까지는 마임축제를 국제적인 규모로, 관객을 찾아가는 예술로, 풍성한 부대행사를 통한 축제의 다양성 실험으로 새로운 도약과 전환기를 맞는 시기였다. 이 해에는 춘천문화방송이 공동 주최기관이 되면서 재정을 일부 지원하고, 지속적으로 참여하게 된다. 이는 지역의 언론이 문화활동을 지원하는 좋은 사례로 평가되었다. 이 해는 한·일 마임 교류 공연이 처음 이루어져 국제적인 축제로의 발판을 마련하게 된다. 또한 실내 무대 공연에 앞서 길놀이와 전야제 행사 등 거리공연을 확대함으로써 시민들에게 축제를 확산시키게 되었다. 이로써 춘천마임축제는 공연과 축제를 조화시킨 공연예술축제의 선두주자로 자리를 굳히며, 타지역 축제의 벤치마킹과 연구 대상이 되기 시작했다.

1994년부터 1997년까지는 국내 배우들을 중심으로 시작한 마임이 해외와 교류하며 축제의 규모를 늘려갔다. 축제공간도 주 공연장인 문화예술회관 외에 강원대학교, 한림대학교, 명동, 공지천 등 춘천 시내 거리와 대학 등으로 거리공연을 확대했다. 뿐만 아니라 어린이회관의 야외 공연과 찾아가는 공연 등으로 더 많은 시민이 축제를 즐길 수 있는 토대를 마련해나갔다.

1995년에는 '춘천을 마임의 도시로'라는 슬로건을 내세우고, 본격적인 국제축제를 선언했다. 축제 명칭도 '한국마임페스티벌'에서 '춘천국제마임축제'로 바꿨다. 이 명칭은 2002년 '국제'를 빼고 '춘천마임축제'로 바뀔 때까지 사용했다. 1995년도부터는 해외팀 초청을 늘려갔다. 캐나다, 홍콩, 인도, 일본, 네덜란드, 러시아 등 6개국 9개 팀과 국내 15개 팀이 참가하여 국제적인 축제로서 면모를 갖춰가기 시작했다.

1998년 2월에는 작은 문화공간이 하나 탄생했다. 축제의 대중화를 위해서는 마임을 대중에게 알리고, 축제의 중심지인 춘천에 폭넓게 마임을 확산시키는 일이 중요했다. 이에 유진규 씨는 춘천시 옥천동 한림대병원 앞에 있는 자신의 레스토랑 '섬' 2층을 개조해 주중에는 음식점으로, 주말에는 공연을 할 수 있도록 '마임의 집'을 꾸몄다. '토요일 밤엔 춘천에서 마임을 만나자' 주말마다 마임공연이 있는 춘천은 그렇게 시작되었다. 이 작은 움직임은 운영난으로 인해 2000년 7월을 끝으로 일시 중단되었다. 그리고 2002년 1월 다시 이어진다. 옥천동 옛 중앙감리교회 건물을 예술인들의 창작과 공연공간으로 활용하는 '예술마당'이 생겼고, 이곳 2층에 마임 소극장을 마련하고 다시 둥지를 틀었다.

1998년 개관한 뒤 2002년 재개관하여 2010년까지 매주 토요일마다 총 330회의 마임공연을 선보였다. '마임의 집'은 축제에서 느낄 수 없는 친밀감으로 마임을 보다 가까이 느끼게 하는 공연들이 무대에 올려졌다. 비록 30여 석을 보유한 작고 소박한 공간이었지만 '마임의 집'은 여러 가지 제약 속에서도 마임배우들에게 꾸준한 발표의 장을 마련함으로써 마임을 깊이 느끼고 아끼는 마니아층을 형성하는 데 기여했다.

이후 축제 관계자들은 춘천지역의 마임 특화를 위해 춘천시에 마임 전용극장 설립을 제안했다. 이에 춘천시는 2004년 춘천문화예술회관 앞 부지에 20억 원의 예산으로 마임의 집을 건립하는 계획을 수립했다. 상설 마임극장인 '축제극장 몸짓'은 2010년 개관했다. 블랙박스형태의 극장으로 124석의 객석을 보유하고 있다. 현재까지 춘천마임축제 주요 거점으로서 기능을 수행하고 있고, 축제 사무국이 입주해 있다. 상설 마임극장 건립은 마임이스트들에게는 새로운 창작공간을 제공하고, 춘천을 마임의 도시로 브랜드화시키는 데 기여했다.

춘천마임축제가 지역에 천착하며 성공을 거둘 수 있었던 중요한 요소 중의 하나는 '거대한 자원봉사자 시스템'이다. 1994년부터 자원봉사제도를 도입하기 시작해, 1995년부터 체계적으로 운영하기 시작했다. 이 해에 국외 6개국 9개 극단이 참가했으며, 국내에서도 16개 팀이 공연했다. 굿판 등의 특별출연과 다양한 부대행사도 선보였다. 축제 진행인력의 부족을 해소하기 위해 지역의 자원봉사자들을 모집해야 했다. 자원봉사자는 축제를 한 달여 앞두고 모집하는데 기본교육을 마치고 활동하게 된다. 자원봉사는 매년 150~200여 명이 활동한다. 마임축제가 체계를 잡아가던 1999년도에는 자원봉사자가 250명 정도 되었다.

1994년부터 마임축제에서 활동하며 기획실장·사무국장을 역임한 권순석 씨^{문화컨설팅 바라 대표}를 중심으로 자원봉사자 운영을 추진했다. 하루 정도 훈련시킨 자원봉사자들로는 행사 진행에 어려움이 따를 수밖에 없어서 이 문제를 해결하기 위해 인턴 제도도 도입했다. 이들은 행사진행팀장과 자원봉사자들을 연결하는 허리 역할을 했다. 그리고 이런 문화 인력을 춘천의 다른 축제에서도 공유하면 좋을 것 같다는 생각에 2003년부터는 '춘천시 축제기획자 네트워크'를 만들어 활용하였다. 자원봉사자 명칭은 도깨비난장 마스코트인 도깨비를 상징하는 '깨비'로, 깨비들의 파트장은 '깨비짱'으로 불렀다. 이들은 축제 진행뿐 아니라 축제를 알리고, 축제장의 전체 분위기를 젊고 활기차게 만들어 마임축제의 성공에 큰 역할을 한 것으로 평가된다.

'도깨비 난장'과 '도깨비 열차'

1998년은 축제가 10년이 되는 해였다. 이 시기를 기점으로 축제는 한 단계 더 발전해나가기 위한 변화를 시도한다. 10주년을 기념하는 세미나 등을 통해 축제의 정체성과 발전방안을 체계적으로 모색하는 한편, 공연장 내에서 마임무대를 중심으로 펼쳐지던 축제에서 더욱 대중성 있는 즐길거리로서 무대를 구상하게 된다. 그 고민은 마임축

춘천마임축제의 도깨비난장

제에 큰 변화를 가져오게 되는 '도깨비난장'을 탄생시켰다.

　이는 예로부터 우리 선조들이 굿이나 정월대보름 행사에서 밤새워 축제를 펼쳤던 것에서 착안한 것이다. 공연 위주의 예술축제에 밤샘 축제라는 해방구를 제공함으로써 젊은 마니아층을 불러들였고, 문화 예술계의 도깨비들이 자발적으로 참여하는 장을 마련했다. 이로써 마임축제는 '공연예술'과 '축제 난장'을 접목, 마임축제의 대중화에 한층 더 다가갔다.

　처음 도깨비 난장은 의암호의 아름다움을 한눈에 볼 수 있는, 어린 이회관 야외무대^{한국건축의 대가 김수근 설계}에서 문을 열었다. '도깨비난장'은 마임을 포함한 다양한 장르의 공연이 어우러지며 밤샘 무대로 진행 되는 이색 프로그램으로 젊은 층의 폭발적인 관심을 끌었다. 특히 도 깨비난장은 축제공간을 고슴도치섬으로 옮기면서 절정에 이른다. 주 중에는 극장공연, 주말에는 고슴도치섬으로 배치된 공간의 이분화와 함께 고슴도치섬이 마임축제의 중심공간으로 자리잡게 되었다.

　도깨비난장이 관광상품으로 주목받으면서 이를 보다 체계적으로 마케팅하기 위한 노력이 이어졌다. 도깨비난장을 중심으로 마임축제를 관람토록 하는 도깨비열차를 운영하면서 관광 축제로서의 가능성을 높여갔다. 2000년 처음 운행된 'Mime Express-도깨비열차'는 수도권 관람객을 위해 마련되어 무박 2일 동안 마임을 즐길 수 있는 획기적인 이벤트였다. 첫해부터 표가 매진되는 등 폭발적인 인기를 끌었다. 첫해에는 300명이 탔지만 매년 그 규모가 커져서 2003년부터는 500여 명이 탑승했다. 철도청의 협조로 이루어진 이 도깨비열차는 청량리역에서 출발해 춘천역에 이르는 동안 기차 안에서 마임공연이 펼쳐지며, 춘천과 마임축제에 대한 안내방송을 음악과 함께 진행했다. 또 중간중간 기차에 탄 사람들을 대상으로 인터뷰도 하면서 춘천까지 가는 2시간이 전혀 지루하지 않게 했다. 처음 1만 원으로 시작한 도깨비열차 요금은 공연관람, 도깨비난장 참여, 도시락 제공, 여행자 보험 등을 포함한 패키지로 발전하면서 이후 2만 원에서 4만5천 원^{2008년}으로 인상해나갔다. 도깨비열차는 외지인을 끌어들이며 관광 문화축제로 성장하는 데 큰 역할을 하였다.

환상적인 공간 '고슴도치섬'과 축제마을 '몽도리'

축제에 있어서 공간의 요소는 매우 중요한 부분이다. 축제공간의 유형에 따라서 프로그램의 구성 및 현장 운영 등 전체적인 축제의 틀이 크게 달라질 수 있기 때문이다. 무엇보다 관람객의 참여도와 호응도의 중요한 척도가 되어준다. '춘천마임축제'는 지난 30년간 축제 공간 구성에 많은 변화가 있었고, 상황적 변화에 민첩하게 대처하며 부단한 시도와 노력으로 관객들에게 환상적인 기억을 선사해주고 있다.

축제는 1989년부터 2000년까지는 춘천의 공공 예술극장과 공원, 춘천 시내 일대에서 산발적으로 펼쳐졌다. 해가 거듭될수록 관객 수가 증가함에 따라 포용할 수 있는 공간도 여유롭지 않았다. 이러한 축제의 공간적 문제점들은 광활하고 청정한 자연이 고스란히 담겨있는 아름다운 고슴도치섬으로 이전하며 해결되었다. 2001년부터 2008년까지 춘천 서면 신매리에 인적이 드문 외딴 섬인 '고슴도치섬^{위도}'으로 옮겨가면서 바야흐로 '춘천마임축제'는 르네상스를 맞이하게 됐다. 대다수 현대 도시인들은 인간을 만들어 준 자연환경에서 멀리 떨어져 살면서도 여전히 자연과의 접촉을 갈망한다. 특히 섬과 같은 원초적인 자연환경에서 열리는 축제에 본능적으로 더 끌리는 듯하다.

'고슴도치섬'은 의암댐을 막으면서 생긴 의암호에 떠 있는 섬이다. 북한강 지류의 이 섬은 14만 평의 풍광 좋은 곳으로 지형이 고슴도치 같다 하여 위도^{蝟島: 고슴도치 위}라 불렸고, 축제를 계기로 고슴도치섬으로 불리기 시작했다. 그리고 이 일대를 축제마을 '몽도리^{夢道理}'로 이름 붙였다. 몽도리는 이외수 작가의 소설 '외뿔'에 나오는 상상의 마을로, 1년에 딱 5일, 도깨비들의 잔치가 벌어지는 신성한 공간이다.

섬이라는 이질적인 공간에서 낯설고 신비로운 시각적 이미지로 구성한 전시물과 공연장 일대는 실험적이며 몽환적인 공연 프로그램이 한데 어우러져 관객들을 일상의 경계 너머 환상의 세계로 초대하였다. '도깨비난장'과 '미친 금요일' 프로그램을 중심으로 집약적인 공간에서 운영되어 이전보다 축제를 즐길 수 있는 환경이 크게 개선되었다. 축제 기간 중 고슴도치섬에 공연뿐 아니라 설치미술을 전시하는 등 일상과 단절된 축제 분위기를 조성하는 공간 구성에도 심혈을 기울였다.

환상적인 공간으로 변모한 고슴도치섬에서 펼쳐진 축제로 관객들

의 호응도와 만족도가 더욱 상승하였다. 마임축제의 매력과 이색적인 축제의 공간적 환경은 시너지를 발휘하며, 마임축제의 위상을 더욱 높였다. 호수의 도시 춘천의 이미지를 고스란히 담아내는 고슴도치섬에는 매년 전국의 도깨비들이 모여 난장을 펼쳤다. 아직 밤샘 문화가 생소하던 시기였음에도 실험적인 퍼포먼스, 마임, 무용, 음악, 연극 등의 다양한 프로그램은 20~30대 젊은 관객들에게 탈출구를 만들어 주었다.

그러나 2008년을 마지막으로 고슴도치섬과 아쉬운 마침표를 찍어야 했다. 민간 사유지였던 이 섬이 해외사업자에게 매각된 것이다. 마임축제는 다시 춘천의 친자연적인 공간을 새롭게 선택해 새로운 자연 속 축제 이미지를 형성해 나가야 하는 과제를 안게 되었다.

유진규 예술감독은 "고슴도치섬에서 또다시 새로운 축제공간의 발견과 선택 과정이 결코 쉽지 않았다. 축제에서 공간적 위치는 너무나 중요하며, 우리의 삶과 똑같다. 공간이 어디냐에 따라서 예술의 표현, 이를 받아들이는 관객과의 소통 거리, 축제의 정체성과 상당히 긴밀하게 연결되어 있다. 마임축제는 고슴도치섬을 떠나고 그곳에서만 느낄 수 있었던 일탈성이 많이 약해졌다. 새로운 축제공간에서는 고슴도치섬에서만 가질 수 있었던 매력적인 빛깔로 축제를 연출하기 쉽지 않았다."며 아쉬움을 드러냈다.

"미치지 않으면 축제가 아니다"

마임축제는 "미치지 않으면 축제가 아니다"라는 슬로건으로 매 축제마다 독특하고 차별화된 프로그램으로 관객들의 마음을 끌어당긴다. 1990년대 초 자원봉사제도 도입, 축제관광열차인 도깨비열차 개발, 밤샘 난장인 미친 금요일과 도깨비난장, 야외 공연예술축제 유료화 도입 등 다양한 기획과 시도는 국내 축제의 선구자적인 역할을 하였다.

유진규 예술감독은 춘천지역을 기반으로 축제가 자리잡아가게 됨에 따라 '춘천마임축제의 정체성과 진정한 축제는 무엇일까?'라는 고민을 하였다. 그 결과 '마임 한 장르만 가지고는 축제정신을 구현할 수 없다'는 생각을 하게 되었고, 비언어 예술 장르들을 모두 축제에서 수용하기 시작했다.

축제 기간만큼은 축제가 펼쳐지는 지역과 사람들이 "미친 듯이 놀아야 한다"고 선언했다. 축제가 지향하는 '일상으로부터의 일탈'은 무엇인가? 그것은 우리의 일상적 수면시간의 일탈인데 잘 시간에 깨어 있는 것! 밤새 미친 듯이 놀며 공연예술을 즐겨야 한다는 것이다. 이러한 배경으로 1999년 파격적인 실험예술인의 밤샘 난장인 '도깨비난장'으로 계층에 상관없이 모두가 축제장에서 자유분방하게 일상의 일탈을 경험케 하였다.

'도깨비난장'을 통해 현재의 축제 캐릭터인 '깨비'가 탄생하였고, '도깨비열차'와 '이외수의 무아지경'이 기획되기도 하였다. 그 결과 관객들의 높은 호응과 마임 대중화 부분에서 긍정적인 효과를 불러왔으며, 문화체육관광부가 우수관광문화축제로 선정, 강원도 축제 평가 1위에 빛나는 외적인 성장도 이루었다.

그러나 실험 예술의 자유로운 해방구 같았던 '도깨비난장'의 관객층이 전 연령층으로 두터워지면서 예술의 제한과 전 연령층을 아우르는 프로그램의 결은 중구난방이 되었다. '도깨비난장'의 정체성에 대한 고민은 2008년 '미친 금요일' 프로그램을 기획하여 해소하게 되었

다. 때마침 토요일 휴무제가 도입되면서 금요일부터 밤샘 난장을 할 수 있는 환경이 조성되었다. '미친 금요일'에서는 기존 예술의 경계를 넘어서는 파격적인 장르를 아우르는 기획으로 늘 새로움을 꿈꾸는 예술가와 젊은이들을 위한 프로그램이 구성되었다. 관람객 연령제한으로 '19금'을 내세워 비밀스럽고 자유로운 공간의 상징성을 부여하였다.

　마임축제에서는 전 연령층을 아우르는 '도깨비난장'과 공연예술 애호가를 위한 '미친 금요일'로 구성된 두 축의 예술 밤샘 난장의 힘이 더욱 커지게 된다. 이를 통해 '춘천마임축제'는 국내 대표 우수축제의 반열에 올라섰으며, 국내 최초의 밤샘 난장 도입과 야외공연 유료화에도 성공을 거뒀다. 이 두 개의 프로그램은 효자 문화관광상품으로서 자생적 재원 조성에 긍정적 영향을 주었다.

개막난장 '아!水라장'

　'도깨비난장'이 고슴도치섬으로 옮겨가면서 마임축제는 주중에는 도심의 극장공연과 거리공연, 주말은 자연에서 벌어지는 난장 중심의 프로그램으로 자리잡아갔다. 주말 고슴도치섬에서 펼쳐지는 도깨비난장의 규모가 커짐에 따라 상대적으로 위축되어 보이는 주중 프로그램의 확대에 대한 요구가 높아지기 시작했다. 이에 2005년 수요일부터 일요일까지 5일간 진행되던 축제를 월요일부터 일요일까지 7일 동안으로 확대하면서 본격적으로 도심 프로그램을 기획하게 되었다. 2005년 '명동에서 마음대로 마임대로 놀자'라는 슬로건을 내걸고 춘천 중심인 명동에서 시민참여프로그램, 거리공연과 개막연출공연, 대동놀이로 구성된 거리 개막 난장을 펼쳤다.

　2006년 거리 개막난장은 월요일 저녁에서 일요일 낮으로 옮겨가며, 축제의 기간도 자연스레 8일로 늘어났다. 마지막 주말이 자연 속에서 벌어지는 일탈의 난장이라면, 개막은 도심의 일상 공간을 축제화하는 '거리난장'이 콘셉트였다. 이 해에는 호반의 도시, 물의 도시, 축제의 도시인 춘천의 특성이 잘 나타날 수 있도록 '물'을 주제로 '아!水라장'을 탄생시켰다.

　춘천의 상징이 '물'이지만 정작 사람들은 멀찌감치 바라보는 풍경의 유희로서만 즐기고, 제대로 '물'을 즐기지 못하고 있다는 인식에서 착안했다. '바라보는 '물'이 아닌 제대로 만져보며 즐기는 '물'을 경험케 해주자!'라는 생각으로 도심지 중앙의 차도 한복판에서 축제의 시작을 선언하는 시민참여 개막 난장, '아!水라장'이 탄생하였다.

　'아!水라장'이 펼쳐지는 공간은 춘천 도심지 중앙에 4차로를 막고 진행된다. 거리를 시원한 물로 뒤덮으면서 펼쳐지는 물놀이 난장을 통해 평소 차량이 중심인 큰 도로가 사람이 중심인 공간으로 전환한다. 축제의 시작을 선언하는 퍼포먼스는 일상의 공간적 일탈을 통해 회색빛 도심지가 춤추는 축제거리로 변모하는 순간, 짜릿하고 흥분되는 일탈의 경험을 선사한다.

'아!水라장'은, 2006~2009년까지 초기에는 작은 규모로 춘천 시내의 거리에서 펼쳐졌다. 2010년부터는 규모를 대폭 확대하였다. 소방차·살수차 등으로 많은 양의 물을 조달하여 강원도 도청이 보이는 춘천시 중앙 한복판의 4차로를 물로 뒤덮고 한바탕 시원하게 노는 개막 난장, '아!水라장'이 현재까지 전통으로 이어져 오고 있다. 이 개막 난장을 통해 모두가 어우러져 축제의 시작을 알리고, 축제에 능동적으로 참여한 관객들은 추억을 쌓고, 축제에 대한 애정은 깊어진다.

'우다마리'와 '공지어 9999'

물을 배경으로 착안한 또 다른 프로그램은 '우다마리'와 '공지어 9999'다. '아!水라장'과 비슷한 시기에 나온 '우다마리'와 '공지어 9999'는 실제 춘천지역 신화인 '공지어'를 현대적으로 재해석하여 만든 이야기로, 마임축제의 시작을 물로 하고 마지막을 불로 승화시키는 전체적 프로그램의 흐름과 함께한다.

'우다마리'와 '공지어9999'는 실제 존재하는 춘천의 신화인 '공지어'를 축재 소재로 녹여 새롭게 선보인 것이다. 이러한 시도는 축제 안에서 공지어를 만드는 작업을 통해 관객 참여예술과 공간전시, 춘천 신화인 '공지어'의 재발견, 지역의 신화를 현대적 관점으로 재해석해 지역 고유의 문화예술적 소재를 기반으로 제작 공연까지 확대할 수 있는 가지들을 형성하였다. 비록 지금은 진행되고 있지 않지만, 현재까지 축제의 주요 상징인 물의 도시와 불의 도시의 기원에 대한 주요한 배경이 되고 있다.

Rest Area

퇴계 이황과 '공지어(孔之漁)'

강원도 춘천시 퇴계동과 공지천에 얽힌 지명 유래담이다. 퇴계 이황이 춘천의 퇴계동에서 아이들을 가르치고 있었다. 하루는 강아지가 오더니 퇴계의 가르침을 들었다. 삼 년이 지난 후 강아지는 사라지고, 초립동이가 와서 용왕의 아들이라면서 용궁으로 퇴계를 모셔갔다. 용궁에서 지푸라기를 선물받아 집에 돌아온 퇴계는 지푸라기를 조금 잘라 지져보았다. 자를 적에는 지푸라기인데, 지져놓고 보니 고기였다. 그것은 용궁에서 먹던 그 진미의 고기였다. 오래오래 두고 먹다보니 지푸라기 끝이 조금만 남게 되었다. 퇴계는 그것을 개울에 넣었다. 그랬더니 그것이 수많은 고기가 되었다. 그 후로는 개울에 손을 넣기만 하면 고기가 한 마리씩 잡혔다. 맛이 일품인 그 고기가 바로 '공지어'이다. 그로부터 그 개울을 공지어가 살고있는 강이라 하여 공지천孔之川이라고 하였다. 그때 퇴계가 살았던 곳이 지금의 춘천 퇴계동이 되었다.

최근 마임축제는 소양강과 연계한 새로운 스토리텔링으로 재탄생한 특별 제작공연 '소양강 도깨비 등장이요!'2019를 '아!水라장'에 대입시켜 펼치는 '물의 도시'라는 명칭으로 진행한다. 축제 프로덕션으로 제작한 '소양강 도깨비 등장이요!'에는 축제의 상징이기도 한 도깨비가 등장한다. 도깨비는 심술궂은 장난을 좋아하나, 꾀 없이 순수하고 춤과 노래를 좋아한다고 전해진다. 험상궂지만 악귀의 이미지보다는 마치 서양의 요정과도 같은 존재로 우리 안에 자리잡고 있는 도깨비, 만약 그 도깨비가 일 년에 한 번 인간과 물싸움을 하기 위해 대낮에 나타난다면? 또 바로 그날 그리움에 애태우는 소양강 처녀가 견우와 직녀처럼 만날 수 있다면? 하는 재미있는 상상에서 출발한 이 작품은 소양강 처녀의 이야기와 더불어 소양강 도깨비의 물싸움 이야기가 오래도록 전해지길 바라는 마음을 담고 있다. 그리고 '도깨비난장'의 주요 상징적 이미지를 '불의 도시'로 대비시키고, 축제 주제공연 및 하이라이트를 불과 함께하는 퍼포먼스를 통해 관객들을 열정과 흥분에 빠져들게 하고 있다.

Rest Area

'우다마리' 스토리텔링

'우다마리와 공지어'의 내용은 우주에 살고 있던 깨비춘천마임축제 자원봉사자들이 마임축제 기간인 5월! 블랙홀에 빠져 춘천으로 불시착하게 된다. 깨비들은 불시착한 명칭을 "**우**주로 **다**시 돌아가는 **마**음으로 만나**리**" 또는 "**우**리 **다**함께 **마**임에 미치**리**"의 뜻을 담는 약칭으로 '우다마리'라고 이름을 지었다.

'우다마리'는 바로 '춘천마임축제'가 열리는 가상의 축제 마을이다. 깨비들이 불시착한 가상의 축제 마을 '우다마리'에서 때마침 물의 도시 춘천을 지키는 수신水神과 수신을 질투하는 화신火神의 결투가 마임축제의 개막난장인 '아!水라장'에 펼쳐지고, 이 결투에 깨비들이 수신을 도와 화신을 잡아둔다. 수신은 자신을 도와준 깨비들에게 감사의 표시로 다시 우주로 돌아갈 수 있는 묘책을 얘기해준다. 그것은 바로 '공지어의 전설-공지어 9999'마리를 만들어 불태우면 하늘길이 열려 다시 우주로 돌아갈 수 있는 이야기를 해준다. 공지어 9999의 숫자 9999의 의미는 9라는 숫자의 완전함과 은하철도 999에서 착안하였다. 깨비들을 다시 우주로 보내기 위한 도움을 춘천시민들에게 요청하여 시민들이 직접 만든 상상 속의 물고기 '공지어9999'를 축제기간에 전시한다. 축제의 마지막 날, 잡아둔 불신을 풀어주는 조건으로 9999마리의 공지어를 태워 깨비들을 다시 우주로 돌려보낸다. 그리고 다시 1년 후 마임축제가 펼쳐지는 5월, '우다마리' 마을에서 깨비들이 모인다는 내용이다.

성숙기 지나 하락세... 재도약을 꿈꾸다

춘천마임축제는 20년이 넘는 시간 동안 정체하지 않고 꾸준히 진화해 왔다. 그러나 2013년 마임의 씨앗을 뿌리고 24년간 축제를 발전시켜 온 유진규 예술감독이 정치적인 배경으로 사퇴하면서 혼란과 위기가 찾아왔다. 축제의 평가등급도 하락하기 시작했다. 축제의 명성과 기대감도 예전 같지 않았다.

2019년 여름, 춘천마임축제 총감독에 강영규 춘천마임축제 사무국장이 선임됐다. 22년간 춘천마임축제의 스태프로, 팀장으로, 사무국장으로 누구보다 축제를 잘 알고 있고, 애정 또한 깊었다. 강영규 총감독을 중심으로 축제 스태프들은 새로운 비전과 도약을 시도하였다. 그 결과 2014년 문화체육관광부 평가 결과 '유망축제'였던 춘천마임축제를 이후 '우수축제'로 승격시키며 마임축제의 재도약을 일구어 가고 있다.

축제는 '물의 도시'와 '불의 도시'라는 두 축의 프로그램으로 운영하고 있다. 마임 프린지공연, 찾아가는 공연, 지역청년연계 기획프로그램 등 이전보다 극장공연의 규모를 대폭 축소하고 열린 공간으로 나와 축제를 통해 관객들과 더욱 가까이 다가가는 노력을 하고 있다.

특히 눈여겨볼 지점은 '일상 속 마임 축제화'라는 기조로 2016년부터 '문화가 있는 날' 지역거점 특화 프로그램으로 선정된 무료 상설축제 '물火일체'이다. 지역의 유휴공간에서 마임을 중심으로 한 다채로운 공연예술 콘셉트의 '물火일체'는 '춘천마임축제' 기간이 아니어도 한 달에 한 번씩 만날 수 있다.

지금껏 춘천마임축제가 지역에서 오랫동안 호흡할 수 있는 것은 지역을 기반으로 한 콘텐츠로 관객들에게 고유성과 차별성이 느껴지는 색다른 축제를 선사하고 있다는 점이다. 즉, 지역과 축제 간의 밀접한 유기적인 관계를 보여준다. 지역예술가 간의 협업, 청년문화기획가 육성, 지역 시민 활동가 간의 연계와 지역 문화기관과의 교류 등 축제와 지역문화예술이 촘촘한 관계를 맺고 있다.

춘천마임축제가 순수 민간주도로 운영되었던 초창기 시절 축제에 참여하는 예술가들의 출연료가 별도로 책정될 수 있는 환경이 안 되었다. 비록 재원 조성은 열악하지만, 열정과 실력 있는 국내외 예술가들의 십시일반 정신으로 춘천지역에 마임의 씨앗이 하나씩 뿌려지게 되었다. 이후 축제가 정식으로 국가적인 재원 지원을 받게 되면서부터 축제의 규모와 공연예술 프로그램의 양적, 질적 수준이 더욱 향상되었다.

1989년 다섯 명 남짓한 마임이스트들의 작은 씨앗으로 시작한 춘천마임축제는 지난 30년간 굳건한 뿌리로 땅 위에 올라와 싱그럽고 푸른 나무로 성장하였다. 나무가 성장하는 동안 거센 비바람과 폭풍 속에서 파란 하늘을 향해 가지를 펼칠 수 있었던 것은 춘천마임축제를 사랑하는 사람들의 열정과 축제를 향한 간절한 마음이 있었기에 가능하였다.

특히, 춘천마임축제의 성과는 춘천에 마임의 씨앗을 심고, 마임의 꽃을 피울 수 있도록 헌신한 마임이스트 유진규 감독의 역할이 절대적이었다. 유 감독은 1989년부터 2013년까지 24년간 춘천마임축제 예술감독을 맡았다. 이외에도 문화기획가 박동일문화커뮤니티 금토 대표, 최석규아시아나우 대표, 문화기획가 권순석문화컨설팅 바라 대표, 황운기춘천국제연극제 예술감독, 윤종연서울거리예술축제 예술감독, 춘천시 관계자, 역대 스태프 및 깨비들, 마임축제와 인연이 깊은 이외수 작가를 비롯한 춘천과 마임을 사랑하는 사람들의 열정과 노력으로 만들어낸 산물이다. 30년간의 춘천마임축제는 국내 공연예술축제 출발점이자 역사이다. 그 역사는 현재진행형으로 지역과 시대의 흐름을 고찰하면서 항상 새로운 시도를 통해 '일상의 일탈'이라는 환상적인 축제의 장을 열어가고 있다.

 공연예술축제의 양 날개 '예술성'과 '축제성'

춘천마임축제의 중심 키워드는 '예술성'과 '축제성'이다. 1989년 마임이라는 특정 공연장르로 시작하였으나, 공연양식은 마임이라는 단어에 갇히지 않고 다양한 현대공연예술의 장르를 폭넓게 수용하였다. 몸, 이미지, 움직임을 중심으로 무용과 연극을 넘나드는 새롭고 실험적인 공연예술 장르를 추구해왔다. 이러한 공연예술을 기반으로 대중이 함께 누릴 수 있는 '축제성'의 조화를 추구해왔다. 즉, 마임이라는 특정 장르를 주요 아이템으로 하는 공연예술축제라는 특성을 가지면서, 지리적으로는 중앙이 아닌, 지역에서 행해지는 축제라는 특성을 지니고 있다. 마임의 정체성을 지키면서도 '어떻게 예술적 프로그램 개발을 통해 지역관객을 끌어안을까?'라는 끊임없는 숙제를 해결해나가면 성장해왔다. 이러한 고민의 결과는 프로그램을 통해서 설명된다. '예술성'은 검증받은 해외 초청작을 비롯해 야외공모작, 신진예술가 지원 프로그램인 '도깨비어워드', '아시아의 몸짓' 등의 프로그램으로 실현했다. '축제성'을 높이기 위한 프로그램으로는 개막 난장인 '아!水라장', '미친 금요일', '도깨비난장', 교육 및 참여 프로그램 확장 등으로 이루어져 왔다.

프로그래밍은 시공간의 전략에 따라 예술축제로서의 '예술성^{공연성}' 강화와 문화관광축제로서 '축제성'의 조화를 꾀했다. 이를 위해 주중은 마임의 예술성을 잘 보여줄 수 있는 극장공연 프로그램을 중심으로 '도심 속의 축제'로, 주말은 많은 관광객이 찾을 수 있는 대중화된 프로그램으로 춘천의 자연경관과 조화되는 '자연 속의 축제'라는 콘셉트로 구성했다.

유진규 감독은 이 부분에 대해 이렇게 말한다. "축제성과 예술성이라는 구분을 짓는 자체가 모순이다. 축제성에 예술성이 포함되는 것이다. 중요한 건 축제는 대중과의 호흡이 가장 중요하다."

'일탈'과 '난장'

고대 그리스 축제에서 나타나는 가장 큰 특징의 하나는 '일탈'이다. 축제에 참여하는 사람들은 무아지경을 통해 신과 하나 됨을 확인하고자 하였다. 이는 모든 고통에서 벗어나기 위해 기존 삶에서 일탈하여 새로운 신성한 삶으로 전환하고자 하는 것이다. 일탈은 사회적 금기를 위반하는 기존 질서를 해체하려는 시도로 보이기도 하나, 기존 질서 내에서 신들에게 다가가는 행위이다.

우리나라 축제에서도 이와 같은 행위를 '난장'이라 말한다. 난장의 사전적 의미는 여러 사람이 어지러이 뒤섞여 떠들거나 뒤엉켜 뒤죽박죽되는 것이다. 춘천마임축제의 성공적 요인은 바로 '난장'이다.

'도깨비난장'과 '미친 금요일', '아!水라장'의 공통점은 모두 난장의 형태라는 것이다. 축제장 안에서 예술로 뒤엉켜 뒤죽박죽 놀며 축제에 처음 만나게 된 사람들 간의 낯선 경계심이 자연스레 해제된다. 밤샘 난장으로 펼쳐진 '도깨비난장'과 '미친 금요일'의 프로그램을 통해 기존 공연장의 구조를 탈피하고, 관객과 거리를 좁힐 수 있도록 구성하여 좀 더 가깝게 공연예술을 느끼며 축제를 즐길 수 있다. 사람들은 축제를 통해서 삶의 활력을 찾고자 한다. 난장은 일상의 질서를 흔들어 놓고, 해방과 자유를 만끽하며 그 속에서 삶의 활력을 찾는 것이다.

참고문헌

유재천, 2009, 『춘천마임축제 20년, 두 개의 날개로 비상하는 축제』, (사)춘천마임축제

유현옥, 2017, 『춘천마임축제 연보』, 강원문화재단

심보금, 2011, 『지역축제 기획전략에 관한 연구 – 춘천마임축제를 중심으로』, 한국외국어
대학교 대학원

정환택, 2017, 『좋은 축제 만들기 – 지역축제의 한계 및 대안』, 국민대학교

문화체육관광부, 2018, 『2017 문화관광축제 종합평가 보고서』

문화관광부, 2007, 『문화관광축제 변화와 성과(1996~2005)』

김창환·신영근·정성훈, 2006, 『지역축제의 지방화: 춘천마임축제 사례』, 한국지역지리학
회

송영민·강준수, 2016, 『바흐친 카니발리즘을 통한 축제 속 공연 분석: 2014년 춘천마임축
제의 공연을 중심으로』, 글로벌문화콘텐츠

지진호, 2019, 『대한민국 베스트 축제여행』, 상상출판

최석규, 2007, 『눈부신 몸의 잔치, 춘천마임축제』, 한국문화관광연구원 한국관광정책

정명숙, 2016, 『예술의현장, 춘천마임축제』, 한국문화예술위원회

권순석, 2008, 『지역축제와 지역사회 – 춘천마임축제를 중심으로』, 한국문화예술경영학회

선한결, 2016, 『문화가 도시경쟁력이다, 마임·인형극·애니… 문화예술축제의 메카』, 한국
경제

www.mimefestival.com

*사진 제공 – 춘천마임축제사무국

금강산도 식후경

맛있는 축제

강릉커피축제
대구치맥페스티벌

바다 품은 '커피 별', 강릉

강릉커피축제는 현대인의 기호식품인 '커피'라는 소재와 강릉이라는 장소성이 어우러진 트랜디한 축제이다. 강릉의 커피가 사랑받는 이유는 한 잔의 커피를 대접하기 위한 진지하고 세심한 바리스타의 손길과 더불어 동해 바다와 강릉의 자연이 선사하는 편안함과 도시의 답답함을 씻겨주는 시원한 풍경이 더해져 커피의 풍미가 더 풍성하게 느껴지는 건 아닐까? 해변에 소나무가 많아 '솔향의 도시'를 표방했던 강릉. 이젠 구수한 커피향이 온 도시를 감싸고 있다.

"커피는 어둠처럼 검고, 재즈는 선율처럼 따뜻했다. 내가 그 조그만 세계를 음미할 때 풍경은 나를 축복했다" 무라카미 하루키의 수필 '커피가 있는 풍경'에 나오는 독백처럼, 커피는 맛 그 자체보다 어쩌면 커피가 있는 풍경과 분위기가 더 중요한 게 아닐까? 바다를 품은 '커피별'로 불리는 도시, 강릉으로 떠나보자.

　바다와 산이 어우러진 아름다운 자연환경과 유서 깊은 문화예술의
전통이 숨 쉬는 강릉의 사계四季는 차고 넘치도록 아름답다. 봄에 열리
는 단오제는 손꼽히는 전통문화축제이고, 여름에는 피서지인 경포해
변으로 수많은 인파가 몰려든다. 가을에는 소금강과 부연동 계곡 주
변으로 단풍놀이의 행렬이 이어지고, 한겨울에는 차가운 바닷바람을
맞으며 해돋이를 보기 위해 사람들이 몰려든다. 무엇보다 정동진은
사랑하는 연인들의 데이트 코스다. 오죽헌과 선교장, 경포대, 참소리
박물관 등도 강릉의 매력적인 관광명소다. 그러나 최근 들어 이 단어
들 못지않게 강릉과 연상되는 키워드는 단연 '커피'가 압도적이다.

차茶의 역사에서도 강릉은 유서가 깊다. 신라시대의 차문화 유적지가 유일하게 강릉에 있으며, 남항진 쪽 군부대에 있는 '한송정'이라는 정자는 신라시대의 문화유산이다. 이곳에서 신라의 화랑들이 차를 달여 마신 다구茶具가 유적으로 남아있기도 하다. 그렇다면 강릉은 왜 천 년 전부터 차로 유명해졌을까? 차 맛이 특별한 것은 백두대간 심산유곡에서 흘러나오는 석간수石間水의 특별한 물맛 때문이라고 사람들은 입을 모은다. 강릉 커피가 맛있는 이유 중의 하나도 바로 물맛의 비밀에 있다고 이야기한다.

커피가 강릉으로 간 까닭은?

커피는 석유 다음으로 세계 교역량이 많은 원자재 중 하나이다. 전 세계 사람들이 물 다음으로 즐겨 마시는 단순한 음료 이상의 식품이자 상품으로, 현대인들에게 커피는 일상생활을 영위하는 데 없어서는 안 될 필수품이다. 커피 한 잔으로 하루를 시작하고, 잠시 동안의 휴식에도 항상 커피가 있다. 뿐만 아니라 만남과 대화를 향유할 수 있는 공간을 만드는 좋은 매개체이기도 하다. 현대의 일상생활 속에, 그리고 사람과 사람을 연결하는 공간 속에 언제나 우리와 함께하는 문화로 커피는 자리매김하고 있다.

하지만 우리나라는 커피 생산국이 아니다. 그런데 왜 강릉에서 커피축제가 열리는 것일까? 강릉과 커피는 어떤 관계가 있는 걸까? 강릉 커피가 유명해진 것은 강릉시의 자체적인 노력도 있지만, 그에 앞서 자생적으로 터를 잡은 커피 명인들의 아지트로서 강릉 커피 1세대들의 공이 가장 크다고 할 수 있다. 커피를 아끼고 사랑하는 명인들이

* 한송정

강릉에 있는 정각으로 우리나라의
가장 오래된 차 유적지 중 하나.
일명 녹두정(綠豆亭). 신라 진흥왕
때 화랑들이 이곳을 방문하였다는
기록이 있고 이후 여러 역사적
인물들이 한송정을 방문한
기록이 전한다. 정자 곁에 차샘
(茶泉), 돌아궁이(石竈), 돌절구
(石臼)가 있다.

번잡한 대도시 대신 한송정寒松亭*이 있는 산 좋고 물 좋은
고즈넉한 예향의 도시 '강릉'에 터를 잡았기 때문이다.

'커피'와는 전혀 연관이 없을 것 같은 이 작은 도시에
커피 명인이 하나 둘 자생적으로 터를 잡기 시작하더니
이들이 조금씩 네트워크를 형성하면서 이방인들의 이목
을 끌기 시작했다. 원두 한 알 생산되지 않는 동해안 백
사장 변에 커피 볶는 로스터와 커피를 내리는 바리스타
가 모여 강릉을 특별한 커피의 거점으로 만들기 시작한 것이다.

 *Rest Area*

세계를 움직이는 3대 검은 액체, 석유 · 콜라 · 커피

세계 무역량 1위 품목인 석유는 세계 경제를 굴러가게 한다. 그러나
전쟁의 빌미가 되기도 하고, 환경오염의 주범으로 지목되기도 하면서
과거의 명성을 잃어가고 있다. 콜라는 한때 젊음의 상징이었고 세계화
의 기수였다. 그러나 탄산음료에 대한 경각심이 높아지면서 소비량이
감소하고 있다. 세 가지 중 커피는 단연 흥하고 있다. 석유는 감시당하
고 콜라는 외면당할 때 커피는 꾸준히 그들의 아성을 따라잡으며 전 세
계에서 가장 많이 소비되는 기호식품이 됐다. 가장 많은 커피를 생산하
는 나라는 브라질이고, 가장 많은 커피를 소비하는 나라는 미국이다. 우
리나라는 커피 소비량이 가장 빨리 증가하는 나라중 하나다. 유럽연합,
미국, 일본, 러시아, 캐나다, 알제리에 이어 세계에서 일곱 번째로 커피
를 많이 소비하는 나라가 됐다.

*출처: '금요와이드 · 커피, 넌 누구니 – 블랙퍼포먼스', 민정주, 경인일보, 2015

안목해변의 '커피거리'

강릉의 커피를 이야기하며 안목해변의 커피거리를 빼놓을 수 없다. 또한 과거 안목항이라 불린 강릉항 주변 환경도 강릉을 새로운 커피 메카로 만드는 데 한몫했다. 이곳에는 운치 있는 커피전문점, 카페도 많이 있지만, 안목이 커피거리로 탄생할 수 있었던 큰 이유 중의 하나는 바로 자판기 커피 덕분이라 할 수 있다.

커피 자동판매기가 유입되던 1980년대 후반, 안목해변에도 하나둘씩 자판기가 설치되었다. 자판기를 중심으로 동네 주민들이 모여 커피를 마시기도 하고, 바다를 보러 온 연인들은 자판기 커피로 사랑을 속삭였다. 그런데 이곳의 커피 자판기는 맛이 모두 달랐다. 이 자판기에는 비밀이 숨겨져 있었다. 기본적인 재료인 커피·크리머·설탕뿐만 아니라 국산 콩가루가 들어가기도 하고 미숫가루, 누룽지, 참깨 등이 들어가 있어 자판기마다 다양한 맛을 느낄 수 있었다. 이는 단순한 기계나 입맛 차이가 아니라 자판기 주인들의 개성에서 비롯된 것이다. 자판기를 설치하면서 각자의 레시피를 만들어 자판기마다 서로 다른 맛을 내게 되었다.

그 당시 자판기 주인이 바로 '길거리 카페'의 바리스타였다. 이것이 입소문을 타면서 점차 유명해졌던 것이다. 안목해변 자판기를 일컬어 사람들은 '길거리 카페' 혹은 '길다방'이라 칭하기도 했다. 많을 때는 100여 대 정도의 자판기가 있었으나 지금은 거의 사라지고 '커피커퍼' 등 10여 개 커피 전문점이 그 자리를 차지하고 있다.

강릉시의 해변 경관은 독특하다. 보통 해변 경관은 해수욕장을 찾는 방문객을 위한 민박집과 같은 숙박업, 다양한 해산물을 파는 횟집 등과 같은 음식점들이 많은 것이 일반적인 데 반해 강릉시에는 유난

강릉커피축제, 안목해변 행사장

히 많은 커피전문점들이 해안가를 따라 줄지어 들어서 있다.

커피점에서 원두를 볶는 로스터리^{Roastery}로 신선하게 커피를 제공하는 방식도 강릉에서는 낯설지 않다. 미국의 유명 프랜차이즈 '별다 방스타벅스' '콩다방커피빈' 하나 들어와 있지 않지만, 커피의 생명인 신선도를 자랑하는 '스페셜티 커피 전문점'들이 강릉을 '커피 도시'로 우뚝 세웠다. 게다가 강릉은 커피를 로스팅^{Roasting}하기에 좋은 자연환경을 갖췄다. 바다와 산, 호수를 모두 끼고 있는 천혜의 자연조건은 커피의 낭만을 즐기기에도 더없이 적합할 뿐만 아니라 맑고 건조한 지중해성 기후까지 갖추고 있어 국내 어느 도시보다 커피 보관에 최적지라는 것이다.

자연발생적으로 생긴 커피전문점들은 강릉항지구, 주문진지구, 정동진지구, 연곡지구, 사천지구, 경포지구, 교동지구 등 커피클러스터를 형성하며 소비의 플랫폼을 구축하고 있다. 하루 동안 다양한 커피를 맛보고 체험할 수 있는 '커피 테마 투어' 여행상품까지 등장했다. 이제 강릉은 푸른 바다와 드넓게 펼쳐진 백사장, 솔잎향 가득한 해송 아래에서 갓 볶은 고급 커피를 맛볼 수 있는 낭만적인 커피도시로 자리매김 하고 있다.

세계 최초 커피하우스에 적혀 있던 문장?

커피하우스가 세계 최초로 등장한 곳은 1457년 오스만 제국의 수도 콘스탄티플^{현 터키의 이스탄불}이었다. 이름은 '키바 한^{Kiva Han}'. 커피^{Kiva}의 집^{Han}이라는 뜻이다. 이곳 벽에는 이런 글귀가 쓰여 있었다고 한다. "내 마음이 커피나 커피 하우스를 원하는 것이 아니오. 내 마음이 진정으로 원하는 것은 우정이오. 커피는 구실에 불과하오."

500여 년 전 그때도 커피 한 잔의 오묘한 매력은 사람들을 이어주는 역할을 했고, 유형의 공간까지 창출했다. 당시 이스탄불에 생겨난 600여 개 커피 하우스는 이야기 나누기 좋게 주로 사각형이었다. 사람들이 모이면서 연극 등 예술 공연이 열렸고, 사람들은 예술과 문학, 정치를 논하며 우정과 결속을 다졌다. 그래서 '현자들의 학교'라고 불렸다.

*출처: 티 타임즈, 한정수기자, 2019.02.19.

커피명인을 비롯한 커피문화의 선구자들

강릉에서 커피가 유명해진 가장 직접적인 이유는 국내 '커피 명장'들이 강릉에 모여 있어서다. 강릉이 '커피의 메카'로 자리잡는 데 결정적인 역할을 한 사람은 커피명장 박이추 씨다. 재일교포출신인 박 씨는 국내 바리스타 계보에서 명장으로 손꼽히는 '1서^徐 3박^朴' 가운데 한 사람이다(1서는 1980년대를 주름잡았던 고^故 서정달 씨, 3박은 1990년의 대표적인 바리스타인 고^故 박원준 씨와 박상홍, 박이추 씨다. 명장 중 두 사람은 이미 세상을 등졌고 미국으로 이민 간 박상홍 씨 외에 아직도 현역에서 활동하는 이는 박이추 씨가 유일하다). 그는 원두를 강하게 볶아 진한 맛을 내는 일본식 핸드 드립 커피의 고수로, 1988년 서울 대학로에서 커피 하우스 '보헤미안'을 열었다. 이후 보헤미안처럼 떠돌다 2001년부터 강릉에 정착하게 된다. 그는 단순히 커피를 로스팅하고 판매하는 것에 그치지 않고 커피아카데미를 통해 커피를 사랑하는 사람들이 커피를 배우고 함께 즐길 수 있는 다양한 프로그램을 마련해 강릉지역 사람들의 커피 사랑에 불을 지폈다.

2000년대 초반 강릉에서 태동한 커피 전문점 '테라로사'의 김용덕 대표도 강릉을 커피 도시로 알리는 데 크게 기여했다. 김용덕 대표는 외진 산 속에 국내 최초로 커피 로스팅 공장을 짓고 전 세계를 돌며 커피농장과 직거래를 트는 등 질 좋은 커피를 만들기 위한 외길을 걸어왔다. 테라로사는 15개국 약 600여 톤의 생두를 공급받아 직접 볶아 제품관리를 한다. 전국적 명성에도 불구하고 체인점을 운영하지 않는다. 본점에서 직접 볶는 원두를 배송·관리하며 각 지점 바리스타를 통해 고객에게 직접 유통하여 커피의 품질을 유지하고 있다. 구정면 어단리 시골에 위치한 테라로사는 강릉을 찾는 관광객의 필수 방문 코스로 떠올랐고, 테라로사에 가기 위해 강릉을 찾는 관광객도 생겨났다.

또 강릉의 커피문화를 확산시킨 이를 꼽으라면 2001년 횟집만 가득하던 안목에 국내 최초로 3층 건물 전체를 통유리로 된 카페를 열고 커피 문화를 확산시킨 '커피커퍼'의 김준영·최금정 부부이다. 이들은 직접 커피나무를 재배해 한 잔의 커피가 만들어지는 과정을 볼수 있도록 했다. 2001년 아라비카 커피나무 50그루를 들여와 재배를 시작하여, 2011년 첫 원두를 수확하였다. 6,600㎡ 규모에 중남미 지역과 비슷한 환경의 온실을 갖추고 커피나무를 재배하여 고급품종인 아라비카더본 종으로 첫해 20kg 생두 수확을 시작으로 점차 수확을 늘려가고 있다. 커피농장 근처에 있는 커피뮤지엄은 국내에서 가장 큰 커피 전문 박물관이다.

Rest Area

커피 브레이크와 티 타임
(Coffee Break & Tea Time)

일과 쉼의 경계에 차가 있다. 진하게 내린 커피는 각성적인 에너지가 되어주고, 차는 단절의 시간을 선사한다. 커피 문화권에서는 뭔가 일의 피치를 올리고 싶을 때 커피를 마시는 편이고, 차 문화권 사람들은 한숨 돌리며 쉬고 싶을 때 차를 마시는 경향이 있다.

생활의 여유가 많은 유럽인들은 하루 몇 차례 정기적으로 티타임을 즐긴다. 커피 마시는 시간은 별도로 정해져 있지 않기 때문에 커피타임이라는 말은 없다. 커피는 각성효과를 높이는 음료이기 때문에 시간을 쪼개서 마시고, 차는 감성의 음료로 여유를 즐기면서 다른 사람과 대화하거나 자신을 돌아보기 위해 마신다는 것이다

스웨덴에는 그들만의 오래된 커피 문화가 있다. 하루에도 몇 차례씩 커피와 간식을 즐기며 가족, 친구, 동료와 대화를 나누는 '피카FIKA'라는 문화다. 스웨덴어로 '커피와 함께하는 휴식시간'이라는 의미가 담긴 피카는, 단순히 커피를 마시는 시간이 아니라, 바쁜 와중에도 잠시 숨을 고르는 스웨덴 고유의 문화이자 그 자체로 일상이다. 스웨덴인들에게 피카는 우리가 흔히 생각하는 휴식이 아닌 '의도된 휴식 시간'에 가깝다.

강릉커피축제의 탄생

2009년 1회 때부터 7회까지 총감독을 맡았던 이종덕 前 강릉문화재단 사무국장은 평소 사람들이 '강릉' 하면 떠올리는 오죽헌, 단오제, 경포대 등 '전통'의 이미지를 탈피하고 강릉이 가진 현대적 자원을 살려 도시를 발전시키고 싶었다. 이는 소중한 문화유산인 동시에 변화를 거부하는 고정화된 이미지이기도 했기 때문이다. 게다가 '여름 해수욕장 한철 장사'와 '바가지'라는 인식도 강했다. 이런 고민에 빠져있을 당시, 최명희 강릉시장이 그에게 한 신문기사를 꺼내 보였다. 「커피가 강릉으로 간 까닭은?」 커피축제의 직접적인 계기로 알려진 한 신문기사의 제목이다. 지난 2007년 11월 9일자 중앙일보 김한별 기자가 주말 위클리판으로 '테라로사, 보헤미안, 언덕 위의 바다'를 엮은 기사이다. 강릉시에서는 이 기사를 보고 '이걸로 뭔가 좀 만들어 보자'고 고민을 하게 되었고, 그래서 탄생한 것이 바로 강릉커피축제다.

이미 커피아카데미와 카페촌, 커피 명인과 커피 공장 등이 모두 성황 중이었고, 커피문화가 무르익어가고 있는 상황에서 망설일 이유가 없었다. 당시 이종덕 사무국장을 비롯해 강릉시 공보담당관실의 서동구 계장과 안정철 디자인 전문가가 주도했고, 내부합의가 일사천리로 이뤄져 적극 추진하게 된다. 이어 강원민방 영동본부 김형기 본부장도 적극 뛰어들었다.

그러나 거침없이 추진하던 커피축제에 무산 위기가 닥쳤다. AI조류독감 바이러스가 발병한 것이다. 당시 8월 말 행안부는 공문으로 1만 명 이상 모이는 모든 집회 및 축제는 불허하였다. 고민 끝에 많은 사람들이 한꺼번에 몰리는 것을 방지하는 분산형 개최가 해법으로 떠올랐

다. 축제의 장을 항구별로, 카페별로 분산하여 개최하는 것이었다. 그렇게 우여곡절과 많은 이들의 노력 끝에 강릉커피축제는 전국 최초의 커피축제라는 타이틀을 선점하며 성공적으로 런칭하였다.

제1회 강릉커피축제는 2009년 10월 30일부터 11월 5일까지 일주일 동안 '강릉에서 새로운 향기를 만나다'라는 주제로 개최되었다. 별도의 축제 행사장 없이 개별 커피숍 중심으로 축제 프로그램이 운영되는 구조였다. '커피성지순례'를 콘셉트로 하여 안목해변과 사천해변의 카페를 중심으로 진행되었다. 축제에 참가한 업체로는 강릉 커피문화의 원동력이었던 커피 명인 박이추 대표의 '보헤미안'과 세계 최고의 커피를 수입하고 제조·유통하는 '테라로사'를 비롯하여 15개의 업체와 강릉영동대학교가 참여했다.

축제프로그램으로는 원두 로스팅 체험, 핸드드립·싸이폰 커피추출 체험 등 다양한 체험프로그램과 'All about Coffee'라는 주제로 열린 커피 세미나, '커피와 만나는 다큐&영화'에 대한 강의 등 다양한 커피문화를 즐길 수 있는 프로그램이 마련되었다. 제1회 강릉커피축제를 통해 강릉시의 커피문화에 대한 관심이 더욱 높아지게 되었다. 커피축제라는 아이템을 고안한 것은 지자체였지만, 마치 구슬을 꿰어 보배를 만들 듯 커피를 주제로 사람이 모여 콘텐츠의 힘을 발하며 축제의 파급력은 커지게 되었다.

공간의 변화, 프로그램의 진화

제2회 축제에서는 강릉항 요트마리나를 중심으로 메인 프로그램을 진행했다. 강릉항 메인행사장에 커피와 관련된 시음·체험·전시 행사를 집약적으로 배치하였다. 축제 참여업체들의 연계를 위한 스탬프랠리 프로그램을 새롭게 도입했다.

제3회부터는 강릉문화재단에서 축제를 맡으면서 더욱 성장하기 시작했다. 규모면에도 축제의 메인공간인 강릉항을 비롯하여 임영관 관아, 강릉문화예술관, 경포 호수광장, 솔올분수광장 등 강릉시 곳곳에서 진행되었다. 축제공간의 확장에 따라 프로그램의 참여 등 접근성이 크게 향상되었으며, 각 행사별로 공간의 특성을 살린 차별화된 프로그램을 구성하였다.

특히 경연프로그램인 '바리스타 어워드'를 비롯하여 국제 교류 프로그램인 '국제커피전', 산업전 성격의 '커피기기 전시회'가 신규 프로그램으로 추가되었다. 연계 프로그램으로 '커피산책로', '커피테마

강릉커피축제, 강릉항

투어', '커피 볶는 사찰' 등도 시도되었다.

2012년 10월 19일부터 28일까지 10일 동안 진행되었던 제4회 강릉커피축제에서는 제1회때 참여한 업체의 10배에 이르는 153개 업체가 참여했다. 또한 대한민국 대표 커피잡지인 '커피앤티'를 비롯해서 관동대학교, 강원도립대학과 같은 강릉 소재 대학의 적극적인 후원이 이루어졌다. 공간도 강릉항과 문화예술회관 총 2개의 행사장으로 집약하여 방문객들의 참여를 유도했다. 프로그램은 커피와 관련된 주제 프로그램과 일반 프로그램으로 나누어 구성하였다. 커피축제의 정체성을 구현하기 위한 주제 프로그램은 경연 프로그램, 전시 프로그램, 체험 프로그램, 공연 프로그램, 학술 프로그램으로 구성하였고, 일반 프로그램은 축제 체험의 다양성을 제공하기 위한 체험과 공연으로 구성하였다. 특히 강릉 커피문화를 경험할 수 있는 커피문화해설사*와 함께하는 '커피투어버스', '커피산책로' 등의 프로그램이 진행되었다. 이처럼 강릉커피축제는 회를 거듭하며 단순 체험행사에

* 커피문화해설사
2011년 문화전문인력양성과정을 통해 커피해설에 특화된 교육 프로그램을 이수한 사람들로 커피축제 때 커피 해설을 해주고 있다.

끝나지 않고 강릉시의 역사와 문화, 그리고 강릉시만의 독특한 커피 문화를 바탕으로 문화적인 축제로서의 브랜드를 높여갔다.

제4회(2012년) 강릉커피축제 커피 세미나 프로그램

행사명	강사
핸드드립커피, 더욱 맛있게 즐기기	이정기(우리커피연구회장)
세계 생두시장의 최근 동향과 전망	김용덕(테라로사회장)
스페셜티커피의 개념과 컴핑 테크닉	이윤희(CKCON&실장)
싸이폰을 이용한 응용메뉴 만들기	서덕식(칼디커피대표)
블랜더를 이용한 건강음료 레시피	유봉재(세미 이사)
커피머신을 이용한 베레이션티 제안	최범수(네오플래닝 대표)
모카포트를 이용한 라떼아트 만들기	이승훈(리에프프레소 대표)
우리 실정에 맞는 강한 카페 만들기	강대영(카페 마놀린 대표)
우리나라 커피문화의 뿌리를 찾아서	박종만(왈츠와닥터만 대표)

제5회 축제에서는 오프닝 프로그램으로 100人100味 퍼포먼스를 기획했다. 100명의 바리스타가 각자 자신만의 시그니처Signature 커피를 만들어 방문객들에게 제공하는 이벤트였다. 이후부터 이 프로그램은 매회 축제의 오프닝으로 진행될 정도로 인기를 끌었다.

이후 제6회 축제에서는 '마카롱 어워드'라는 프로그램을 처음 실시하여 디저트 메뉴도 부각 시킬 수 있는 기회를 제공하였다.

2015년 제7회 축제부터는 새로운 장소인 녹색도시체험센터 일원에서 개최하였다. 넓은 부지와 실내, 실외로 나누어진 체험, 전시 부스 구성, 충분한 쉼터 마련 등 관람객 편의와 동선을 면밀히 고려한 기획이었다. 지역상권을 위한 부스와 가족 위주의 방문객을 고려한

강릉커피축제 현장

어린이 체험부스 등 볼거리를 확충하였다. 행사장에서는 인포메이션 기능의 소규모 행사장만을 두고 로스팅 등 다양한 체험 위주의 프로그램을 마련해 관람객이 직접 참여하는 축제가 될 수 있도록 기획했다. 커피를 볶아보기도 하고, 커피콩으로 그림을 그려보고, 비즈아트나 목판에 그려보는 우드 버닝화Wood Burning까지 다양한 프로그램을 진행했다.

2016년은 지역 상권을 위한 부스와 가족 위주의 방문객을 고려한 어린이 체험부스를 마련하여 전 연령층이 함께 즐길 수 있는 기회를 제공했다. 아울러 취약했던 야간 프로그램에 공연들을 추가함으로서 방문객들의 체류시간을 늘릴 수 있는 요소를 마련했다.

2017년 제9회 축제는 추석 황금연휴 기간10.6~9이 축제기간 4일과 모두 겹치면서 사상 최대 인원인 51만 명이 축제를 방문했다. 이 해에 새롭게 추가된 프로그램은 '커피 팟 캐스트'였다.

2018년 열 번의 축제를 거치면서 공간의 변화와 함께 프로그램의 양과 질 모든 측면에서도 발전하였다. 특히 강릉커피축제는 커피문화를 처음 접하는 일반인들로부터 커피전문가에 이르기까지 관심을 가질 수 있는 다양한 프로그램으로 구성되었다. 각계각층의 커피전문가들을 초청하여 커피전문가 및 일반인들에게 커피문화를 깊이 있게 배울 수 있는 커피세미나가 열렸고, 매회 축제마다 주제를 정하여 그해 축제의 콘셉트를 부각시켰다. 이는 커피축제의 정체성과 낭만적인 분위기를 더욱 부각시키는 효과를 거두었다.

특히 10회부터는 축제장에서 일회용 컵 사용을 제한했다. 방문객들은 개인 컵을 가져오거나, 개인컵을 소지하지 못한 방문객은 축제 주최측에서 준비한 대여용 텀블러를 사용하게 했다. 또한 축제장에 컵 세척장을 설치하여 방문객이 직접 컵을 씻을 수 있도록 하였다. 환경을 생각하여 일회용품을 줄이기 위한 것으로 축제에 참가한 강릉 시민들과 관광객들의 적극적인 호응을 얻으며 친환경축제로 거듭나게 되었다.

2019년 제11회 강릉커피축제에는 국내 최고의 커피 명인들과 명가들이 속속 동참하면서 축제 분위기를 고조시켰다. 커피축제 조직위원회는 김용덕 테라로사 대표를 집행위원장으로, 2019월드바리스타 챔피언십WBC 우승자인 전주연 바리스타를 홍보대사로 위촉하며, 축제의 전문화와 글로벌화를 꾀했다. 축제는 '커피가 말하다Voice of Coffee'라는 슬로건 아래 '커피와 문화의 만남', '글로벌 축제로 도약', '국내 유명 셀럽과 함께하는 커피축제' 등 3가지 주요 테마로 진행됐다.

이 해부터는 세계의 주요 커피 생산국을 소개하는 행사를 신설하고, 처음으로 콜롬비아를 주빈국으로 선정했다. 이와 관련해 콜롬비아 커피를 중점적으로 알리는 대규모 부스를 설치하고 관련 세미나 등을 진행했다. 또한 콜롬비아뿐만 아니라 케냐, 탄자니아, 르완다, 인도네시아, 과테말라 등 다른 5개국 커피산지의 주한 대사관을 초청해 각국의 커피를 시음하는 자리를 마련하여 해외 교류와 국제적 네트워크 활성화를 도모하고자 했다.

축제 프로그램 구성(2019년 기준)

구분	세부 내용
커피 이벤트	(전야제) 찾아가는 가곡제 (개막식) 100人 100味 바리스타 핸드드립 퍼포먼스 -바리스타 핸드드립 커피시연
커피 문화	커피라운지 세계는 향기롭다(대사관 참여 프로그램) 커피 세미나(오픈세미나/강연) 해변 프로그램 커피별별서점
커피어워드	2019 강릉바리스타어워드 2019 강릉핸드드립어워드 2019 강릉컵테이스터스대회 2019 강릉커피홈로스팅챔피온십 2019 강릉싸이포니스트챔피온십
커피투어	커피투어버스 운영 스탬프(영수증)랠리 강릉커피축제와 함께하는 강릉생명밤길걷기
커피 체험	커피 점토 체험 및 커피관련 체험
공연	강릉커피축제와 함께하는 K-POP 강릉커피축제와 함께하는 1000인 연주회 버스킹 공연
FOOD	강릉 로컬푸드 존 커피 베이커리 및 디저트존 푸드트럭존
부대행사	찾아가는 강릉커피축제 박물관 연합전 강릉 청년예술가 아트존

연도별 축제 주제

횟수(연도)	축제 주제(슬로건)
제1회(2009)	강릉에서 새로운 향기를 만나다
제2회(2010)	커피도시로의 신나는 여행
제3회(2011)	10월의 마지막 밤을 강릉커피축제와 함께
제4회(2012)	커피별에 피는 꽃을 먹듯이
제5회(2013)	커피별 강릉, 풍경의 절정마다 커피가 있다
제6회(2014)	강릉커피, 낭만에 물들다
제7회(2015)	ECO GangNeung (Excellent coffee of GangNeung)
제8회(2016)	나눔(사랑 한모금)
제9회(2017)	자연속에서 즐기는 낭만 '강릉커피'
제10회(2018)	커피도시와 녹색+상상
제11회(2019)	커피가 말하다 Voice of Coffee

커피 생산과 소비의 플랫폼 구축

커피축제가 처음 열린 2009년 첫해 8만 명이 찾았고, 매해 급증세를 보이며 2015년 42만 명, 그리고 2017년에는 50만 명을 돌파했다. 강릉 내 카페도 2009년에는 총 22개에 불과했다. 다음해는 70개로 급증했다. 이후 매년 70여 개 가까이 생기면서 어느새 카페는 700여 개에 이르렀다2020년 기준. 강릉문화재단 조사자료. 인구 22만의 중소도시치곤 이례적으로 많은 수다. 카페들은 해변뿐 아니라 사람들의 발길이 잘 닿지 않던 재래시장 안쪽까지 들어서며 도시재생에도 많은 영향을 미치고 있다.

커피콩을 직접 볶아 신선한 커피를 내놓는 로스터리 카페 비중은 약 30%, 핸드드립 카페는 약 40%에 달한다. 이는 수많은 대형 커피 체인점들 사이에서 지역 카페들이 경쟁력을 가질 수 있는 이유이자 강릉 커피 맛이 '상향평준화'됐다고 평가받는 이유다.

판소리 격언에 '귀 명창 있고 명창 있다'고 했듯이, 강릉의 시민들 모두가 커피 로스팅을 할 수 있을 정도로 준커피전문가라 해도 과언이 아니다. 커피에 대한 눈높이가 높아진 강릉 시민들의 까다로워진 기준을 충족시키지 못하는 카페는 도태될 수밖에 없게 된 것이다. 이에 따라 루왁 커피 전문 카페, 옛 방앗간을 개조해 커피를 볶는 카페 등 차별화된 자신만의 커피로 승부하는 개성 있는 카페들이 늘고 있는 추세이다.

강릉의 여러 중·고등학교에서는 방과 후 커피교실이 운영되고, 각 대학들과 대부분의 카페에서는 6개월이 넘는 장기 코스로 진행되는 커피아카데미가 활발히 진행되고 있다. 드립은 물론 로스팅과 커핑 등 체계적 커리큘럼을 갖춘 과정이 대부분이다. 이를 통해 강릉에서만 한 해 500여 명의 바리스타가 배출되고 커피 재배의 본산지 케냐, 콜롬비아, 엘살바도르 등지로 커피 유학을 하는 이도 생겼다. 그 결과 '강릉의 커피'는 커피거리, 커피농장, 커피공장, 커피박물관, 커피지도 등의 관광인프라는 물론 지역경제의 한 축을 담당하고 있다.

강릉커피축제는 축제의 활성화를 통한 커피도시로서의 이미지 제고뿐 아니라 강릉시 전역의 커피전문점 업체가 참여하는 축제로 커피의 산업화를 통한 지역경제 활성화를 도모하고 있으며 실제 효과를 나타내고 있다. 바리스타 경연대회 및 세미나 등을 통한 커피전문가 육성과 산업화를 통한 일자리 창출 등 지역경제 활성화에 기여하고 있는 것이다. 또한 커피 아로마, 커피비누, 커피 막걸리 등의 새로운 콘텐츠와 결합된 상품도 등장하고 있다. 방문객들에게 제공하는 것이 단순히 커피만이 아니라 커피관련 인프라, 문화·예술공간, 커피거리, 도서관 등으로 확대되어 장소의 상품화에 기여하는 모습이다.

'강릉비전 2020'은 강릉이 관광 중심의 소비도시에서 관광과 문화가 접목된 창조도시로 거듭나는 것을 골자로 하고 있다. 커피를 통해 관광객을 끌어들이기 위한 단순한 지역 축제의 소재거리가 아닌 지역 특성화 산업의 일환으로 성장시켜 나가려는 것도 이 때문이다.

강릉은 이제 우리나라 커피축제의 본향이 되었다. 10여 회에 불과한 축제를 치렀을 뿐이지만 이제 강릉은 솔향과 바다향을 맡으며, 갓 볶은 고급 커피를 맛볼 수 있는 특별한 지역으로 자리 잡아가고 있다.

Rest Area

강릉커피축제 예산은 얼마?

강릉커피축제의 예산은 얼마일까? 축제의 규모와 행사내용을 감안하면 꽤 많은 예산이 들어갈 것으로 생각하기 쉽다. 그러나 커피축제 예산은 놀라울 정도로 적은 편이다. 첫해의 시 예산은 겨우 1억6천만 원에 불과했고, 이후 조금씩 증가했으나, 강릉시에서 투입하는 예산은 3억 원에 불과하다^{2020년 기준}. 그나마 2017년부터는 대한민국 유망축제로 선정돼 국·도비를 지원받고 있다. 그러나 외부지원금과 각종 후원금을 합친 1억 원을 합쳐도 총 예산이 4억 원 정도에 불과하다. 이 적은 예산으로도 축제가 성공적으로 진행될 수 있었던 것은 강릉과 커피를 사랑하는 사람들, 그리고 카페들의 자발적 호응이 있었기 때문이다. 그리고 축제를 주관하는 커피축제의 산증인이라 할 수 있는 강릉문화재단의 이기욱 팀장과 직원들의 헌신적인 노력이 있었기에 가능하지 않았을까?

그러나 '재단 직원들의 뼈를 갈아 넣은 축제'라는 말이 있듯이 강릉에서 지원하는 예산과 인력은 너무 열악하기 그지없다. 빠른 시간에 급성장했고, 성숙기에 접어들고 있는 시점에서 축제의 지속성과 글로벌한 축제로 도약하기 위해서는 최소한의 인력증원과 예산적인 뒷받침이 뒤따라야 할 것으로 보인다. 강릉커피축제가 세계적인 축제로 발전하기 위한 방안을 묻는 설문조사제10회 강릉축제평가용역에서도 강릉시민과 외지인 모두 재정·공간·인프라 등 '축제 규모의 확대'30.0%가 가장 필요하다고 응답하였다.

 ## 커피도시, 문화도시로의 브랜딩

커피축제는 그동안의 지역 축제와는 그 성격을 좀 달리한다. 일단 커피를 소재로 축제를 연다는 것이 아이러니라는 반응들이 많다. 특정한 장소도 없으며, 커피를 주산지로 하는 나라도 아닌 강릉에서 커피축제를 한다는 것에 의아할 수밖에 없는 것이다. 그럼에도 기호식품인 커피를 주제로 한 콘텐츠는 종전의 축제들과 차별성이 돋보인다. 아울러 커피를 단순히 마시는 음료가 아닌 문화적 상상력을 결합시켜 문화상품으로 확장하고 있다. 이런 시도는 기존 관광객뿐 아니라 국내외 커피 애호가들의 유입으로 선순환의 시너지 효과를 창출하고 있다.

커피는 단순한 음료가 아니다. 커피를 매개체로 사람들이 만나고

이 과정에서 새로운 문화가 싹튼다. 하지만 강릉의 커피문화는 아직 음료 차원에 머물고 있다. 커피와 관련된 볼거리와 강릉만의 커피문화를 축제로 풀어내야 한다. 예컨대 500년 전 유럽의 커피 하우스처럼 강릉의 카페에서 문학발표회를 하고, 전시를 하고, 예술공연을 한다면 제3의 문화공간, 문화와 예술의 플랫폼으로서 카페의 역할과 이미지는 더욱 확장될 수 있다. 미국의 시애틀도 커피와 예술, 문화를 접목시켜 방문객들에게 지역관광의 연계성과 다양한 체험의 기회를 제공하며 시너지효과를 창출했다. 국내 커피시장도 커피 맛을 충분히 이해하여 소비시장이 커졌다기보다는 패션처럼 유행을 타고 대중들에게 커피문화가 퍼졌다는 측면에서 커피는 맛보다 이미지로서 소비하는 경향이 있다. 이전에 전통문화관광도시로서의 강릉이었다면, 이제는 커피도시라는 보다 현대적 이미지와 콘텐츠로 관광도시로서의 시너지 효과를 창출해나가야 할 것이다.

기호를 소비하는 시대, 풍경도 맛이다!

＊엔돌핀 디쉬
영혼의 진통효과를 가진 마약 같은 요리천하 트렌드를 일컫는 용어. 스마트폰으로 SNS를 통해 끊임없이 음식사진을 퍼 나르고 맛집 후기를 찾아다니며 시시콜콜한 만남이 이뤄지는 시대를 이렇게 정의하기도 한다. '당신이 오늘 무엇을 먹었는지 말해주면 당신이 어떤 사람인지 말해줄 수 있다.'(브리야 사바랭, 1825년 '미식예찬' 작가)

현대사회에서 먹거리는 과거의 생존차원의, 생리적 욕구와는 다른 차원의 접근 형태를 띠고 있다. '우리는 기호를 소비하는 생활에 들어와 있다'장보드리야르(Jean Baudrilard, 1929~2007) '소비의 사회'는 말처럼 음식도 생존에 필요한 생물학적 욕구를 넘어서는 기호를 소비하는 시대가 되었다. 최근 음식을 먹는 방송을 지칭하는 먹방, 쿡방이 유행하고, 카페투어와 엔돌핀 디쉬Endorphin Dish＊ 등이 우리사회의 주요 트렌드가 되었다. 즉, 먹거리가 사람들에게 단순한 생존을 위했던 '맛'뿐만 아니라, '멋'과 '감정'을 함께 소비하는 '문화'가 된 것이다.

이러한 현대사회 트렌드에서 먹거리 자체가 축제의 킬러콘텐츠가 되고, 지역 공동체 형성뿐만 아니라 해당 지역의 경제와 산업적 측면에서도 큰 기여를 하고 있는 축제들이 있다. 대표적 해외축제로는 독일 옥토버 페스트를 비롯한 삿뽀로 맥주 축제, 하와이 코나 커피축제, 에스파냐의 부뇰 토마토 축제 등이 있다. 국내축제로는 횡성한우 축제, 대구치맥페스티벌, 보성다향축제, 강릉커피축제, 영덕 대게축제를 비롯한 각종 농수산물 축제 등이다.

강릉커피축제는 현대인의 기호식품인 '커피'라는 소재와 강릉이라는 장소성이 어우러진 트렌디한 축제이다. 커피축제는 기본적으로 콘텐츠 못지않게 장소성과 공간 활용이 특히 중요하다. 집에서 만들어 먹는 커피나 떡볶이보다 카페나 포장마차에서 호호 불며 먹는 맛이 더 일품인 것은 다른 무엇보다 풍경과 분위기가 중요하기 때문이다. 똑같은 커피라도 호숫가 노을이 지는 풍경에, 비취빛 바닷가에 갈매기 몇 마리가 한가하게 노니는 곳에서 마시는 차 한 잔의 여유. 낭만의 맛과 멋이 더하여지니 풍경이 더하는 값도 상당하다. 축제는 콘텐츠도 중요하지만 콘텐츠를 잘 살릴 장소성이 그에 못지않게 중요하다. 강릉의 커피가 사랑받는 이유는 한 잔의 커피를 대접하기 위한 진지하고 세심한 바리스타의 손길과 더불어 동해 바다와 강릉의 자연이 선사하는 편안함과 도시의 답답함을 씻겨주는 시원한 풍경이 더해져 커피의 풍미가 더 풍성하게 느껴지는건 아닐까? 해변에 소나무가 많아 '솔향의 도시'를 표방했던 강릉. 이젠 구수한 커피향이 온 도시를 감싸고 있다.

참고문헌

홍주연·이정희, 2007, 『커피가 강릉으로 간 까닭은』, 중앙일보

사이토 다카시, 2009, 『세계사를 움직이는 다섯 가지 힘』, 뜨인돌

최무진, 2013, 『커피도시로서 강릉의 장소성 형성과정 연구』, 고려대 교육대학원

김종민 외, 2012, 『강릉커피, 축제에서 산업으로』, 강원발전연구원

한국은행 강원·강릉본부, 2013, 『커피시장 현황 및 강원지역 커피산업 발전방안』, 조선일
　　　보

문화체육관광부, 2017, 『2017 문화관광축제 종합평가 보고서』

유영심·김병일, 2016, 『제8회 강릉커피축제 평가 및 관광객 실태조사』, 강원발전연구원

유영심 外 2명, 2017, 『제9회 강릉커피축제 평가』, 강원연구원

신현식, 2018, 『제10회 강릉 커피축제 평가용역』, 문화관광컨설팅 감성피아

이재구, 2016, 『장소자산으로서 강릉커피축제 특성연구』, 건국대

김민주, 2011, 『커피도시 강릉, 스토리텔링으로 도약하라』, 리드앤리더

박은성, 2019, 『바다 내음+커피향기··· 강릉의 가을을 즐겨요』, 한국일보

홍서표, 2012, 『원두없는 강릉커피, 산업의 중심으로』, 조선일보

김홍례, 2014, 『커피문화 관광지 서비스 품질이 관광충서도 및 만족도에 미치는 영향 – 강
　　　릉커피축제를 중심으로』, 광운대

김민수·전진호, 2013, 『축제방문객의 만족도와 지출요인에 대한 실증적 연구 – 강릉커피축
　　　제를 대상으로』, 관광연구저널

최병일, 2013, 『커피향 가득한 강릉바다에서 '힐링타임'』, 한국경제신문

전성임, 2019, 『축제가 된 강릉의 커피문화』, 경기일보

지진호, 2019, 『대한민국 베스트 축제여행』, 상상출판

이미순, 2010, 『축제가 도시브랜드를 만날때』, 새로미

강릉문화재단, 2016~2019, 『강릉커피축제 계획안』

www.coffeefestival.net

*사진 제공: 강릉문화재단

대구치맥페스티벌

Daegu Chimac Festival

'대프리카'의 여름나기

우리나라 사람들은 치킨을 정말 사랑한다. 대한민국 국민이 가장 사랑하는 외식이다. 게다가 이젠 맥주가 결합하여 우리고유의 음식문화를 만들었다. 치맥은 당당히 고유명사가 됐다. 치킨과 맥주라는 소재는 대중들에게 쉽게 다가갈 수 있는 친근한 주제이다.

대구치맥페스티벌은 이런 일상적인 소재를 축제 콘텐츠로 만들었다. 독창적 아이디어는 결코 먼 곳에 있지 않다. 축제기획, 일상적인 소재와 지역의 환경과 문화자원들을 재발견하고, 재탐색하고, 재해석해 그 속에서 특화시킬 수 있는 가치를 발견하고, 차별화된 콘텐츠로 키워나가는 전략이 필요하다.

'대프리카'. '대구+아프리카'의 합성어로 아프리카 날씨처럼 지나치게 더운 여름철 대구를 비유적으로 이르는 말이다. 한여름 대구는 찜통더위로 달아오르고, 그 열기는 좀체 식지 않는다. 내륙의 분지이

* 푸드 페어링

음식과 술의 궁합. 프랑스어 마리
아주(Marriage)의 영어식 표현.
마리아주는 매리지, 즉 결혼이란
의미를 지닌 프랑스어로, 결혼을
형상화시킬 만큼 음식과 술의 훌
륭한 관계를 말한다. 현재의 푸
드 페어링 개념은 술과 안주의 범
주에서 벗어난 다양한 음료와 식
품의 궁합 모두를 포함한다. 예를
들어 '치킨+맥주, 스테이크+와
인, 곱창+소주, 간장+참기름, 굴
+레몬'같이 함께했을 때 환상적
인 음식궁합이다.

기 때문이다. 이러한 대구의 여름을 식혀줄 시원한 축제
가 있다. 바로 매년 7월에 개최되고 있는 '대구치맥페스
티벌^{이하 '치맥페스티벌'}'이다. 대구를 상징하는 이미지 중의 하
나인 '더운 도시'라는 약점을 역으로 활용하여 여름철
'푸드 페어링^{Food pairing}'*이라 할 수 있는 시원한 맥주와
치킨을 소재로 축제를 기획한 것이다.

'컬러풀 대구'의 색깔 없는 축제들

대구에는 치맥페스티벌 외에도 많은 축제가 있다. 대구시에서 개
최된 축제는 21개로 대구시 본청에서 주관하는 축제는 대구컬러풀

페스티벌, 국제오페라축제, 대구치맥페스티벌, 약령시한방문화축제, 국제뮤지컬페스티벌 등 6개이고, 구·군에서 담당하는 축제가 15개이다. 하지만 그동안 대구는 도시를 대표할 만한 뚜렷한 축제가 부재하다는 인식이 많았다.

대구의 축제는 봄·가을 축제를 통합한 '컬러풀 페스티벌'과 여름 축제를 '핫페스티벌'이라는 총칭으로 축제의 브랜드화를 꾀하고 있다. 컬러풀 페스티벌은 동성로 일원의 봄·가을 축제인 동성로 축제, 패션주얼리위크, 근대문화제, 컬러풀퍼레이드를 통합하여 중구 도심 전역으로 확대되고 있다.

'핫페스티벌'은 대구의 뜨거운 여름과 음식, 예술이 어우러진 축제로 국제포크축제, 치맥축제, 생활예술제, 호러 연극제, 국제재즈축제 등을 비슷한 시기에 개최하여 시너지 효과를 꾀하고 있다.

그밖에도 '대구국제오페라축제'와 '대구국제뮤지컬페스티벌'은 문화체육관광부 지역대표공연예술제로 선정되어 매년 국고 지원을 받고 있다. 그러나 공연예술축제는 다른 관광형 축제와 산업연계형 축제에 비교해 공연장 내에서 이루어지는 실내 중심의 콘텐츠이기 때문에 참가인원의 제한에 따라 지역경제와 지역의 브랜드를 높이는 데에는 한계가 있다. 이외의 나머지 축제들도 시민들의 참여도 부족하고, 대구를 대표할 만한 상징적인 축제로서 평가받지 못하고 있다.

이런 상황에서 '치맥페스티벌'은 대구의 브랜드와 상징성을 뚜렷하게 부각시키는 축제 콘텐츠로서 기대를 받고 있다. 대구시를 상징하는 슬로건 '컬러풀 대구'*에 비로소 '치맥페스티벌'이라는 색깔 있는 축제가 등장한 것이다.

* 도시 브랜드 '컬러풀 대구'
2004년 대구시는 도시를 대표할 브랜드 슬로건으로 '컬러풀 대구'를 선정했다. 도시의 다양함, 다채로움과 함께 젊고 밝고 화려하고 활기찬 도시 이미지를 상징한다는 취지로 각종 시 홍보물 및 인터넷 등에서 활용하고 있다. 우리나라 도시의 경우 서울시의 '하이서울(Hi Seoul)', 부산시의 '다이나믹 부산(Dynamic Busan)', 대전시의 '잇츠 대전(It's Daejeon)', 수원시의 해피수원(Happy Suwon)' 등이 있다. 외국의 성공사례로는 미국 뉴욕의 'I♥New York'을 들 수 있다.

대구시 주요 축제 현황 (2014년 기준)

주관부서 및 기관	축제명	주최/주관	예산 (시비)
문화예술과	컬러풀대구페스티벌	대구시/ 대구문화재단	900 (300)
대구 오페라하우스	대구국제오페라축제	대구시/ 대구시오페라하우스	2,000 (1,000)
문화산업과	대구국제뮤지컬 페스티벌	대구시/(사)대구국제 뮤지컬페스티벌	1,800 (1,200)
의료산업과	대구약령시한방 문화축제	대구시, 중구/ 약령시보존위원회	424 (224)
농산유통과	대구치맥페스티벌	(사)한국식품발전협의회/ 치맥축제조직위	500 (150)
관광문화재과	팔공산 산중전통장터 (승시)	대구시/팔공산승시 축제봉행위원회	750 (250)

*출처: 『대구치맥페스티벌발전방안』, 대구경북연구원, 2015

대구의 옛 이름 '달구'= '닭'

대구의 옛 이름인 '달구벌'의 유래는 두 가지 설이 있다. 첫 번째는 달구벌을 '큰 언덕'이나 '넓은 평야'를 뜻한다고 보는 것이고, 두 번째는 달구벌의 '달구'를 닭의 경상도 방언으로 보는 견해이다.

이와 관련해 신라와의 연관성을 제기하기도 한다. 신라의 국호는 다양한데 그 가운데 하나가 계림^{鷄林·닭수풀}이었을 정도로 닭과의 관련성이 두드러진다. 신라 시조 박혁거세도 계정^{鷄井} 옆 알에서 태어났고, 그의 왕비 알영도 계룡^{鷄龍·닭의 형상을 한 용}의 옆구리에서 태어나 입에 닭 부리가 달려 있었다는 설화도 전해 내려온다.

또한 경주 김씨 시조인 김알지는 시림始林의 나무에 걸려 있는 황금 상자 안의 알에서 태어났는데 그 나무 아래 흰 닭이 울고 있었다고 해서 시림을 계림鷄林으로 개칭했다는 설화도 있다. 삼국유사에선 인도인이 신라를 가리켜 '구구탁예설라矩矩托禮說羅'라 불렸다고 전해진다. '구구탁'은 닭을 뜻하고 '예설라'는 귀하다는 뜻이다. 요컨대 신라가 '닭을 귀히 여기는 나라'라는 말이다.

대구와 닭의 본격적인 인연은 1900년대 초로 거슬러 올라간다. 1907년 제작된 대구시 전도를 살펴보면 조선 3대 시장이었던 대구 서문시장에는 전체 시장의 3분의 1을 차지할 정도로 규모가 큰 닭을 파는 곳이 있었다.

또한 한국전쟁 이후 대구시 수성구 황금동 일대를 중심으로 산란계 사육농장과 부화장, 도계屠鷄장 등이 들어서면서 양계산업의 기반이 마련됐다. 영남지역의 산업 투자가 활발히 일어나면서 대구와 구미, 포항 등지의 소비 인구가 많았기 때문이다. 이처럼 대구는 1950년대와 1960년대 국내 양계산업의 주축이었다. 계육 가공회사도 1970년대 대구 칠성시장을 중심으로 생겨나기 시작했다. 그러면서 1970~1980년대 칠성시장 청과물 상가 주변엔 닭 내장 볶음집이, 수성못 주변에는 닭발집이, 동구 평화시장엔 닭똥집닭모래집 골목이 형성됐다. 닭똥집 골목은 현재까지도 그 명성이 이어지고 있다.

대구, 치킨의 성지

멕시칸치킨, 교촌치킨, 호식이 두 마리 치킨, 멕시카나, 처갓집 양념치킨, 땅땅치킨, 스모프치킨, 또이스치킨, 종국이두마리치킨, 별별

치킨, 치킨파티….

치킨을 좋아하는 이들이라면 한 번쯤은 들어봤을 이름들이다. 이들 치킨 브랜드의 공통점은 바로 대구에서 영업을 시작한 치킨 프랜차이즈 브랜드라는 점이다. 이처럼 다양한 브랜드를 배출한 대구는 치킨 애호가들 사이에서 '치킨의 성지'로 불린다.

대구시에 따르면 전국 최초의 치킨 프랜차이즈 브랜드는 1985년 대구시 동구 효목동에서 시작한 멕시칸 치킨^{당시 계성통닭}이다. 1978년 2평짜리 가게에서 시작한 멕시칸 치킨은 2018년 기준 전국 1,780여 개의 점포로 확장됐다. 40여 년간 멕시칸 치킨에서 파생된 업체만 70여 개다.

1991년 3월 대구와 인접한 경북 구미시에서 '교촌통닭'으로 시작한 교촌치킨, 1999년 대구에서 창업한 호식이 두 마리 치킨도 대구에서 탄생했다. 교촌치킨은 이전까진 볼 수 없었던 간장 맛을 선보여 인기몰이에 성공했고, 호식이 두 마리 치킨은 한 마리 가격에 두 마리 치킨 시대를 열었다.

1989년 문을 열어 20년 넘는 역사를 자랑하는 멕시카나, 양념통닭 하면 떠오르는 처갓집 양념치킨, 대구 토종 브랜드에서 시작해 전국 300여 개 가맹점을 둔 업체로 성장한 땅땅치킨도 대구에서 탄생했다. 대구지역의 치킨은 대한민국 치킨의 역사라고 해도 과언이 아니다.

'치맥페스티벌'은 대구지역이 국내 치킨 프랜차이즈 산업의 태동과 성장을 견인한 도시라는 배경과 무관치 않다. 양계산업의 지역적 특색을 기반으로 대구에 기반을 둔 치킨 프랜차이즈가 전국적으로 확산되었다. 하지만 치킨 프랜차이즈 기업들이 수도권으로 이전하면서 침체된 대구의 지역산업을 발전시키기 위해 치맥페스티벌을 구상하게 된 것이다. 또한, 2009년 중앙정부의 조직개편을 통해 농림수산식품부를 만들어 국민의 먹거리를 산업화하는 정책을 내놓고 한식의 세계화 사업을 기치로 내걸게 되었고, 그 과정에서 '대구경북식품외식협회'가 구성되었다. 이렇게 만들어진 협회에서 '치맥축제'를 기획하게 되었다.

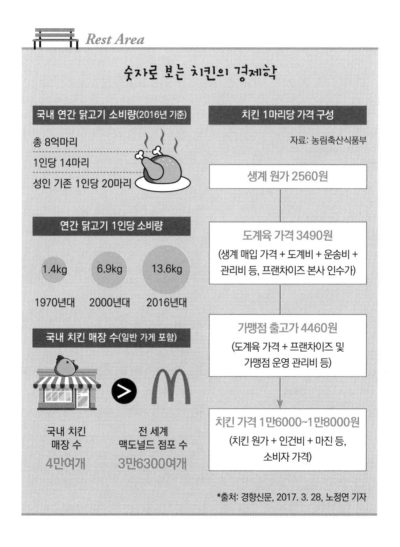

Rest Area

숫자로 보는 치킨의 경제학

국내 연간 닭고기 소비량(2016년 기준)

총 8억마리
1인당 14마리
성인 기존 1인당 20마리

연간 닭고기 1인당 소비량

1.4kg	6.9kg	13.6kg
1970년대	2000년대	2016년대

국내 치킨 매장 수(일반 가게 포함)

국내 치킨 매장 수	전 세계 맥도널드 점포 수
4만여개	3만6300여개

치킨 1마리당 가격 구성

자료: 농림축산식품부

생계 원가 2560원

도계육 가격 3490원
(생계 매입 가격 + 도계비 + 운송비 + 관리비 등, 프랜차이즈 본사 인수가)

가맹점 출고가 4460원
(도계육 가격 + 프랜차이즈 및 가맹점 운영 관리비 등)

치킨 가격 1만6000~1만8000원
(치킨 원가 + 인건비 + 마진 등, 소비자 가격)

*출처: 경향신문, 2017. 3. 28, 노정연 기자

3년간 4번의 시도... 번번히 좌절!

'치맥페스티벌'의 시작은 그리 순탄치 않았다. 그리고 그 과정에서 한 사람을 빼놓을 수 없다. 맛 칼럼니스트로 활동하고 있는 윤병대 씨. 2008년 어느 여름날, 그가 운영하는 다음카페 '맛따라길따라' 번개모임이 있었다. 당시 모임 장소는 두류공원 야외음악당 잔디공원이었고, 메뉴는 치맥이었다. 이때 여름날 치맥과 함께 즐길 수 있는 새로운 문화를 잘 다듬어서 활용하면 좋겠다고 생각하였다.

그러던 중 2009년 대구·경북지역의 식품산업발전을 위해 '대구·경북식품외식발전협회'가 만들어지고, 윤 씨가 사무국장을 맡게 되었다. 그는 협회 내에 '미식가위원회'를 조직하고 대구지역의 대표 식품산업인 닭과의 연관성을 고려하며 치맥축제를 준비하기 시작했다. '좋은 생각'이라며 대구에서 치맥 축제가 꼭 열리길 바라는 격려가 많았기에 자신감을 얻어 2009년 대구시를 찾아가 제안을 했지만, 관련 부서 공무원들의 반응은 냉담했다.

2010년 그는 또 한 번 도전을 준비하고 '대구국제식품산업전'의 야외 부대행사로 기획안을 수정하여 대구시 관련 부서를 찾아갔다. 하지만 이번에는 '야간개장은 불가'라는 이유를 들어 거절당했다. 이후 대구경북식품외식발전협회는 농림수산식품부로부터 정식인가를 받아 사단법인이 되고 (사)한국식품발전협회로 개편되며, 회장을 맡은 이수동 회장과 함께 다시 축제를 추진하면서 한 줄기 빛이 보이기 시작했다.

2011년 세 번째 도전을 했다. 당시 대구의 더위를 축제로 승화시키자는 취지로 3년째 진행하고 있던 '수성 들안길 폭염축제'를 치맥축제와 합치면 시너지효과를 높일 수 있다고 생각하여 대구시에 기획안을 제출했다. 그러나 2011년 대구 세계육상선수권대회에 맞춰 '수성 호반생활예술 큰잔치'를 열기로 했다는 이유로 역시 거절당했다. 윤 씨는 전 세계인이 대구로 모이고 전 세계의 언론이 집중된 대구에서 한국의 치맥문화를 자연스럽게 지구촌에 알릴 수 있는 절호의 기회가 사라진 것에 대해 허탈함과 큰 좌절감을 느꼈다.

그러나 3년간 세 번의 도전과 좌절이 헛되지 않은 순간이 찾아왔다. 김범일 대구시장이 정무부시장을 경제부시장으로 변경하고, 경제조직을 강화하며, 당시 김연창 부시장을 경제부시장으로 임명하게 된다. 그리고 윤 씨는 한국식품발전협회 이수동 회장의 주선으로 부시장에게 대구의 닭 산업과 연관하여 치맥축제의 필요성을 역설하여 부시장의 공감을 얻어내고 지원 약속을 받아냈다. 하지만 실무공무원들이 '술을 주제로 한 축제는 주취 폭력으로 인한 안전의 문제가 있다'는 이유를 들어 또 한 번의 거절을 당하게 된다.

이후 김연창 부시장은 2012년 8월 중국칭다오국제맥주페스티벌에 한국식품발전협회 임직원들과 윤 씨를 경제사절단으로 동참하게 했다. 그리고 칭다오시 관계자로부터 자매도시인 대구에서 치맥축제가 개최된다면 최대한 협조하겠다는 약속을 얻어냈다.

이에 고무된 윤 씨는 그해 10월 대구컬러풀축제의 부대행사로 기획안을 수정하여 제시했지만, 이번에는 '도심 소란으로 민원제기 가능성'의 이유로 거절당했다. 계속되는 대구시의 거절로 인해 참담한 심정이었지만, 이때 대구시의회 윤승아 의원이 적극적인 지원군으로 등장하였다. 시의원의 협조로 2013년 치맥축제 개최에 필요한 예산 5천만 원이 반영된 것이다.

이에 한국식품발전협회는 2013년 1월 '치맥준비위원회'를 구성하고, 칭다오시맥주페스티벌 조직위원회를 방문하여 축제에 대한 자문과 협조를 구하였다. 그리고 그렇게 4년여 간의 노력을 거쳐서 2013년 3월 15일 드디어 대구시로부터 '치킨맥주국제페스티벌' 개최를 승인한다는 공문을 받게 되었다.

그러나 첫해 대구시 공무원들의 반응은 그리 협조적이지 않았다. 당시 대구시 후원 명칭 사용 허가는 받았으나, 정작 개최장소인 두류운동장 사용 허가를 받지 못한 것이다. 사용을 허가해주지 않은 이유는 △체육시설에서 음식을 조리하거나 판매할 수가 없다 △공원지역은 흡연금지 공간이므로 축제를 했을 때 시민들의 반발이 우려된다 △축제기간에 이미 다른 체육단체의 사용승인을 해준 상태다 △술을 주제로 했을 때 청소년 음주는 사회적인 문제가 된다 등의 이유였다. 이런 대구시의 결정을 뒤집은 것은 인터넷의 여론이었다. 치맥축제에 대한 호응이 인터넷에서 뜨겁게 달아올랐고 포털 사이트에서 검색어 1위에 오르는 기염을 토하는 등 치맥페스티벌에 대한 호응이 뜨거워지자 대구시는 드디어 두류운동장의 사용허가를 내주었다. 2013년 제1회 대구치맥페스티벌은 이런 산통을 겪으며 탄생했다.

제1회 대구치맥페스티벌은 치킨 프랜차이즈업체들을 중심으로 시작되었고, 농림축산식품부뿐만 아니라 (사)한국육계협회, (사)대한양계협회, (사)한국토종닭협회 등 우리나라 닭 산업 관련 대표단체 모두가 후원하며 준비를 진행했다.

서울랜드 치맥페스티벌,
대구보다 한 달 앞서 개최... 이슈 선점 위기

제1회 치맥페스티벌을 분주히 준비하던 사무국에 예상치 못했던 변수가 등장했다. 하이트진로가 자사 맥주 브랜드 맥스와 국내 치킨 브랜드가로마강정, 굽네치킨, 치킨더홈, 치킨매니아, 핫썬치킨, 홀랄라 바비큐치킨가 참여하는 치맥 페스티벌을 개최한다고 5월 말에 발표한 것이다. 서울에서 대구보다 한 달 앞서 치맥페스티벌이 열리면서 수도권에 이슈 선점의 기회를 빼앗길 위기에 처했다. 그해 6월 7일부터 9일까지 서울랜드 삼천리 동산에서 서울랜드와 Max가 함께 치맥페스티벌을 먼저 개최한 것이다. 단돈 만 원에 치킨과 맥스 크림 생맥주 3잔을 제공하는 파격적인 이벤트를 진행하며 이슈와 타이밍 선점에서 밀리는 형국이 되었다.

그러나 이미 대구치맥페스티벌은 3월부터 네이버 등 포털의 인기 검색어에 오르고, SNS에 합성된 포스터가 돌아다니는 등 주목을 받아오고 있었다. 이렇게 관심이 높아진 상황에서 서울 행사가 대구보다 한 달이나 앞서 열리는 만큼 행사 선점의 효과들이 자칫 날아가 버릴 수 있는 상황이 되었다. 수도권에서 먼저 행사가 열려 참가인원들이 줄어들 것이라는 우려가 나왔다. 이에 따라 축제 준비 사무국은 서울 측에 강력히 항의했다. 이에 대해 여론도 대기업 측에 호의적이지 않고, 논란이 불거지자 하이트 진로 측은 한국식품발전협회와 협의하며 진화에 나섰다. 대구치맥페스티벌과는 별개의 행사고, 선점하려는 의도도 아니며, 여름 시즌 다양한 맥주프로모션의 일환에 불과하다고 해명했다.

당시 치맥페스티벌에 대한 특허가 출원만 된 상황이고 등록은 되지 않았다. 상표권은 등록일로부터 보호를 받기 때문에 법적으로 한국식품발전협회가 보호·보상받을 길은 없었다.

하지만 서울행사가 입장권과 티켓을 사야 하는 상업적인 이벤트라면, 대구치맥페스티벌은 닭 산업과 우리나라만의 독특한 양념통닭을 세계화한다는 목적을 가지고 기획된 지역축제였다. 즉 두 페스티벌은 목적과 지향점이 달랐기 때문에 이 논란은 당시의 해프닝으로 끝났고, 대구치맥페스티벌에는 별다른 영향을 끼치지 못했다.

1회부터 흥행몰이, 4회부터 100만 명 돌파

2013년 제1회 축제부터 예상을 뛰어넘는 관심과 성황리에 진행되었다. 우려했던 주취 폭력 사태도 축제 기간에 단 한 건도 발생하지 않았다. 성인인증 프로그램도 한 관련 기업 독지가의 도움으로 개발했다.

제1회 대구치맥페스티벌의 개막은 닭 위령제로 시작했다. '닭 위령제'는 닭의 혼령을 추모하고, 닭에게 다른 것으로 환생하라는 의미에서 하는 굿과 퍼포먼스이다. 한 시민은 닭들에게 다음 생애에는 대구시민으로 태어나라고 기원하기도 했다. 개그맨 전유성 씨가 낸 아이디어로 누리꾼들과 매스컴의 주목을 받으며 홍보 효과를 톡톡히 누렸다.

1회 축제에는 방문객이 27만 명으로 추정되며, 2회 축제에는 62만 명, 3회 축제에는 88만 명이 방문했다. 2016년 제4회째에는 100만 명이 참여한 축제로 급속히 성장하여 대구지역의 대표적인 축제로 자리매김하게 됐다. 치킨 판매금액도 크게 증가했다. 1회에서는 닭 관련 무료시식이 8만 마리 12억 원, 판매가 10만 마리 19억 원. 2회 때는 닭 관련 무료시식이 10만 마리 19억 원, 판매가 25만 마리 44억 원, 맥주·음료 등의 판매가 20억 원으로 추정된다. 3회 때 판매금액은 71억 원으로 치킨 50억 원, 맥주 14억 원, 기타 7억 원으로 크게 증가했다. 참가 업체 부스도 30개 업체 92개 부스, 2회에는 80개 업체 130개 부스, 3회에는 85개 업체 163개 부스가 운영되었다.

　　대구시의 예산도 크게 늘었다. 1회 때는 총사업비 4억 원 중에 시비가 5천만 원에 불과했으나, 2회 때는 8억 원 중에 시비 1억5천만 원, 3회 축제는 전체 사업비 10억 원 중에 시비 5억 원이 지원됐다. 시 주도의 축제 중 상대적으로 저예산^{2015년 기준 평균 12억 5천만 원}을 투입하여 71억의 매출을 기록, 지역경제 및 연관산업에 미치는 파급효과가 상당하다. 참여기업도 2013년 30개 업체를 시작으로 2016년 100개 업체로 늘어났으며, 단기간에 3배 이상의 성장세를 기록하였다.

　　2016년 제4회 축제부터는 많은 변화를 꾀하기 시작했다. 우선 두

류공원 일부만 활용한 축제공간을 두류공원 전역으로 확대하여 참가자의 편의와 안전을 고려한 여유공간을 최대한 확보하였다. 또한, 어린이를 위한 소규모 풀장을 성인들을 위한 야간풀장으로 확대하여 다양한 이벤트를 제공하였다. 운영인력일원화, 노점상 점거 사전 차단, 화장실 추가설치 및 자발적으로 쓰레기를 줍도록 유도하는 홍미 유발 쓰레기통도 설치하여 2015년에 발생된 문제점들을 개선하였다.

2017년 페스티벌은 전년도의 100만 명을 넘는 역대 최다 인원이 다녀가 성황리에 마쳤다. 2018년에도 3년 연속 100만 명 참가를 돌파했고, 역대 최다 참가자 및 참여 업체수를 기록했다. 2018년에는 폭염이 기승을 부려 태양열로 치킨을 굽는다는 말이 있었다.

2019년은 일본 상품 불매운동에도 참여하여, 축제 기간에 일본산 맥주는 반입하지 않기로 결정했다. 이 해는 태풍 다나스의 영향으로 7월 20일 하루 축제가 중단됐다가, 태풍이 지나간 뒤 21일에 축제를 재개하기도 했다.

대구치맥페스티벌 연도별 현황 및 성과

	제1회 2013	제2회 2014	제3회 2015	제4회 2016	제5회 2017	★ 문화관광 육성축제 선정 제6회 2018	★ 문화관광 유망축제 선정 제7회 2019
총 관람객수	27만명	62만명	88만명 (외국인관람객 3천명)	100만명 (외국인관람객 7천명)		100만명이상 추정 (외국인 관람객 10만명)	
참여업체 수	30개사 94부스	80개사 130부스	87개사 179부스	92개사 222부스	99개사 185부스	115개사 221부스	135개사 255부스
경제유발효과			생산유발효과 225억 2천만원 부가가치 유발효과 79억 6천만원 고용유발효과 258.3명		266억원 98억원 160명	264억원 97억 3천만원 160명	245억원 90억원 150명

*자료제공: 한국치맥산업협회

삼계탕집에서 '닭 위령제' 개최

1999년 3월 낮 12시께 대구시 수성구 상동 402-8 금산삼계탕에서 닭의 혼령을 추모하는 '닭 위령제'가 열려 주위의 눈길을 끌었다.

이날 삼계탕집 개업을 기념해 열린 행사는 개그맨 전유성 씨와 전위 예술가 무세중 씨, 주민 등 1백여 명이 참석한 가운데 사물놀이패의 흥겨운 농악에 맞춰 1시간여 동안 퍼포먼스 식으로 진행됐다.

무씨는 닭에 대한 추모사(?)를 통해 "닭은 인류 역사상 가장 오랫동안 인간의 먹이가 돼 온 동물"이라며 "벼슬의 위엄과 무사의 위력으로 당당하게 인간 위에 군림했지만 인간에게 살과 알을 내주며 헌신해야 하는 운명이 돼버렸다"면서 닭의 원혼을 위로했다.

이어 사물놀이패의 농악에 맞춰 "닭아 닭아 울지마라… 날개 있어도 못 날지만… 사람들에게 고기도 많이 주고 고생을 많이 했다"라며 한바탕 창이 울리고 닭 모습을 한 사람들이 뒤뚱뒤뚱 걸으며 닭의 모습을 흉내내자 참석자들 사이에는 폭소가 터져나오기도 했다.

업주 김 씨는 "닭을 통해 생업을 하는 사람으로서 오랫동안 인간의 먹이가 돼 온 닭의 혼령을 추모하고 닭이 환생해 좋은 세상에서 살도록 원혼을 달래기 위해 행사를 개최했다"고 말했다.

*출처: 연합뉴스 문성규 기자

주요 프로그램과 눈길 잡는 이색 이벤트

대구치맥페스티벌의 개막식은 1회 닭 위령제, 2회와 3회는 풍선 날리기, 4회는 축하공연으로 시작하였다(옥토버페스트에서는 시장이 맥주통을 개봉하며 "마개가 열렸다O' zapft is!"라고 크게 외치고, 그해에 처음 생산된 맥주를 높이 쳐들고 마시는 것으로 옥토버페스트의 시작을 선포한다).

공연프로그램은 1회에서 힙합&댄스, 락밴드&갈라쇼, 8090청춘 콘서트 등, 2회 때는 자매도시공연, 치맥릴레이콘서트, 폐막 콘서트, 3회에는 치맥 힙합 Night, 치맥 Rock Festival, 치맥 토토가, 4회에는 치맥 한류콘서트, 인디밴드 공연, 퓨전국악밴드 등 다양한 공연들이 진행되었다.

경연대회는 1회 축제에서 댄스동아리배틀, 대구·경북대학밴드대항전 등, 2회 때는 치맥족오디션, 치킨소스 콘테스트, 맥주칵테일 경

대구치맥페스티벌 현장

연대회, 3회에는 치킨 신메뉴 경연대회, 수제맥주 경연대회, 맥주 칵테일 경연대회가 펼쳐졌고, 4회에는 수제맥주와 치킨 신요리 경연대회가 펼쳐졌다.

DJ 프로그램은 1회에서 DJ와 함께하는 파티타임, 2회 때는 치어업 대한민국, 불금 파티, 토요일 파티, 아듀 치맥파티, 3회에는 멀티미디어 쇼와 EDM Party가 열렸다.

체험 및 부대행사로는 1회에서 닭싸움, 닭 빨리먹기, 토막닭 퍼즐 맞추기, 고무찰흙 만들기, 코스프레 퍼레이드 등이 치러졌다. 2회 때는 레이싱모델 선발대회, 치맥 OX 퀴즈, 불닭 빨리먹기, 맥주 빨리마시기, 버스킹 인디밴드 공연 등이, 3회에는 후다닥 치맥 닭싸움 대회, 2015 세계여자 비치발리볼대회, 학술대회 등이 개최되었다.

2016년 축제 때부터는 야외에서 생맥주를 팔 수 없다는 규제가 풀려 더욱 큰 성황을 이루었고, 코레일과 협력해 치맥관광열차를 처음 선보이기도 했다. 그러나 유커遊客·중국 관광객들이 대거 불참하면서 대구시가 처음으로 도입한 '치맥관광열차'는 운행이 취소됐다. 7월 초까지 중국 베이징을 중심으로 500여 명의 유커들이 치맥페스티벌 참가를 신청했지만, 미국의 사드THAAD·고고도미사일방어체계 한국 배치가 결정된 이후 중국 여행사들이 예약을 무더기로 취소하기 시작했다. 일각에서는 중국 현지에서의 홍보부족과 연계 관광 프로그램부족을 한 원인으로 진단하고 있지만, 행사를 코앞에 둔 무더기 예약 취소는 사드 배치에 대한 중국 정부의 보복이라는 관측이 더 설득력이 있었다.

2017년도 개막식의 하이라이트는 사랑의 1톤 치킨박스 개막 퍼포먼스다. 가로 3.8m, 세로 1.5m, 손잡이 길이만 70cm가 넘는 초대형 치킨박스 안에는 약 100마리 분의 치킨이 들어 있다. 지속 가능한 축제 개막식의 전통을 개발하고, 세계 유일의 '치맥의 성지'라는 브랜딩을 강화하기 위해 마련됐다. 참가업체와 주최 측이 뜻을 모아 치킨 1톤을 이웃들에게 기부한다는 의미를 담은 퍼포먼스다. 개막선언에 맞춰 개봉되는 치킨박스 속의 치킨은 약 180여 개의 작은 박스에 담겨져 불우이웃과 저소득층에게 전달된다. 1톤 치킨박스나 기부행사 등은 치맥페스티벌이 단순한 먹고 노는 데 그치는 행사가 아니라 '지역과 지역민이 함께 성장하는 축제'라는 것을 알리는 공익성 짙은 프로그램들이다.

행사 기간 중 일정 시간만 되면 건배의 물결이 전 축제장을 가득 채운다. 축제의 상징 프로그램인 '치맥 99 건배타임'이 열리기 때문이다. 이 시간이 되면 모든 관람객은 잔을 들고 건배하듯 동시에 '꼬끼오'를 외치게 된다.

이밖에 치맥산업협회와 교촌치킨, 오비맥주가 함께하는 개막식 기부행사, 축제의 장기적인 발전을 위한 전문가 포럼, 대구의 닭 산업 발전과 치맥의 역사 등 '치맥의 성지' 대구를 알릴 홍보 로드도 축제의 의미를 더해준다.

2018년은 '치맥은 문화다'라는 슬로건을 내걸고, 문화적인 색채를 더욱 강화했다. 대구 2.28주차장에 설치된 '치맥아이스카페'에는 얼음물에 발을 담그고 치맥을 즐기려는 사람들로 북새통을 이뤘다. 에어서핑보드·에어슬라이드와 같은 물놀이시설을 갖춘 '치맥 비취'도 관람객들로 성황을 이뤘다. 주 행사장인 두류야구장은 프리미엄 치맥클럽으로 변신했다. 치맥파크 스크린콘서트도 행사 기간 내내 젊음의 열기로 북적였다.

2019년도는 '여름엔 치맥은 확실한 행복! 가자~ 치맥의 성지 대구로!'란 슬로건을 내세우며, 친환경 축제 개념을 시도했다. 행사장에서 사용한 일회용 플라스틱 컵 대신 환경부의 인증을 받은 옥수수 성

분의 친환경 위생 컵을 도입했다. 여러 번 사용할 수 있는 컵도 제작해 판매했다. 텀블러 형태의 이 컵은 시원한 맥주를 떠올리게 하는 디자인으로 청량감을 더했다. 그동안 외국인 관광객 유치 일환으로 기획하고 제대로 추진하지 못했던 '치맥열차'도 처음으로 성사됐다. 이렇게 대구치맥페스티벌은 외형적 성장과 함께 내실을 다지며 지속적인 성장의 기틀을 다져가고 있다.

'치맥 프렌즈'와 '치맥 리더스'

축제의 성공 요인으로 '시민들의 자발적인 참여'는 두 말하면 입 아프다. 치맥페스티벌은 축제의 기획 단계에서 청년들의 아이디와 열정을 함께 모아나가기 위한 시도를 하고 있다.

대구치맥페스티벌 '청년기획위원회'는 시민들의 다양한 의견과 독창적인 아이디어를 반영해 시민 공감대를 형성하고 풍부한 콘텐츠를 개발하기 위해 전국 대학생들을 대상으로 하고 있다. 2015년 12월 4일부터 다음해 1월 20일까지 공모했으며, 69명의 지원자가 몰려 6대 1의 높은 경쟁률을 보였다. 지원자들은 서류심사 및 학계와 문화·예술단체로 구성된 심사위원들의 면접 심사를 통해 최종 11명이 선발됐다. 선발된 학생들을 대상으로 '2016 대구치맥페스티벌 청년기획위원회' 발대식을 개최하고, 대구광역시장 명의의 위촉장을 수여했다.

서울과 경기도 등에 거주하는 학생들도 선발돼 대구치맥페스티벌 기획과 운영에 대한 남다른 열정을 보여줬다. (사)대구치맥산업협회는 청년기획위원들이 대구치맥페스티벌을 열정과 젊음이 넘치는 축제로 만드는 역할을 할 것으로 기대하며, 청년기획위원회가 성공적으로 운영될 수 있도록 지원을 아끼지 않았다. 청년기획위원들은 축제기획 단계부터 참여하게 되며 매월 2회 아이디어 회의를 통해 축제의 콘셉트 및 프로그램 개발과 관련한 독창적인 아이디어를 제시하고 젊은 층의 수요를 반영한 홍보방안을 강구하는 등 축제 전반에 걸쳐 다양한 활동을 펼쳤다.

2017년 100만 명 이상의 관람으로 역대 최대 인파를 끌어모을 수

치맥리더스 발대식

치맥프렌즈 발대식

대구치맥페스티벌 공식 캐릭터 치야(왼쪽)와 치킹(오른쪽)

있었던 성공 요인 중 하나는 치맥리더스가 있다. 대구·경북 대학생 20명으로 구성된 '치맥리더스'는 단순 봉사활동과 행사 도우미 수준을 넘어 축제 기획 단계부터 참여해 아이디어와 행사 콘텐츠를 제안해 실제 반영하는 등의 역할을 담당하는데, 기획운영, 디자인, 마케팅, 영상, 프로모션 등 5개 팀으로 구성된다. 가장 눈에 띄는 부분은 역시 젊은 층이 많이 사용하고 있는 SNS 등 온라인 홍보 분야로 페이스북과 블로그를 통해 치맥축제를 다양한 방식으로 알렸다. 치맥리더스는 치맥프렌즈로 불리는 축제자원봉사자의 선발이나 관리 운영도 맡았다. 치맥프렌즈 자원봉사자 250명을 업무별로 나눠 각 팀마다 치맥리더스가 팀장 역할을 하였다. 대학생들에게는 치맥축제의 행사기획에 직접 참여하고, 실행에 옮길 수 있는 실전 경험을 쌓을 수 있다는 점에서 매력적이었다.

2018년 '내 피는 못 준닭!' 모기퇴치 팔찌와 치맥 페스티벌 공식 캐릭터 '치킹'을 활용한 헤어밴드도 '치맥리더스'가 기획하고 디자인 작업을 거쳐 상품화에 성공한 경우다.

축제도 식후경(食後景)

'먹는 것으로 하늘을 삼는다식이위천, 食以爲天', '호화로운 비단옷보다 한 그릇의 밥이 더 필요하다금의일식, 錦衣一食'는 먹는 것의 중요성을 표현하는 말들이다. '금강산도 식후경'이나 '먹고 죽은 귀신은 때깔도 좋다'는 속 담도 마찬가지다. 음식을 먹는 행위는 인간의 본능에 속하는 일이자 생명 활동의 근원이다. 동시에 먹는 즐거움 또한 무시할 수 없기 때문에 이런 표현들이 사용되어왔을 것이다.

축제의 어원을 살펴보면 우리나라는 물론 동서양 모두 축제의 기원 과 의미가 대동소이하다. 축제祝祭의 '축祝'은 사람人이 말口로 신에게 기 원하는 것을 형상화한 글자이다. '제祭'는 손으로 고기를 잡고 신示 앞에 제사를 올리는 모양을 형상화한 단어이다.

축제를 뜻하는 페스티벌Festival은 본디 feast라는 어원에서 비롯되었 다. 일반적으로 종교의 신God이나 신들gods에게 경외감을 표하는 '제례 의식'의 의미를 갖고 있지만, 'feast'는 '아주 양이 많고 정성스럽게 준비 한 식사'라는 뜻도 갖고 있다.

한국의 축제 원류인 부여의 정월 영고迎鼓, 고구려의 10월 동맹東盟, 예 의 10월 무천舞天 등에서도 하늘에 대한 제사를 지내고, 온 나라 사람이 모두 모여서 음식을 마련하여 나눠 먹고 춤추고 노래 부르며 즐겼다.

유사 치맥 축제들과 차별화 과제

대구치맥페스티벌이 짧은 기간에 성장한 요인은 치킨과 맥주라는 대중적 소재 선택과 젊은이들에게 매력적인 프로그램인 음악과 DJ타임, 치맥 아이스카페, 치맥 비치 등의 체험 프로그램 등이 잘 구성되어 있기 때문으로 평가되고 있다. 이러한 측면은 대구치맥페스티벌이 대구의 주요 축제로 성장할 가능성이 있다는 것을 보여주고 있다. 하지만 빠르게 급성장한 대구치맥축제의 과제는 유사 축제들과 차별화를 통한 경쟁력 강화이다.

경상남도 남해 독일마을엔 해마다 맥주페스티벌이 열린다. 독일 옥토버페스티벌이 한국식 스타일로 변형되어 개최되고 있고 이미 굳건히 흥행에도 성공한 경우다. 맛의 고장 전주에도 치맥페스티벌과 유사한 '가맥 페스티벌'이 있다. 엄밀히 말하면 조금 차별화 지점이 있다. '가맥'이란 '가게 맥주집'의 준말로, 오래 전부터 전주에선 가맥집이 성행했다. 작은 슈퍼 같은 곳에서 맥주를 사서 마시는 사람들에게 슈퍼사장님이 파전이나 달걀말이, 북어나 오징어 같은 맥주 안주를 구워서 손님들에게 판매한 것이 문화가 되어 가게에서 마시는 맥주라는 이름의 '가맥'으로 불렸다. 전주의 가맥 축제에는 유명한 가맥 가게들이 한 장소에 모이는 진풍경을 볼 수 있다. 춘천 의암호 주변에서도 치맥축제가 열린다. 연인의 대명사 로맨틱을 달고 '로맨틱 춘천 치맥페스티벌'을 열고 있다. 닭갈비 원조 도시 춘천이 맥주를 업고 도전하면 꽤 가능성이 있어 보이지만, 춘천에 있는 닭갈비축제는 아직 큰 호응을 얻지 못하고 있다. 국내 최대 맥주공장 하이트 공장이 있는 강원도 홍천군도 2017년부터 '홍천강 별빛 음악 맥주축제'를 열고 있다.

이러한 유사 축제들이 있음에도, 대구의 경우 매년 참여업체들이 증가하고 젊은이들을 중심으로 한 방문객의 증가는 긍정적으로 평가되고 있다. 반면 대구치맥페스티벌의 프로그램들은 잠재 방문객의 니즈를 충족시킬 수 있는 다양한 축제 콘텐츠와 프로그램 개발보다는 단순히 치킨과 맥주 판매에 치중함에 따라 치킨 프랜차이즈 기업들의 상업적 이벤트 성격이 짙은 프로그램이 약점으로 지적된다. 또한 젊은 층을 위한 프로그램에 비해, 어린이들과 중장년층을 위한 프로그램 부족도 아쉬운 점으로 지적된다.

축제는 고유성을 나타내는 요소가 매우 중요하다. 각각의 축제를 나타내는 고유한 콘텐츠와 운영방식을 통해 축제의 정체성을 확보하는 것이 축제의 성공 요소이다. 이러한 점에서 대구치맥페스티벌이 킬러 콘텐츠 부재로 고유한 정체성을 확보하는 데에는 한계가 있다는 일부 지적도 있다. 치맥페스티벌은 지역의 치킨 프랜차이즈 기업들이 주도하여 생겨난 축제이다. 그렇다 보니 축제 운영조직의 전문성 부족이 문제점으로 지적된다. 축제 준비단계서부터 운영과 평가에 이르기까지 질적인 측면이 향상되려면 운영조직과 인력의 전문성이 뒤따라야 한다. 글로벌축제로의 도약도 장기적인 비전과 과제다.

대구치맥페스티벌 최성남사무국장은 "치킨과 맥주를 이용한 축제는 누구나 쉽게 받아들일 수 있는 콘텐츠로서 베트남, 싱가폴 등에서 대구시의 도시마케팅 수단으로 활용할 수 있다. 동남아시아 국가와 협업해 해외로 진출하는 방안을 지속적으로 노력하고 있다."고 밝혔다.

축제의 고유성

세계 각국의 크고 작은 축제가 있지만, 무엇보다도 각각의 축제에서 고유한 콘텐츠와 운영방식을 통해 축제의 정체성을 확보하는 것이 성공 요소라고 할 수 있다. 옥토버페스트는 전통적인 맥주 축제를 이용하여 개방적인 축제로 발전시킨 사례이다. 금산인삼축제는 지역의 특산물인 인삼을 이용하여 산업축제로 성장하였으며, 안동국제탈춤페스티벌은 지역의 탈춤을 축제로 발전시킨 것이다.

대구치맥페스티벌이 발전하기 위해서는 대구의 양계산업 및 치킨 프랜차이즈의 역사와 무더운 날씨 등을 반영하여 콘텐츠를 차별화시켜야 한다. 콘텐츠의 고유성을 볼 때 치맥페스티벌은 친근한 주제를 선정하였고, 지역적으로 유명한 치킨 프랜차이즈가 설립되고 성장하는 등 지역적인 배경은 성장 가능성을 높이고 있다. 또한 축제가 치킨 업체를 중심으로 시작되었고, 대구시에서도 지원이 확대되고 있어 외부환경은 좋은 편이다.

그러나 치맥이라는 테마는 특정 지역에 국한되지 않고, 어디에서나 쉽게 즐길 수 있다는 단점도 안고 있다. 양계산업과 치킨 프랜차이즈에 대한 대구의 역사성이 깊기 때문에, 이를 기반으로 대구치맥페스티벌만의 킬러콘텐츠 확보가 필요하다. 대구치맥페스티벌이 단순히 치킨과 맥주에 대한 홍보를 통한 상업적 이벤트가 되는 것을 지양하고, 지역의 고유한 특징을 반영하는 특화 축제로 발전시켜 나가야 한다.

동아일보 이권효 대구경북취재본부장은 칼럼[2016]을 통해 치맥은 어디서나 먹을 수 있는 음식이므로 "대구치맥축제는 다르다"는 인식을 심어주려면 치킨과 맥주를 즐겁게 먹는 수준을 넘어 '닭 문화'를 접목하는 고민이 필요하다는 의견을 제시했다. 소는 우공牛公, 개는 견공犬公으로 높이는 말이 있는데, 닭은 계륵이나 군계일학, 계두닭대가리처럼 비하적으로 쓰는 표현이 많다는 것이다. 그는 닭을 계공鷄公으로 표현하고, 닭의 덕을 함께 생각해 보는 콘텐츠를 담는 것을 제안하기도 했다.

 ## 일상적인 소재에 독특함을 입힌 축제

세계화에 성공한 축제 중 상당수는 일상적인 소재를 축제의 콘텐츠로 삼고 있다. 일상성을 축제의 소재로 삼는 축제 대부분은 지역 농산물 및 특산품을 아이디어로 축제화한 경우가 많다. 지역경제에서 더 이상 경쟁력을 갖지 못하는 농산물을 축제의 소재로 삼아 큰 효과를 본 축제들도 있다. 스페인 부놀시 토마토 축제의 경우 토마토 가격이 폭락하자 농민들이 항의의 표시로 토마토를 던지던 것이 축제의 탄생으로 이어졌다.

국내에서는 교통접근성이 좋지 않고 특히 겨울철에는 방문객이 찾아오기 어려운 강원도 화천군이 청정한 자연환경에 산천어의 연결을 통해 지리적 단점을 이용함으로써 겨울철을 대표하는 국제적인 축제로 성장했다. 2003년부터 시작해 현재는 'CNN선정 세계 7대 불가사의 겨울축제', '세계 4대 겨울축제'로 성장했다.

우리나라 사람들은 치킨을 정말 사랑한다. 대한민국 국민이 가장 사랑하는 외식이다. 게다가 이젠 맥주가 결합하여 우리 고유의 음식문화를 만들었다. 치맥은 당당히 고유명사가 됐다. 치킨과 맥주라는 소재는 대중들에게 쉽게 다가갈 수 있는 친근한 주제이다.

대구치맥페스티벌은 이런 일상적인 소재를 축제 콘텐츠로 만들었다. 독창적 아이디어는 결코 먼 곳에 있지 않다. 축제기획, 일상적인 소재와 지역의 환경·문화 자원들을 재발견하고, 재탐색하고, 재해석해 그 속에서 특화시킬 수 있는 가치를 발견하고, 차별화된 콘텐츠로 키워나가는 전략이 필요하다.

참고문헌

김성표, 2018,『축제다운 축제만들기: 대구 치맥페스티벌을 중심으로』, 문화산업연구

오동욱, 2014,『대구 지역축제 현황 및 발전방안』, 대구경북연구원

김성표·서찬수, 2015,『대구치맥페스티벌 발전방안』, 대구경북연구원

김춘식·남긍호, 2002,『세계축제경영』, 김영사

황수영·김성혁, 2018,『지역축제 관광동기에 따른 행동의도 및 만족도에 관한 연구: 대구
    치맥페스티벌을 중심으로』, (사)대한관광경영학회

박경숙, 2015,『대구시 지역공동체형 축제의 실태와 육성방안』, 대구경북연구원

정은정, 2014,『대한민국 치킨전』, 따비

장영훈, 2019,『글로벌 축제로 도약하는 '대구치맥페스티벌'』, 동아일보

장혜림, 2013,『대구치맥페스티벌 이색 프로그램 화제… '닭 위령제'까지』, 아시아투데이

김정석, 2018,『치킨을 사랑하는 당신, '치킨의 성지' 대구로』, 중앙일보

윤순학, 2017,『'치맥'은 이제 대한민국 대표 상품일걸』, 매거진 도시는 문화를 먹고 산다

김장욱, 2018,『치맥페스티벌, '즐거움'은 기본, '경제성'까지 장착』, 파이낸셜뉴스

이준호, 2018,『대구치맥페스티벌에는 18명의 치맥 리더스가 있다』, 데일리대구경북뉴스

이권효, 2018,『'문화적 양념' 필요한 대구치맥축제』, 동아일보

박천학, 2016,『'대프리카' 찜통더위 '치맥'으로 쫓아내지예~!』, 문화일보

박영규, 2016,『대구치맥페스티벌, '대프리카 폭염'보다 더 뜨거웠다』, 서울일보

배소영, 2018,『"치맥 엄지 척"… 외국인도 사로잡은 대구치맥페스티벌』, 뉴시스

솜대리, 2019,『음식을 넘어서 문화가 되다, 치맥』, brunch

윤병대, 2015,『윤병대의 치맥축제 이야기』, 블로그

www.chimacfestival.com

*사진 제공: 대구치맥페스티벌 사무국

일상의 쉼표

트렌디한
음악축제

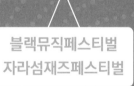

블랙뮤직페스티벌
자라섬재즈페스티벌

'블랙', 세상의 빛을 담다

'블랙, 세상의 빛을 담다' 블랙뮤직페스티벌의 슬로건이다. 다양한 색들이 합쳐져서 만들어진 검정색은 모든 빛을 흡수하며 열을 축적한다. 의정부는 미군부대의 영향으로 다양한 문화들이 합쳐지고, 새로운 시도를 통해 성과들이 축적되면서 하나의 짙은 문화적 색깔을 만들어 냈다. BMF는 이러한 의정부 지역의 정체성과 지역 아티스트와의 협업, 블랙뮤직이라는 트렌디한 장르의 특성화 등으로 잠재력과 성장 가능성이 큰 축제이다.

'검은색은 밝은 둘레를 가진 흰색이다' 정신 물리학자 스탠리 스미스 스티븐스가 물리적인 양과 그것에 대한 주관적인 인지 사이의 관계를 통찰력 있게 표현한 말이다. 물리적 현상과 주관적 지각 사이의 관계가 지극히 대비적이고 상대적이라는 뜻이다. 고정관념과 상식에 얽매이지 말라는 뜻으로도 풀이된다. 어떤 사회든, 어떤 분야든 지

속 가능하기 위해서는 '개방성'과 '다양성'이 매우 중요하다. 창의성
이 핵심인 문화예술분야는 더더욱 그러하다. '갈라파고스 신드롬'처
럼 고립된 사고와 폐쇄적 태도는 결국 활력을 잃어갈 수밖에 없다. 의
정부예술의전당이 주최한 제1회 블랙뮤직페스티벌을 관람하고 난
뒤 떠올랐던 생각이다. 블랙뮤직페스티벌^{이하} 'BMF'은 기존 공공극장의
미션과 역할의 고정관념에서 탈피한 매우 신선하고 창의적인 기획이
었다<small>이의신, '생각의 회로를 바꾼 블랙뮤직페스티벌', 경기일보 칼럼, 2018.8.</small>. 공공극장에서 힙한
음악장르를 일회적이고 이벤트적인 행사로 진행하는 경우는 있지만,
지역축제로 본격화한 사례가 드물었기 때문에 '생각의 회로를 바꾼
페스티벌'이란 평가를 내릴 수 있었을 것이다.

'BMF'를 주최한 의정부예술의전당은 2001년 4월 개관 이후 신선한 기획과 적극적인 사업추진, 내실 있는 운영으로 항상 주목을 받아왔다. 의정부예술의전당은 개관한 이듬해 바로 제1회 의정부국제음악극축제*를 개최할 만큼 다양한 사업들을 과감하게 추진해왔다. 이외에도 천상병 시인을 기리는 '천상병예술제', '의정부국제가야금축제', '블랙뮤직페스티벌' 등 의정부만의 차별화된 4대 축제를 직접 주최하고 있다. 그동안 순수공연예술분야를 중심으로 한 공연 기획과 축제의 콘텐츠화 작업이 다수였다면 BMF는 대중적 콘텐츠의 축제화 및 다양한 예술적 시도를 꾀하는 특징이 있다. 순수^{기초}예술과 대중예술 간 차이를 융·복합하는 개방성과 다양성이 돋보이는 지점이다.

* 의정부국제음악극축제
제7회부터 축제명칭에서 '국제'라는 타이틀을 삭제했다.

이런 문화적 개방성은 아마도 햄·소시지와 김치라는 서로 다른 동서양의 재료가 만나 '부대찌개'라는 새로운 음식문화를 창출한 '해불양수海不讓水'의 전통이 의정부시의 DNA를 이루고 있기 때문에 가능하지 않았을까? 이질적인 재료들이 섞여 새로운 형태의 문화를 만들어낸 의정부의 대표 음식 부대찌개는 '포용'의 가치를 상징적으로 드러낸다.

미군부대 주둔이라는 역사적·사회적 특수한 상황에서 부대찌개가 탄생했듯이, BMF도 미군부대 주둔으로 문화적 영향을 받은 지역적 특성이 발현된 축제이다. 힙합, 비보이 등 미군부대와 공존하며 발전한 서브컬처를 한데 모아 만든 콘텐츠가 'BMF'이기 때문이다. 그렇다면 'BMF'는 어떻게 탄생했을까? 아이러니하게도 축제 탄생의 주요한 계기는 '의정부경전철' 파산 위기에서 비롯되었다.

지역문예회관의 지평을 넓히다

'BMF'는 의정부예술의전당[이하 '의예당']이 기획해 주최하고 있다. 2001년 개관 당시만 해도 향후 운영에 대해 우려와 회의적인 시각이 많았던 것이 사실이다. 그러나 개관 이후 다양한 기획과 새로운 문화 콘텐츠 개발, 적극적인 마케팅으로 이런 우려들을 말끔히 불식시키며, 지역 문예회관 중 가장 성공적인 모델의 하나로 평가받고 있다. 능동적인 콘텐츠 기획과 공격적인 홍보마케팅 전략은 의정부뿐 아니라 서울 동북부지역 시민까지 흡수하는 성과를 거두었다. 또한 수준 높은 공연들의 관람료를 중저가 정책으로 선보이면서 서울 관객이 지역공연장을 찾는 '역관람' 행렬의 물꼬를 트기도 했다. 이런 행보는 군사도시, 미군기지 등으로 대표되던 의정부의 기능적이고 부정적인 이미지를 벗고 이전과는 확연히 다른 문화예술의 도시로 변모시키는 데 크게 기여해 왔다.

개관 당시 의예당은 의정부시시설관리공단 소속 산하 기관으로 출범했다. 이후 2007년 6월 5일 독립적인 재단법인으로 전환하여 새로운 도약의 계기로 삼았다. 그리고 십여 년이 흐른 후 시대적 환경의 변화에 맞춰 2019년 11월에는 지역문화재단인 '의정부문화재단'으로 출범했다. 이런 시스템의 변화를 바탕으로 조직을 개편하여 구성원들의 전문성을 강화하고, 창의적이고 능동적으로 일할 수 있는 분위기 조성, 새로운 신규 사업 적극 추진, 시설 리모델링 등 전체적인 분위기 쇄신과 예술경영의 전문성 제고를 도모해 왔다. 특히 의예당만이 선보일 수 있는 특색 있는 문화 콘텐츠 개발, 차별화된 프로그램 운영, 테마가 있는 축제 개최, 적극적인 홍보마케팅 기법 도입, 브랜드 이미지 제고와 관객개발 등을 통해 이전보다 더 지역민들의 사랑을 받는 문화예술 공간으로 자리매김하고 있다.

　의예당은 공연 레퍼토리별 기획초청, 제작, 기획 대관의 방법론을 활용하며 우수한 콘텐츠들을 선보임으로써 전문 공연장으로의 이미지를 높여왔다. 특히 매년 해외 유명 작품을 초청 공연함으로써 문화도시로서의 의정부시 이미지 제고와 전문 공연장으로서의 위상을 높였다. 2000년 초반의 경우만 해도 2002년 러시아 타캉카극장, 러시아 국립중앙인형극장 진기한 콘서트, 일본 와라비자 극단 '히비끼', 2003년 프랑스 빠사제 극단의 '레시프', 대만 경극배우 우싱꾸어의 '리어왕', 체코 이미지 시어터의 '베스트 오브 이미지', 2004~2006년에는 보리스에이프만 발레단, 미국의 '놀라운 만찬', 독일 샤우뷔네 극단의 '리퀘스트 콘서트', 모스크바필하모닉오케스트라, 이무지치 실내악단, 체코 극단의 '다크 러브소네트', 프라하국립인형극단의 '돈죠반니' 등 세계적인 화제작을 아시아, 혹은 국내에 최초로 소개하였다. 아울러 초청된 일부 작품은 인근 공연장과 공동으로 초청하여 비용절감 효과뿐만 아니라, 타지역 공연예술 애호가들에게도 수준 높은 해외작품의 관람 기회를 제공해왔다.

　관객 개발을 위한 이색 시리즈도 좋은 성과를 거두었다. 바쁜 직장인을 위한 낮 12시 스낵컬처 '해피런치 콘서트', 젊은 관객층 개발을 위한 인디밴드 공연 'U's 인디페스타', 올빼미족을 위한 저녁 9시 심야공연 '별밤연극&달빛음악회' 등이다. 해피런치와 달빛음악회는 극장 로비공간을 주무대로 활용하여 문화가 있는 날에 같이 진행함으로써 공간 활용도를 높이고 있다. 이와 맞물려 미래 관객 개발을 위한 극장과 친해지기 프로젝트 '예술극장, 보물찾기'도 인기 프로그램이다. 대소극장의 무대와 객석은 놀이공간이 되고, 로비가 공연장이 되는 등 아이들이 극장 곳곳을 뛰어놀며 보물을 찾듯 공연을 찾아다니며 즐기는 프로그램이다. 극장이 한층 더 친근한 놀이터와 같은 공간으로 인식되는 효과를 거두며, 해가 갈수록 가족 단위 관객들의 뜨거운 성원을 받고 있다.

의예당은 가장 적극적인 형태의 소프트웨어를 공급하는 방식으로 매년 특성화된 공연콘텐츠 1편씩을 제작하며, 극장의 레퍼토리 시스템을 구축해 왔다. 2002년 극단 사다리와 함께 어린이극 '이중섭 그림 속 이야기'을 제작하여 서울에서 두 달간 장기 공연을 시도했으며, 지방 10여 개 도시에서 초청공연을 진행했다. 2005년에는 천상병 시인의 삶을 극화한 연극 '소풍'을 제작하여 2005년 2월 1일부터 5일까지 의정부예술의전당에서 초연하였다. 2005년 서울연극제 공식초청작품으로 선정되어 5월 19일부터 22일까지 문예진흥원 예술극장 대극장에서 공연하며, 우수상, 연기상, 희곡상 등 3개 부문을 수상했다. 지역문예회관이 자체 제작한 작품이 유수의 연극제에서 수상한 최초의 사례였다.

의예당은 지역 내의 활동에 만족하지 않고 전국적인 인지도를 높여가기 위한 활동과 활동영역을 세계로 넓혀가는 노력도 추진해 오고 있다. 2011년에는 이자람의 판소리극 '억척가'를 엘지아트센터와 함께 공동 제작했다. 제10회 음악극축제를 맞아 우리의 작품을 세계에 진출시키겠다는 취지로 제작한 작품이다. 이 작품은 2012년 11월 프랑스 파리 민중극장 공연을 시작으로 12월 루마니아 연극페스티벌, 2013년 3월 브라질 SESC^{Social Service of Commerce}와 꾸리찌바 연극제 등 해외 페스티벌에 잇달아 초청되며 우리나라 음악극의 위상을 한 층 높였다.

2015년에는 '공연관광* 콘텐츠 개발에서 시작된 K-Culture SHOW '별의전설'을 제작하여 2015년 시범공연

---

* 공연관광
'공연관광(Performing Arts Tourism)'은 공연에 관련된 서비스 이용을 목적으로 관광객을 끌어들이는 관광의 주요 동기 중의 하나가 공연관람과 관련이 있는 관광을 뜻한다.

을 시작으로 2016년 서울 한전아트센터 공연, 2017년에는 의정부, 청양, 남원, 그리고 베트남 다낭시의 쩡부엉씨어터에서 초청공연을 가지며, 우리나라 문화예술의 우수성과 문화적 자부심을 높이는 데도 기여했다. 위와 같은 다양하고 독특한 기획과 다년간의 의정부음악극축제 운영 경험 축적은 블랙뮤직페스티벌 탄생의 든든한 토양이 되었다.

현대 공연예술의 경향 발 빠르게 수용한 음악극축제

2002년 시작한 의정부음악극축제는 현재 국내 대표적인 공연예술축제로 자리매김했다. 공공극장을 기반으로 한 축제라는 점에서 당시로서는 새로운 시도였다. 그때만 하더라도 공공극장은 공연수요에 부응하는 단순초청 및 대관 기능의 역할에 머물러 있었다. 하지만 의예당은 공연장의 변화와 활성화 움직임이 막 시작될 무렵 선두에서 지역문예회관이 주최하는 최초·유일한 국제적인 공연예술축제를 기획하게 된 것이다.

의정부음악극축제는 지금까지 현대공연예술의 주요한 작가, 작품, 경향을 적극적으로 소개해 왔다. 음악극은 스펙트럼이 넓고, 포괄적이면서 융·복합적인 장르이다. 음악극이라는 테마의 유연성은 다양한 작가·작품을 프로그래밍하는 데 유효했다. 또한 음악극의 포용성은 현대예술의 실험적 경향부터 대중적 공연물까지 망라한다. 장르 간의 경계가 무너지고 이질적인 분야 간의 결합을 추구하는 현대 공연예술의 경향을 발 빠르게 수용한 셈이다.

제1회 음악극축제는 그동안 서울에서도 보기 힘든 수준 높은 세계

의 음악극이 선보여 공연계의 관심을 모았다. 러시아 타강카 극장의 '마라와 사드', 일본 와라비 극단의 '히비끼', 오스트리아의 '데이브' 등은 관객들의 호응과 탄성을 자아내기에 충분했다. 러시아 연극을 대표하는 유리 류비모프와 '마라와 사드', 테크니컬이 뛰어났던 '데이브-오스트리아 해링'은 현대예술의 완성도 높은 실험을 보여주었다. 단 1회 개최만으로도 음악극축제는 공연계에서 확실한 존재감을 과시했다.

이후에도 음악극축제는 의욕적인 프로그래밍을 선보였다. 우싱꾸

오 당대전기극장, 오스터마이어 샤우뷔네극단독일, 하이너괴벨스독일, 기슬리 외른 가다슨 베스투르포트아이슬란드 등은 서울의 국제적인 축제나 엘지아트센터보다 더 앞서 음악극축제를 통해 한국에 최초로 소개된 극단·연출들이다.

프로그램에서 도드라지는 또 다른 특징 중 하나는 전통음악, 전통연희를 모티브로 한 작품이 국내 참가작들의 다수를 차지하고 있다는 점이다. 이자람의 '사천가', '억척가', 판소리 '필경사 바틀비' 등이 대표적인 작품이다. 최근에는 매년 사회성 있는 새로운 주제와 국내외 우수한 음악극 작품들을 선보이고 있다.

음악극축제 관객은 꾸준히 증가하고 있으며, 10회를 전후로 매년 10만 명의 관람객이 찾고 있다. 2004년 문화관광부 특성화 연극제 육성사업으로 지정되면서 이후 2005년 경기방문의 해 10대 축제로 선정되었고, 국내공연예술축제 평가에서 A등급을 받았다. 2008년에는 경기도 대표 10대 축제로 선정되었다. 이후에도 매년 지역대표공연예술제에 선정되며 우수한 평가를 받아왔다. 2020년 경기도 지역대표공연예술제 1순위로 선정되는 등 대한민국 대표공연예술제로서의 입지를 굳혔다.

경전철 파산 위기가 잉태한 '블랙뮤직페스티벌'

음악극축제는 기존 타도시의 국제행사와 구별되는 특색 있는 장르인 '음악극'을 주요 테마로 한 축제를 통해 의정부시의 문화이미지를 고양하고, 아울러 전문성을 지닌 극장으로서의 토대를 마련했다는 평가를 받아왔다. 지역축제이자 공연예술축제로서 19회를 진행하면서 구축된 기획 프로세스와 공연예술계에서의 역할과 위상도 매우 높은 편이다.

* 의정부 경전철

지난 2012년 7월, 수도권 최초로 운행을 시작한 총 11.1km의 노선을 연결하는 무공해무인 교통시설. 도심 교통난 해소는 물론 도시 대기 오염을 줄이는 데도 효과가 있다. 개통 이후, 의정부 시민들의 빠른 발로서 도시생활의 패러다임은 물론, 도심을 가로지르며 요소요소 주요 건물들과 수려한 사패산 줄기가 어우러진 이색적인 도시풍광을 선사하며 의정부의 랜드마크로 자리잡아왔다.

그러나 이러한 성과에도 불구하고 순수 공연예술 장르이다 보니, 문화관광축제와 같은 지역 내 파급효과와 전국적 영향력은 일정부분 한계가 있었다. 이런 고민을 하고 있던 시기에 경전철* 파산위기라는 지역 내 이슈가 발생했다. '위기는 기회'라 했던가? 2017년 경전철 파산위기를 발판삼아 BMF는 구상단계에서 실행단계로 이어질 수 있었다. 의정부 경전철은 일평균 3~4만 명의 시민들이 애용하는 교통수단이다. 출퇴근 시간 지하철 1호선과의 연계 등으로 지역민들에게 활기찬 일상을 제공하고, 외부 방문객들에게는 독특하고 이색적인 교통수단으로 각광받았다. 그러나 막대한 건설비용 대비 수요예측의 실패로 운영난을 겪어야 했고, 급기야 사업자가 법원에 파산신청을 하게 된 것이다. 이에 의예당은 경전철 운영 활성화와 문화로 도시를 살린다는 취지를 갖고 '문화로 달린다! 경전철 칸타빌레'를 기획하여 추진했다. 경전철을 단순한 교통수단을 넘어선 창조적 문화예술공간으로 포지셔닝하였다. 공연·전시·체험 등 다양한 문화예술 프로그램을 제공하고, 생활 속 문화예술의 저변을 넓히는 매개 공간으로 경전철을 부각시켰다. 매달 마지막 주 토요일5~10월 의정부경전철 역사와 차량 내·외부에서 소규모 테마 공연, 예술장터플리마켓, 체험행사 등을 함께 운영하며, 시민들이 직접 참여하고 소통할 수 있는 문화공간으로 접근한 것이다.

이 행사의 일환으로 8월 25~26일 양일간 의정부시청역 앞 특설무대에서 의정부 대표 아티스트인 타이거JK, 윤미래 등 대중가수와 지역예술인들이 펼치는 '한여름 밤의 힐링U'를 진행했다. 당시 시청 앞

광장은 공연을 보러 온 관객들로 발 디딜 틈이 없을 정도로 꽉 들어찼다. 시청 경전철 관리부서에서 이날 경전철 이용객과 지난 2주간 같은 날 이용객을 비교 분석해 본 결과 행사가 있던 당일 경전철 이용객이 5천 명이나 늘어난 것으로 조사됐다. 문화행사로 인한 경전철 이용객 증가의 파급효과가 직접적으로 드러난 것이다.

　의정부시는 '경전철칸타빌레'를 지속적으로 운영하고, 행사를 확대했으면 하는 바람을 제안했다. 이에 의예당은 2018년에 '경전철 칸타빌레'를 '의정부칸타빌레'라는 명칭으로 확대·발전시켰다. 의정부 칸타빌레는 경전철 의정부시청역사가 있는 의정부시청 앞 잔디광장과 도로 일대에서 매월 각기 다른 콘셉트로 문화예술 프로그램을 진행하는 범 의정부시 차원의 문화 프로젝트였다. 2000년전후 매 주말마다 도로를 막던 의정부시청 앞 광장을 기억하고 있던 의정부 시민들에게는 그 시절의 향수와 추억을 불러일으키는 촉매제로 작용했다. 게다가 시대 변화에 걸맞은 색다른 문화예술 프로그램 운영은 의정부시청 앞 광장을 다시 한 번 핫플레이스로 각인시켰다. 의정부 칸타빌레는 일상 속 생활예술 향유권 신장에서부터 지역경제 활성화에 이르기까지 문화예술을 통한 선순환의 효과를 낳았다. '경전철칸타빌레'와 '의정부칸타빌레' 프로젝트는 '사회공헌활동이 문화예술을 통해 성공적으로 이뤄진 사례'로 높게 평가받았다.

　필자는 '의정부칸타빌레' 프로젝트를 기획하면서 동시에 '블랙뮤직페스티벌'의 밑그림을 같이 그리기 시작했다. '블랙뮤직'이라는 장르의 차별적 특성과 이전하고 있는 미군부대 공간을 활용하여 축제를 진행한다면 그 어디에서도 볼 수 없는 매력적인 페스티벌로 성장시킬 수 있을 것이라는 확신이 있었다. 의정부에는 다양한 미군공여지가 있고, 캠프 '홀링워터' 부지에 문화시설인 '아트캠프'를 짓는 등 미군공여지의 문화적 활용방안에 대해 오래 전부터 고민하고 있었다. 때마침 의정부경전철의 위기를 기회로 삼아 시작된 '경전철칸타빌레'의 힙합 콘서트는 블랙뮤직페스티벌의 가능성에 대해 확신을 심어준 계기가 되었다.

'블랙뮤직페스티벌' 명칭 논란

의예당은 경전철칸타빌레를 성공적으로 이끌면서 힙합 콘서트가 일회성 행사가 아닌 지속성을 가진 축제로서의 발전 가능성을 확인하였다. 한편으로는 이 칸타빌레 프로젝트가 언제까지 유지될지 알 수 없었기에 지속성을 지닌 콘텐츠 개발을 모색했다. 미군기지가 오랜 기간 자리 잡은 의정부는 부대찌개가 압도적인 이미지를 가지고 있다. 세상의 모든 것에 명암이 교차하듯이 미군부대 주둔도 빛과 그늘이 모두 존재했다. 부대찌개, 블랙뮤직이라는 새로운 문화들이 피어날 수 있었던 것은 미군부대 주둔으로 인한 긍정적 현상이었다. 그 영향으로 젊은 층 사이에서 비보이, 힙합, 소울 등의 문화가 발달되어 왔다.* 그중에서도 의정부는 다른 지역보다 흑인음악의 향기가 짙게 피어올랐다. 블랙뮤직이 의정부의 특색있는 문화로 자리매김한 것이다. 의정부는 나얼, 정엽, 타이거JK, 윤미래 등 블랙뮤직기반의 뮤지션을 배출했을 뿐 아니라 세계적으로 인정받는 비보이팀 퓨전MC의 주요활동지이다.

블랙뮤직페스티벌을 기획하게 된 두 번째 요소가 바로 타이거JK와 윤미래의 존재였다. 의정부 대표 아티스트로 꼽히는 타이거JK는 명

* 미군부대 주둔과 우리 대중음악
한국의 대중음악은 미군 주둔지역 클럽을 통해 발달해왔다. 1950년대 한국 뮤지션들은 미군부대 클럽에서 당시 서구의 히트곡들을 연주하며 트렌드를 익히고 연주력을 키웠다. 인천 부평, 서울, 의정부, 파주 등의 미군 클럽들이 한국 대중음악의 산실이었다고 해도 과언이 아니다.

윤미래와 타이거JK

실상부한 한국힙합음악의 대부이고, 윤미래는 현재진행형 레전드 뮤지션으로 활동을 이어가고 있다. 이 부부의 의정부 사랑은 이미 유명할 정도로 매체를 통해서 잘 드러나며, 실제 의정부 홍보대사를 맡을 만큼 지역에 대한 큰 애정을 가지고 있다. 그들이 속해 있는 '필굿뮤직'이라는 기획사 또한 의정부에 자리 잡고 있으면서 다양한 힙합 아티스트들을 배출하고 있었다.

이에 필자는 뮤직페스티벌을 만들 결심을 하고, 타이거JK에게 의사를 타진했다. 타이거JK 역시 힙합 콘서트를 통해 엄청난 열기와 가능성을 확인하였던 터라 그 제의를 흔쾌히 수락했다. 의정부 지역만의 문화적인 특색과 현대의 음악 트렌드에 잘 부합하는 콘텐츠로서 '블랙뮤직페스티벌'을 세계적인 페스티벌로 성장시키겠다는 목표를 갖고, 의예당과 필굿뮤직이 협력하여 추진하기 시작했다.

타이거JK는 'BMF가 미디어에서 퇴색되거나 가끔 한쪽으로 쏠리고 있는 힙합문화에 대한 고정관념을 완화시켜 줄 좋은 기회이면서, 음악을 중심으로 다양한 문화에 대해 많은 이야기와 정보를 나눌 수 있는 통로가 될 것'이라고 생각했다. 그는 "의정부는 개인적으로 나와 가족이 사는 곳이기도 하지만, 필굿뮤직 사무실이 있고 윤미래를 비롯한 앤, 주노플로, 비비, 비지, 마샬 등 HIPHOP, R&B 음악을 추구하는 아티스트들과 프로듀서들이 함께 생활하고 있다. 또 의정부 종합운동장이 바로 집 앞이고, 의정부예술의전당도 가까이 있다. 생각보다 다양한 문화 활동들이 꾸준히 지속되고 있고, 인디 아티스트는 물론 학생들까지 길거리 버스킹도 항상 진행되는 소울이 있는 지역이다. 아무래도 블랙뮤직은 우리가 하고 있는 음악의 베이스고 앞으로도 계속 빠져있을 세상이다. 그리고 의정부시와 의정부예술의전당의 적극적인 도움이 있었기에 페스티벌, 예술감독직을 맡게 되었다."고 밝혔다

축제 개최를 결정하고 바로 타이틀에 대해 고민하기 시작했다. 당시 힙합의 열기가 막 불기 시작한 시기였다. 청년대구로 청춘 힙합페스티벌, 랩비트 페스티벌, 힙합 플레이야, 부산국제 힙합페스티벌 등 힙합 콘서트와 페스티벌 붐이 일었다. 그러나 이 행사들의 명칭은 지역과 기업 이름에 힙합을 조합한 명칭 일색이었다. 그런 힙합 페스티벌과 차별화된 명칭이 필요했다. 아울러 의정부시의 지역적 정체성, 다른 음악축제와의 차별성, 지속성을 아우를 수 있어야 했다. 또 대중콘서트 분위기보다는 지역축제로서의 인식될 수 있는 매력적인 명칭이 필요했다.

명칭을 고민하면서 대중음악과 관련한 서적을 뒤지기 시작했다. 그러던 중 '블랙뮤직'이라는 단어를 발견하게 됐고, 그 순간 머리가 번뜩였다. 이 장르를 그대로 페스티벌 명칭으로 사용한다면, 매력적

인 축제명이 될 수 있을 것이라 생각했다. '블랙뮤직페스티벌'이라는 명칭은 의정부시의 지역적 정체성, 다른 음악축제와의 차별성, 축제로서의 지속성을 지닐 수 있는 필요충분조건을 모두 충족시킬 수 있는 명칭이었다.

그러나 일사천리로 페스티벌을 추진하는 과정에서 걸림돌이 튀어나왔다. 바로 명칭에 대한 이견이었다. 우선 내부에서의 반대가 있었다. 자칫 블랙이 흑인에 대한 차별적 단어의 어감으로 오해될 소지가 있다는 우려였다. 타이거JK 역시 해외에서 활동하는 아티스트들의 반발을 우려했다. '너희들이 블랙뮤직을 알아?', '본고장 블랙 아티스트들이 출연하는 거야?' 등의 반발이 야기될 수 있다는 우려였다. 명실상부한 국내힙합의 대부이자 국제적인 네트워크를 갖고 활동하고 있는 그로서는 당연히 신경을 쓸 수밖에 없는 문제였다.

이에 대한 필자의 생각은 확고했다. '블랙뮤직페스티벌'을 대체할 명칭을 제시하지 못한다면 이 명칭을 강행한다는 생각이었다. '뷰티풀 뮤직페스티벌', '러브뮤직페스티벌', '브라이트뮤직페스티벌', '의정부뮤직페스벌' 등이 제시되었지만 어떤 타이들도 마음에 들지 않았다. 블랙뮤직은 흑인음악에 대한 정당한 명칭이고, 오히려 오마주 성격에 가깝다는 생각이었다. 우여곡절 끝에 결국 '블랙뮤직페스티벌'이라는 명칭을 확정하고, 준비를 서둘렀다. 의예당의 김미정, 김정연, 오현주, 심다솜 등 젊은 기획자들이 세부기획과 내용들을 준비하면서 축제의 디테일을 풍성하게 채워갔다.

블랙뮤직, 20세기 모든 대중음악의 원천

블랙뮤직Black Music은 미국의 흑인 발상 음악의 총칭이다. 강한 비트 감·그루브감을 특징으로 한다. 블루스, 가스펠, 소울, R&B, 힙합, 재즈 등 현재 세계적으로 다양한 형태로 전개되고 있는 장르를 낳았고, 또한 팝과 록, 전자음악 등에도 영향을 미치는 등 20세기에 태어난 거의 모든 대중음악의 원천이 되었다. 블랙뮤직이라는 표현이 공식적으로 통용된 건 얼마 되지 않았다. 1990년대까지만 해도 흑인을 블랙이라고 칭하고, 그들의 음악을 블랙뮤직이라는 부르는 것에 대한 의견이 분분했다. 인종적 편견을 조장한다는 이유에서다. 흑인을 일컫는 표현으로 '블랙', '아프리칸-아메리칸', '블랙 아메리칸' 등이 사용되었으나, 갈등을 최소화하기 위해 정한 표현으로 '아프리칸-아메리칸'이 꽤 오랫동안 가장 바람직한 표현으로 쓰였다. 그러나 세대가 바뀌면서 흑인 모두를 '순수 아프리카계'로 한정하는 이 표현에 의문을 제기하기 시작했다. 결국 오늘날 가장 올바른 표현으로 '블랙'이 통용되고 있다. 비록 그 단어에 대한 쟁점도 있지만 그들이 창작의 주체인 음악을 가리켜 '블랙뮤직'이라 부르는 건 자연스러운 일일 것이다.

*출처: 강일권 음악평론가, 리드머 편집장

첫해, 태풍 '솔릭'의 한복판에서… 다음해는 역대급 폭염

의정부에서 처음 개최되는 대규모 뮤직페스티벌로 한정된 재원으로 진행하기에 많은 어려움이 뒤따랐다. 의예당은 기획과 운영, 진행, 홍보 분야를 담당했고, 타이거JK와 필굿뮤직은 라인업을 꾸렸다. 예산부족으로 캐스팅에 난항을 겪었지만, 타이거JK와 필굿뮤직 식구들이 많은 도움을 주었다.

BMF는 라인업뿐만 아니라 다양한 프로그램과 공간구성을 통한 볼거리도 풍성하게 준비하였다. 특히 동네의 일정 구역을 막고 디제잉, 노래, 춤을 함께 즐기던 힙합의 파티문화인 '블록파티Block Party'를 특색 있는 축제프로그램으로 활용하였다. 예술감독 타이거JK가 '의정부에서 선보이는 첫 번째 블록파티'라고 언급할 정도로 남다른 애정을 갖는 프로그램으로 다른 페스티벌과 차별화된 공간을 선보이고자 했다.

BMF '블록파티'는 농구코트와 스케이트 보드장을 활용한 공간으로 인터렉티브 라이팅과 페브릭 쉐이드가 파티공간을 화려하게 감싸는 가운데, DJ들이 각자 비장의 음반 컬렉션과 턴테이블 기술을 무기로 분위기를 주도하는 형태로 기획되었다. 재치 있는 입담의 엠씨 프라임과 공개모집을 통해 선발된 블랙뮤직 신예들의 무대를 만나볼 수 있는 슈퍼루키, 그리고 메인공연 이후 관객들의 아쉬움을 달래줄 애프터 파티가 하이라이트 프로그램으로 진행될 계획이었다. 뿐만 아니라, 블록파티에서는 의정부 출신의 대한민국 대표 비보이 퓨전MC, 프리스타일 농구팀 Ankle BrekaerZ, 스케이터들의 성지 AORIPARK가 함께하며 힙합문화의 모든 것을 ALL-in-ONE으로 만나 볼 수 있었다.

　　시각분야 아티스트들과의 특별한 협업도 눈길을 끌었다. 건축가이자 뉴미디어아티스트로 활동 중인 그룹 IVAAIU City가 BMF의 핵심공간인 블록파티존과 관객쉼터를 '블랙뮤직'과 '블록'을 콘셉트로 디자인했다. 또한 스트릿 아티스트 Seenaeme가 '길거리에서 볼 수 있는 상상'이라는 주제로 그래피티를 준비하였다. 관객들은 스트리트 감성이 가득한 이 특별한 쉼터에서 DJ의 음악을 즐기며 마음껏 휴식을 취하며 축제를 즐겼다. 이외에도 관객들에게 풍성한 즐길거리를 선사해줄 전시 및 다양한 부대행사도 준비되었다. 아직은 한국관객들에게 생소할 블랙뮤직이라는 장르에 대해 재미있는 시각자료로 풀어낸 야외특별전시 'BMF's Room', 젊고 트렌디한 70여 개의 디자인 브랜드와 VR체험을 비롯한 재기발랄한 참여프로그램들이 함께하는 경기북부 최대의 디자인 마켓 '사이마켓', 의정부를 기반으로 활발하게 활동하고 있는 스트리트 편집숍 'SFAC'의 팝업스토어, 관객들의 입맛을 자극하는 푸드 트럭 등 다양한 부대행사들이 관객들의 오감을 만족시킬 예정이었다.

　　그러나 축제가 가까워올수록 예상치 못했던 복병이 다가오기 시작했다. 바로 역대급 태풍 '솔릭'이었다. 한반도를 관통할 것이라는 게 거의 기정사실화된 상황이라 모든 지자체가 비상이었다. 태풍의 영향으로 내리는 비 때문에 축제 4일 전부터 시작된 야외무대 설치도 중단되었다. 오래 준비했는데 이대로 접는다는 것은 너무나 억울한 상황이었다. 시시각각 날씨를 모니터링했으나, 축제 개최 첫날인 금요일과 토요일 모두 태풍의 영향권에서 비와 바람이 영향을 미치는 것으로 예보되었다. 혹시나 태풍 예보가 빗나가기를 기도하면서 비가 그치는 사이 야외무대 설치를 진행했다. 야외무대를 설치하는 스태프들의 반발도 거셌다. 그러던 중 해외 기상청에서 한반도를 살짝 빗겨갈 거라는 예보에 희망을 걸고 야외무대 설치를 강행했다.

한편, 행안부에서는 지자체에 태풍에 대한 철저한 경계와 대비를 지시했다. 그리고 행사나 부주의로 피해가 발생할 경우, 엄정한 조치를 취하겠다는 공문을 시달했다. 이에 다른 지자체들의 그 주 행사는 모두 취소된 상황이었다. 이에 의정부시와 의예당은 BMF의 강행여부에 대해 합동회의를 가졌다. 이 자리에서 필자는 'BMF의 강행여부에 대해 전적으로 의예당의 결정을 존중해 줄 것'을 요구했고, "만약 문제가 될 경우, 의예당에서 전적으로 책임을 지겠다."는 입장을 밝혔다. 시에서도 BMF에 대한 기대가 큰 상황이라 의예당의 입장을 존중하고, 그 결정에 따르겠다고 했다. 그러나 야속하게도 비는 내리다 그치기를 반복했다. 결국 행사 전날에도 비가 오락가락했고, 결단을 내려야만 하는 시간이 다가왔다.

축제 D-1, 8월 23일 목요일 밤 저녁 8시. 축제 스태프들은 태풍 대비 긴급대책회의를 가졌다. 그리고 24일 금요일 예정되었던 페스티벌 부대프로그램은 전면 취소하고, 메인 공연은 의정부예술의전당 대극장으로 장소를 옮겨 진행하기로 결정했다. 그리고 9시부터 바로

블랙뮤직페스티벌 현장

대극장 무대 셋업에 들어갔다. 많은 관객들이 몰릴 것에 대비해 로비에 대형 스크린을 설치해 생중계를 진행하기로 했다. 그렇게 하루 전날 밤의 숨가쁜 준비를 거쳐 BMF는 금요일 저녁 8시 의정부예술의 전당 대극장에서 뜨거운 포문을 열었다. 오전 8시부터 티켓을 받으려는 관객들로 극장은 하루종일 붐볐다. 객석에 입장하지 못한 관객들은 로비에 설치된 대형 모니터로 실시간 공연을 감상하였다.

　그런데 이날 오후부터 극적으로 비가 그치기 시작했다. 태풍 솔릭이 갑작스럽게 경로를 바꾸면서 토요일은 야외공연이 가능한 상황이 되었다. 밤늦게까지 무대를 설치했다. 그리고 둘째 날 드디어 시청 앞 광장 야외무대에서 원래 계획했던 그림처럼 공연이 시작됐다. 일부 프로그램이 축소되었음에도 불구하고, 수많은 관객들이 뜨거운 환호로 새로운 축제를 반겼다. 한 언론에 '태풍 솔릭을 이겨낸 블랙뮤직페스티벌'이라는 제목을 붙인 호평의 기사가 나오기도 했다.

　제2회 BMF는 8월 9일과 10일 이틀간 의정부 시청 앞 광장에서 펼쳐졌다. 2019 BMF는 이례적으로 도입한 'Super Mania선예매 티켓' 티켓이 전석 매진되는 등 개최 전부터 큰 관심을 끌었다. 2019 BMF는 예술감독 타이거JK를 필두로 윤미래, 비지, 수퍼비, 그레이, 창모, 우원재 등 국내 최고의 힙합 뮤지션들이 함께하는 페스티벌로 메인무대 이외에도 BMF만의 특색 있는 다양한 프로그램으로 눈길을 끌었다. 의정부 대표 비보이 크루이자 세계랭킹 1위인 퓨전MC가 펼치는 스페셜 스테이지와 신예 아티스트만을 위한 '슈퍼루키Super Rookie' 무대도 펼쳐졌다. 특히 '슈퍼루키' 무대는 래퍼 맥랩의 유튜브 채널 맥너겟TV과 함께 '슈퍼루키 with 맥너겟TV'로 진행되어 현장에서뿐 아니라 생중계로 함께 즐길 수 있어 더욱 인기를 끌었다. 또한 힙합 뮤지선뿐만 아니라 R&B, 재즈 등 다양한 분야의 아티스트들이 함께하며 더욱 폭넓은 음악을 선사했다는 평가를 받는 가운데 첫날 9일에는 타이거JK 사단인 필굿뮤직의 '비비'가 히든 게스트로 등장하고, 10일에는 라인업에는 없었던 MFBTY타이거JK, 윤미래, 비지가 마지막 무대에 깜짝 등장해 관객들에게 큰 호응을 얻었다.

블랙뮤직페스티벌의 출연자들과 관객

축제 기간 중 상설 진행된 블록 파티Block Party에서는 디제잉, 랩, 노래, 춤을 함께 즐기던 힙합의 파티문화를 살려 힙합, 스케이트 잼 등 스트리트 관련 콘텐츠들이 펼쳐졌다. 다양한 팝업스토어와 푸드 트럭까지 준비되어 관객들의 오감을 만족시켰다. 특히 무료 스케이트 보드 강습, 스케이트 대회 등도 현장에서 큰 인기를 끌었다. 역대급 폭염 속에서도 폭발적인 반응으로 3만여 명의 관중이 몰려들며 성황리에 마무리되었다. 특히 넘치는 관객들로 스탠딩구역은 입장이 조기에 마감되었으며, 스탠딩구역 주변은 물론이고, 피크닉 존까지 공연에 함께하려는 관객들로 의정부시청 앞 광장이 가득 차는 진풍경이 벌어졌다.

한편, 의정부예술의전당과 코레일이 철원 DMZ 패키지 투어와 블랙뮤직페스티벌이 결합된 다크투어리즘 상품 '평화열차 with BMF'를 출시해 큰 주목을 받았다. '평화열차 with BMF'는 수원역을 출발하여 철원 안보관광지 위주로 투어를 시행하는 DMZ 패키지 투어 상품으로 고석정, 백마고지 등을 관광한 후 의정부에서 BMF를 관람하는 코스로 진행되었다. '평화열차'는 8월 10일 단 하루 특별 열차로 운행되며 400명 선착순으로 모집했다. 관광상품 '평화열차 with BMF'는 조기에 매진되었다. '평화열차 with BMF'를 이용하는 승객들 전원에게는 블랙뮤직페스티벌의 'Super Mania'존 입장밴드와 기념 KIT, 축제장 내 푸드 트럭 10% 할인권이 제공되었다. 이 프로그램은 지역특화콘텐츠와 관광을 접목한 의미있는 시도로 평가받았다. BMF는 단 1회

DMZ with BMF

개최만에 '경기관광유망축제', 제2회 개최 후에는 '경기관광대표축제'에 선정되는 성과를 거두었다.

Rest Area

아픈 역사가 교훈이 되는 '다크투어리즘(Dark tourism)'

1990년대 중반 글래스고 칼레도니안 대학의 Lennon 교수와 Foley 교수에 의해 처음 사용된 '다크투어리즘'은 휴양과 관광을 위한 일반 여행이 아닌, 관광객들이 재난·전쟁·대량학살 등 비극과 죽음을 조명하는 장소를 방문함으로써 그러한 아픔이 다시 반복되지 않도록 교훈을 얻는 유형의 관광이다. 다른 말로 '블랙 투어리즘black tourism', 비탄이나 큰 슬픔을 의미하는 '그리프 투어리즘grief tourism'이라고도 한다.

폴란드 남부 크라쿠프의 서쪽에 위치한 아우슈비츠는 '죽음의 수용소'로 불리는 전 세계 다크투어리즘의 상징적인 장소이다. 현재까지 가스실, 죽음의 벽, 고문실 등이 남아있고, 전체 28동이 전시실이나 박물관으로 사용되어 방문객들에게 공개된다. 국내 다크투어리즘의 대표적 장소로는 서대문형무소와 제주 4.3평화공원, 파주 임진각 등을 들 수 있다.

미군공여지 '캠프잭슨'에서 BMF의 미래를 그리다

대중음악평론가 서정민갑은 "BMF는 미군부대가 주둔했었던 영향으로 비보이, 힙합문화가 강세인 의정부 지역의 정체성과 지역 아티스트와의 협업, 블랙뮤직이라는 트렌디한 장르의 특성화 등으로 잠재력과 성장 가능성이 큰 축제"라고 평가한다.

BMF는 앞으로 매년 8월 의정부에서 개최될 예정이며, 반환을 앞둔 미군기지 캠프잭슨 부지를 축제 장소로 활용하는 방안을 검토하고 있다. 만약, 이런 비전이 실현된다면 군사시설을 문화예술로 재생하는 상징적 효과와 함께 페스티벌에도 큰 시너지가 될 것이다. 지역이 가지고 있는 문화적인 특색과 인적자원 그리고 미군기지라는 이색적인 장소성을 활용한 블랙뮤직페스티벌은 문화상품이자 관광상품으로서 대중들의 관심을 끌 수 있는 의정부만의 킬러콘텐츠로 성장이 기대된다.

의예당은 블랙뮤직 안에서의 다양한 장르음악들을 매년 선보이며, 완성형 축제로 나아갈 수 있도록 지속해나간다는 계획이다. 꼭 힙합뿐 아니라 흑인음악을 바탕으로 하는 많은 장르의 음악 소개, 세계적인 뮤지션 초청과 교류, 음악뿐 아니라 흥미로운 공간구성을 통해 그 음악의 역사와 배경을 알아가고, 신진 아티스트들이 설 수 있는 작은 무대도 꾸준히 마련할 예정이다.

'동네 사람들이 다 같이 즐길 수 있는 멋진 무대를 만들면서 앞으로 의정부를 한 번쯤 가보고 싶은 도시로, BMF를 1년 중 꼭 한 번 즐겨야 하는 음악페스티벌로 키워나가는 것! 그리고 수많은 해외 아티스트들이 한 번쯤 무대에 서고 싶어 하는 페스티벌로 발전시키겠다.' 타이거 JK와 의예당이 같이 꾸는 꿈이다.

블랙뮤직페스티벌의 슬로건은 '블랙, 세상의 빛을 담다.'^{김규원 저, '축제, 세상의 빛을 담다'에서 차용}이다. 블랙뮤직의 음악적·문화적 가치가 조명되고, 확산되기를 바라면서, 다양성과 혼종성을 기반으로 한 블랙뮤직

블랙뮤직페스티벌 총감독(필자)과 예술감독(타이거JK)

의 특징과 비전을 담은 슬로건이다. 다양한 색들이 합쳐져서 만들어진 검정색은 모든 빛을 흡수하며 열을 축적한다. 의정부는 미군부대의 영향으로 다양한 문화들이 합쳐지고, 새로운 시도를 통해 성과들이 축적되면서 하나의 짙은 문화적 색깔을 만들어냈다. 아직은 2회밖에 안 된 신생축제로서 BMF는 많은 과제를 안고 있지만, 국내 최고의 음악축제로 성장시켜 나가겠다는 목표로 음악축제의 새로운 지평을 열고 있다. 그 가능성과 비전이 꿈에 그칠 것인지, 또는 현실화될 것인지는 좀 더 시간의 흐름과 숙성 과정들을 지켜봐야 할 것이다.

 ## 뮤직페스티벌의 성장과 변화

『2017음악산업디렉토리북』에 의하면 해마다 50~60개 규모의 대중음악페스티벌이 꾸준히 열리고 있다. 그리고 해마다 크고 작은 음악페스티벌이 생겼다가 사라지길 반복한다. 한국의 대중음악 트렌드도 계속 바뀌었다. 한때 록페스티벌이 대중음악을 대표하고 상징하는 것처럼 보였지만 그 시간은 짧았다.

국내에서 해외의 대형 록페스티벌^{이하. 록페}과 흡사한 시스템으로 페스티벌이 발전한 시기는 2000년 전후이다. 1999년 국내 최초의 록페로 기록된 인천 송도에서 열린 트라이포트록페는 폭우로 행사가 일부 중단됐지만, 성공의 가능성과 함께 다른 록페를 낳았다. 뒤이어 인천의 펜타포트 록페, 부산의 국제 록페, 동두천 소요산 록페, 광명 음악벨리축제처럼 2000년 초반에 시작된 국내의 록페는 지역을 상징하는 행사로 자리를 잡으며 성장했다. 뒤를 이어서 지산 록페와 벨리 록페, 시티 브레이크와 같은 대기업이 주도하는 페스티벌이 생기며 '록페' 유행이 번져가기 시작했다. 이어 쌈지 사운드페스티벌과 그린플러그드, 그랜드민트, 뷰티풀민트라이프와 같은 특정 브랜드와 기획사가 주도하는 페스티벌이 등장했다. 뒤를 이어서 자라섬재즈페스티벌, 서울재즈페스티벌과 같은 특정한 장르를 표방하는 페스티벌까지 등장하기 시작했다.

2000년 중반을 지난 안정권에 접어들었던 록페는 2015년을 전후해서 전환기를 맞게 된다. 마니아들에게는 흥행요소가 부족한 라인업, 일반 대중의 경우는 유사한 라인업의 중복과 새로움이 없는 기획에 흥미를 잃어가게 됐다. 록페 간의 과열경쟁, 무분별한 뮤지션 섭외, 지나친 상업성, 졸속행사기획과 운영미숙, 행사취소, 투자사의 소송 등 각종 잡음이 터져나오며 록페는 뚜렷한 쇠퇴의 길로 접어들기 시작했다. 문제의 근원은 시장의 변화를 예견하고 대응하지 못한 제작사의 기획력 부재이다. 헤드라이너 위주의 단순 기획만으로는 시대와 대중의 관심에서 멀어져 음악 페스티벌의 몰락을 막을 수 없다.

시대의 흐름과 라이프 스타일이 변화하면서 갈수록 더 많은 관객이 모이는 페스티벌은 자라섬재즈재즈페스티벌이나 그랜드민트페스티벌, 서울재즈페스티벌 같은 도심 근교 야외 소풍형 페스티벌과 힙합, EDM 페스티벌이다. EDM을 중심으로 하는 페스티벌은 다양한 장르의 음악을 도심에서 즐길 수 있는 행사로 인식되며 록페 이상의 인기를 누리기 시작했다. 기존의 대형 록페보다 EDM을 위한 도심형 음악페스티벌이 환영을 받은 이유는 록페가 지닌 라인업의 한계와 불안전한 운영의 요소, 이동의 부담감 등을 해소했기 때문이다. 이제 한국의 대중음악페스티벌 시장은 힙합과 일렉트로닉 댄스뮤직페스티벌[*]이 주도해가고 있으며, 뮤직페스티벌 소비층은 봄·가을의 야외 소풍

형 페스티벌을 선택하는 추세이다. 관객들은 편하고 낭만적인 페스티벌을 원한다. 또한 관객들의 취향 역시 다양해졌다. 재즈, 힙합, 포크, EDM 등으로 특화된 음악 페스티벌을 선호하기도 하며, '소소하지만 확실한 행복'을 추구하는 트렌드처럼 자신들만의 소소한 페스티벌에서 행복을 느끼기도 한다. 음악 페스티벌을 음악만으로 즐기지 않고, 특별한 여가의 라이프스타일로 향유하는 트렌드의 반영이다. 이러한 시대적 트렌드를 읽어내는 창의적인 기획력, 냉철한 현실 판단과 치밀한 준비과정을 기반으로 대중과 호흡하고 소통하면서 뮤직페스티벌도 계속 변화해야 한다.

* 일렉트로닉
댄스뮤직페스티벌
글로벌갠더링(2009~),
울트라뮤직페스티벌(2012~),
하이네켄 스타디움(2012~),
워터밤(2015~)

 네이밍, 브랜드의 시작과 완성

코카콜라와 애플, 삼성, 디즈니 등 우리가 떠올릴 수 있는 대부분의 단어들이 해당 카테고리의 리더들이며, 보통명사처럼 쓰인다. 코카콜라는 다양한 콜라 제품 중 하나일 뿐이지만, 대부분의 경우에 '코

크'가 곧 '콜라'로 통한다. 어떻게 하면 제목을 잘 지을 수 있을까? 어떻게 하면 이름을 잘 정할 수 있을까? 이런 고민들은 기획자를 포함한 크리에이터들의 출발선이다.

블랙뮤직페스티벌을 기획한 의정부예술의전당은 다양한 프로그램만큼이나 눈에 띄는 제목들이 많다. 블랙뮤직페스티벌을 비롯해 열린 수다판 '구구소회', 시민 기록단 '쓸바귀', '별밤연극& 달빛음악회', '옹기종기 음악회', '희망티켓', '착한티켓', '해피런치 콘서트', '예술극장 보물찾기', '의정부칸타빌레' 등 독특한 이름들이 존재감을 뽐내고 있다.

철학자 하이데거는 '언어는 존재의 집'이라고 했다. 이를 응용해보면 '네이밍은 존재의 집'이다. 상품의 질 못지않게 중요한 게 이름이다. 소비자가 가장 먼저 대하는 건 디자인이나 내용물이 아니라 상품명이다. 강렬하게 각인되는 이름은 그만큼 상품의 판매 촉진에도 영향을 미친다. 소비자는 제품 그 자체만이 아니라 그 제품의 이미지를 함께 구매한다. 마케팅은 기억과 인식의 전쟁이다. 네이밍은 이미지 메이킹의 시작점이다. 곧 브랜딩의 결정체가 네이밍이기 때문이다.

'내가 그의 이름을 불러주기 전에는 그는 다만 하나의 몸짓에 지나지 않았다. 내가 그의 이름을 불러주었을 때 그는 나에게로 와 꽃이 되었다.' 그 유명한 김춘수 시인의 '꽃' 한 구절이다. 브랜드네이밍의 중요성을 단적으로 설명해주는 시가 아닐까?

참고문헌

임진모, 2014, 『팝, 경제를 노래하다』, 아트북스

김봉현, 2014, 『힙합 – 블랙은 어떻게 세계를 점령했는가』, 글항아리

서정민갑, 2018, 『영광의 제1회 블랙뮤직 페스티벌로 가자』, 서정민갑 칼럼 아는 사람의 애기

서정민갑, 2019, 『한국 대중음악 페스티벌, 성장과 변화의 갈림길』, 예술경영 웹진

박창환·이훈, 2018, 『공연예술축제의 정체성 형성과정 분석: 의정부음악극축제를 중심으로』, 우리춤과 과학기술

정아름, 2012, 『지역공연예술축제의 활성화 방안 연구 – 의정부국제음악극축제를 중심으로』, 서경대 경영대학원

송영상, 2015, 『지방 문예회관 운영 활성화 방안에 관한 연구 – 의정부시의 사례를 중심으로』, 한양대 공공정책대학원

김소현, 2014, 『공연예술축제의 예술성과 축제성 융합 – 한국현대공연예술의 전개와 축제』, 의정부음악극축제 집행위원회

류정아, 2012, 『축제의 원칙』, 커뮤니케이션북스

의정부예술의전당, 2018, 『제1회 블랙뮤직페스티벌 계획안』

의정부예술의전당, 2017, 『의정부칸타빌레 사업계획서』

의정부예술의전당, 2019, 『제2회 의정부블랙뮤직페스티벌 보도자료』

프럼에이, 2018, 『무지개빛 미니멀리즘의 시대, 분화하는 페스티벌』,

이용관, 2008, 『극장운영 전문화와 예술생태계』, 예술경영 웹진

강일권, 2018, 『블랙뮤직이란』, 의정부예술의전당

차우진, 2018, 『한국음악 산업과 K-POP의 변화』, 한국문화관광연구원 문화관광 인사이트

박창영, 2019, 『융복합의 시대, 페스티벌도 섞어야 뜬다』, 매일경제

하경헌, 2019, 『신명에서 힐링까지… 2019년 여름 수놓을 각종 뮤직페스티벌은?』, 스포츠경향

고종석, 2019, 『50주년 맞이한 Woodstock Festival』, Floyd의 음악이야기

고종석, 2019, 『2019년 국내 음악페스티벌을 이야기하다』, Floyd의 음악이야기

이동연, 2019, 『음악페스티벌의 대안 찾기』, 서울신문

중앙일보, 2019, 『'국내유일 블랙뮤직페스티벌' 의정부 BMF, 폭염속 3만명 뜨거운 호응』, 온라인 중앙일보

천설화, 2018, 『의정부블랙뮤직페스티벌, 태풍 솔릭도 이겨낸 트렌디한 축제』, 스타데일리

뉴스

나도원, 2010, 『우리가 음악 페스티벌에 가는 이유』, 엠넷 미디어

아무개, 2016, 『뮤직페스티벌의 변화 - 이제 뮤직페스티벌에는 음악 외적인 것이 필요하다』, 아무개 뮤직

이의신, 2018, 『'생각의 회로'를 바꾼 블랙뮤직페스티벌』, 경기일보

www.umtf.or.kr

www.uac.or.kr

버려진 섬에서 피어난 '재즈의 꽃'

불모지라 여겨졌던 자라섬은 이제 재즈의 선율이 흐르는 섬으로 다시 태어났다. 가평은 재즈의 고향으로, 자라섬은 일 년에 한 번 떠오르는 재즈의 섬으로 탈바꿈한 것이다. 해마다 재즈 페스티벌을 보기 위해 가평과 자라섬을 찾는 사람들로 북적인다. '자라섬축제'는 어느덧 국내를 대표하는 공연예술 축제로 자리잡았다. 기획자의 역발상과 더불어 '자연·가족·휴식 그리고 음악'이라는 축체 콘셉트가 라이프 스타일의 변화 흐름에 잘 맞아 떨어졌기 때문이다.

오스트리아 브레겐츠 콘스탄츠 호수의 '브레겐츠 페스티벌', 푸치니의 고향 루카Luca 옆 운 토레 델 라고Torre del Lago 야외 호수에서 열리는 '푸치니 오페라 페스티벌', 중국 항저우 '인상서호印象西湖' 시리즈. 이 공연들의 공통점은 아름다운 호수에 설치된 야외무대 공연으로 전 세계 사람들을 불러모으고 있다는 점이다. 공원이나 호숫가 등

에서 자연을 만끽하며 펼쳐지는 공연은 좁은 실내공간에서 즐기는 것
과는 다른 차원의 정서적 여유와 만족감을 느낄 수 있다. 특히 수변
무대에서 펼쳐지는 페스티벌은 다른 어떤 공간에서의 공연보다 매력
적이다.

　파란 하늘과 잔잔한 강물, 따뜻한 햇살이 쏟아지는 푸른 잔디 위에
서 음악을 감상하는 것…, 매우 낭만적인 풍경이다. 라이프 스타일의
변화와 여가문화의 확산으로 야외광장, 공원, 호숫가 등에 무대를 설
치하고, 공연을 즐기게 되는 기회가 늘고 있다. 우리나라에도 이런
낭만을 즐길 수 있는 축제가 있다. 제천국제음악제 개·폐막식과 영
화제의 핵심 콘텐츠인 '원썸머나잇' 무대는 청풍호의 아름다운 호
수를 배경으로 하고 있다. 이외에도 고양호수예술축제, 대구 수성
못 페스티벌, 석촌 호수음악회, 수원 광교 호수음악회 등도 호수를

배경으로 매력적인 풍경을 연출한다. 그중에서도 가장 대표적 수변무대 축제를 꼽는다면 별다른 이견이 없는 축제가 있다.

무더운 더위가 사라지고 시원한 바람이 불기 시작하는 10월이 되면, 자연스럽게 떠오르는 축제, 한 번도 안 간 사람은 있어도 한 번만 간 사람은 없다는 축제, 바로, '자라섬재즈페스티벌'이하 '자라섬축제' *이다. 함께하면 좋은 사람들과 잔디밭에 돗자리를 깔고 앉아 맛있는 음식을 먹고, 산과 강을 바라보며 '재즈'를 즐긴다? 당장 와인 한 병 챙겨 자라섬으로 향하는 이유로 충분하다. '재즈문맹'도 전혀 겁먹을 필요가 없다. 일상을 홀홀 털고 가족끼리 연인끼리 소풍삼아 떠나도 좋을 만큼 섬과 그 주변 북한강 풍경은 충분히 아름답다.

* 자라섬재즈페스티벌
2004년 제1회부터 2017년 제14회까지 축제의 명칭은 '자라섬국제재즈페스티벌'이었으나 2018년 제15회부터는 '국제'라는 타이틀을 빼고 '자라섬재즈페스티벌'로 부르고 있다.

이처럼 낭만적으로 보이는 '자라섬축제'는 야외축제의 가장 큰 변수인 '날씨폭우'와의 사투를 겪으며 탄생했다. 무분별한 모래 채취로 생태계는 파괴되고, 비만 오면 물에 잠겨 쓸모없는 땅으로 버려졌던 경기도 가평군의 작은 섬. 비 온 뒤에 땅이 굳어지듯 '폭우'라는 불가항력적 상황을 극복하며 그 척박한 섬은 재즈의 선율이 흐르는 축제의 섬이 되었다. 그리고 '자라섬축제'는 이제 세계적인 재즈 페스티벌로 성장했다.

공무원과 공연기획자의 우연한 만남

아무도 관심 가지지 않던 자라섬이 재즈의 메카로 떠오르기까지는 커다랗게 보이는 우연과 행운에 가려진 많은 이들의 열정과 보이지 않는 수고가 있었다. 시작은 우연 같은 필연이었다.

자라섬재즈페스티벌

2002년 가평군 문화관광과 이문교 씨가 한겨레문화센터에서 문화
예술기획 전문가 과정을 밟고 있었을 때였다. 원래 예정되어 있던 강
사가 일정상 참석이 어려워 대타 강사로 재즈 공연기획사 AMP 인재
진 대표가 특강을 대신했다. 특강에서 인 대표는 '국내에서 세계적인
재즈 페스티벌을 만들고 싶다'는 말을 했고, 이때 이 씨의 머릿속에
생경한 '재즈'라는 두 글자가 자리잡았다. 가평은 천혜의 자연환경을
갖고 있음에도 이런 자산이 지역경제 활성화로 이어지지 못하고 있을
때 우연히 공무원 이문교 씨와 기획자 인재진 씨가 만난 것이다. 가평
군의 한 공무원과 오랫동안 재즈페스티벌을 꿈꿔왔던 공연기획자가
우연하게도 필연처럼 만나면서 '자라섬재즈페스티벌'이라는 가을의
전설은 시작되었다.

2003년 이 씨는 인 대표에게 성사 가능성을 타진했다. "여기서도
재즈 페스티벌을 할 수 있을까요?" 인 대표는 "못할 게 뭐 있겠습니
까?"라고 화답했다. 재즈 페스티벌은 인 대표의 오랜 꿈이었기에 망
설일 이유가 없었다. 그들은 누가 먼저랄 것도 없이 곧바로 개최장소

를 찾아 나섰다. 페스티벌 개최장소 후보지라며 이 씨가 세 곳을 추천했다. 공설운동장, 축구장, 청평 고수부지 등을 보았지만 막상 "여기다!"라고 할 만한 곳이 없어 지쳐갈 무렵, 마지막으로 찾아간 곳이 '자라섬'이었다. "여기는 그냥 한번 보세요!"라며, 보여준 사람도, 찾아간 사람도 별 기대 없이 간 곳이었다. 비만 오면 잠겨서 쓸모없는 땅이라 여겨 지역 주민들도 잘 가지 않고, 어

자라섬재즈페스티벌 인재진 감독

쩌다 낚시꾼들이나 가는 곳이었기에 기대가 없던 터였다. 그곳을 둘러보던 인 대표는 한 번에 마음에 들었던 것은 아니지만, 불현듯 오래 전 참가했던 핀란드의 '포리재즈페스티벌Pori Jazz Festival'*이 떠올라 해볼 만하다는 생각이 들었다. 미루나무만 두세 그루 서 있는 황량한 섬. 공연장으로 쓸 공터도, 사람들이 앉을 만한 공간도, 아무것도 없는 풀밭이고 돌밭이었다. 하지만 그는 '딱 맞는 장소'라고 말했다. 당시 돌아오는 길에 '진짜 하자고 하면 어떡하나!' 고민했다고 솔직한 심정을 덧붙였지만, 자라섬만큼 넓은 곳을 찾을 수가 없어 선택의 여지가 없었다. 그리고 일사천리로 추진하게 되었다. 그해 잔디를 심어 자라는 시간을 기다리기 어려워 호밀을 심고 싹이 싱그럽게 올라온 상태에서 2004년 제1회 '자라섬재즈페스티벌'이 시작되었다.

> *** 포리재즈페스티벌**
> 1966년 7월부터 핀란드 서부 해안 쪽에 위치한 도시인 포리(Pori)에서 매년 7월마다 열리는 역사 깊은 재즈페스티벌. 첫해 이틀짜리 축제로 시작하여 약 1천500여 명의 관객이 방문한 이후 지속적으로 발전, 1975~1984년에는 4일, 1985년 이후 9일 규모로 성장, 5만에서 6만의 관객을 이끌었다. 1990년대에는 10만 명 이상의 관객이 방문하였고, 현재 약 12~16만 명의 관객이 매년 이 재즈페스티벌을 찾는다.

자라섬재즈페스티벌
일등공신 인재진, 그리고 또 한 사람

재즈 공연 전문기획자였던 인재진은 1990년대 말~2000년대 초 대학로에서 딸기극장이라는 재즈 전용 소극장을 운영하며, 굵직한 내한 공연을 기획하던 재즈전문 기획자였다. 한국에서 몇 안 되는 재즈 기획자였기 때문에 그에겐 해외 유명 페스티벌 및 국제 재즈 포럼에 참가할 기회들이 주어졌다. 특히 그가 핀란드의 '포리재즈페스티벌'을 방문한 경험은 한국에서 재즈 페스티벌을 기획하는 데 큰 계기가 되었다. 그의 저서 '청춘은 찌글찌글한 축제다'에서 "내가 '포리재즈페스티벌'을 직접 눈으로 보지 못했다면 감히 자라섬에 재즈 페스티벌을 만들 생각은 하지 못했을 것이다"라고 말했다. 자라섬재즈페스티벌의 일등공신은 자타공인 인재진 감독의 역할이 결정적이다.

그러나 탄생과정의 주역 한 사람을 더 꼽는다면 당시 이문교 전 가평군 문화관광과 재즈페스티벌 담당자이다. 그는 5년 동안 혼신의 힘을 다해 축제를 성공시킨 후 자신의 역할은 끝났다며 홀연히 말레이시아로 떠났다. "재즈페스티벌 4회를 마치고 나니 몸에 있던 에너지가 다 빠져나간 느낌이었습니다. 제 역할은 축제를 만들고 시동을 거는 것까지란 생각이 들었죠. 그다음 이것을 운전해 어딘가로 향하는 것은 다음 사람의 몫이라고 생각했습니다. 그래서 제 자신을 위해서도, 애정을 가지고 있는 자라섬재즈페스티벌을 위해서도 떠나는 게 좋겠다는 생각을 한 것입니다."

제5회 자라섬재즈페스티벌이 시작되는 첫날, 이문교 씨는 가평군의 초청으로 자라섬에 와서 관객으로 참여했고, 당시 이진용 가평군수로부터 공로상을 받았다.

첫해, 폭우 속에서 이룬 '절반의 성공'

가평군은 첫해 재즈 페스티벌을 개최하기 위해 3억 원의 예산을 편성하였다. 대규모 축제 행사를 개최하기에는 턱없이 적은 예산이었으나, 성공을 보장할 수 없는 재즈 페스티벌에는 상당히 모험적인 시도였다. 거기에 약간의 추경예산이 보태졌고, 군 주최 행사로는 이례적으로 민간기업의 협찬을 받았다. 그리고 1회 당시 입장료였던 1만 원의 티켓 수익을 합쳐 '자라섬축제' 예산을 마련했다.

첫 회는 모든 게 '맨땅에 헤딩하기'였다. 자라섬은 비가 오면 물에 잠기는 특성 때문에 황무지로 버려져 있었다. 당연히 전기도 들어오지 않았다. 중도는 넓은 시야가 확보되어 많은 관객을 수용하기에 적절한 공간이었지만 흙과 자갈로 된 바닥은 매우 거칠었다. 흙을 실어 날라 바닥을 평평하게 다지고 전기설비를 갖추는 것부터 시작해야 했다. 그림 같은 푸른 잔디로 채워진 낭만적인 공간을 만들기 위해서는 1년이 넘는 시간이 필요했다. 잔디가 자랄 시간이 부족했던 축제 첫해에는 임시방편으로 짧은 기간 동안 풍성하게 자라는 호밀을 여름에 심고 축제 기간 직전 정리 작업을 하여 잔디와 비슷하게 보이도록 했다. 자라섬을 행사장으로 조성하는 것도 힘들었지만, 가평에서 재즈 페스티벌을 한다고 하니 사람들이 믿지를 않았다. 지역 주민들 대부분이 '도대체 가평에서 재즈라니?'라는 반응이었다.

척박한 장소와 시큰둥한 지역 여론을 안고 2004년 9월 10일 제1회 '자라섬 국제 재즈 페스티벌Jarasum International Jazz Festival'은 드디어 시작됐다. 첫날은 무려 2만5천 명의 관람객이 몰려 성황을 이뤘고, 공동주최인 가평군과 자라섬 재즈센터는 흥분했다. 그러나 흥분도 잠깐, 행사 이튿날 말도 못할 정도로 폭우가 쏟아졌다. 자라섬은 북한강의 수위가 올라가며 점점 물에 잠기고 있어 도저히 야외공연을 진행할 수 없었다. 너도나도 언성을 높여 총감독을 찾았고, 배상을 요구하는 사람들은 늘어만 갔다. 인간의 힘으로는 어쩔 수 없는 날씨 탓에 둘째 날 당일 행사가 모두 취소됐다. 공연을 강행할 수 없어 전면취소를 발표하자 관객들은 거세게 항의하며 환불을 요구했다. 집에 돌아간 관객들은 인터넷에 잇따라 항의 글을 올리기도 했다.

셋째 날, 잠시 그친 비가 오후부터 다시 내렸지만, 이대로 접을 수는 없었다. 전면취소를 알렸음에도 찾아온 관객들을 위해 남아있던

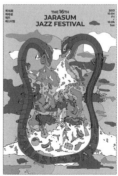

일부 아티스트가 함께 공연을 강행하기로 했다. 안전장치를 보강한 뒤 한쪽 무대만 열었다. 인 감독은 첫해, 악조건 속에서 진행되었던 그 공연을 잊지 못한다.

"아티스트와 관객들은 비와 하나가 되었다. 한 스태프가 무대 아래서 원형을 그리며 뛰기 시작했고, 관객들도 기차 행렬을 만들며 뛰었다. 무대 위 아티스트들도 거기 따라붙었다. 나도 따라 돌았다"

이렇게 축제 마지막 날 폭우 속에서도 3,000여 명의 관객이 운집하여 빗속에 몸을 맡기고 재즈를 즐겼다. 이 또한 나름대로 분위기가 근사했다. 해외 아티스트들은 한국의 열정적인 관객들에게 매료돼 악천후 속에서도 끝까지 공연했다. '자라섬'과 '재즈', '축제' 조합의 가능성을 확인한 현장이었다.

이렇듯 비와 함께 황무지에서 '자라섬축제'의 역사가 쓰였다. 3일의 축제 기간 중 2일 동안 폭우80mm, 기상청 관측자료가 쏟아져 물이 발목까지 차고, 아티스트를 태운 차가 빠져 견인차를 부르고, 음향 콘솔이 물에 잠기는 크고 작은 사고가 이어졌다. 그럼에도 약 3만 명의 관객을 동원하며 재즈와 축제 콘텐츠로서의 가능성을 보이며, 다음 페스티벌에 대한 기대감을 한층 높였다. 무대 위로 쏟아지는 비에도 아랑곳하지 않고 연주하던 뮤지션과 그 비를 맞으면서도 재즈를 즐기던 관객이 하나 되던 모습은, '자라섬축제'의 불꽃을 피우는 원동력이 됐다.

첫해, 성공적인 축제라 할 수 있는 상황은 아니었지만, 폭우 속에서도 '절반의 성공'을 거두었다. 이후 '자라섬축제'는 '비'와의 전쟁을 치르며 한 해 두 해 노하우를 쌓아나갔다. 여기에 '자연, 가족, 휴식, 그리고 재즈'라는 페스티벌의 콘셉트는 때마침 한국에 불어온 여가문화 확산, 오토캠핑 열풍 등과 맞아떨어졌다. '자라섬축제'가 단순한 음악 페스티벌이 아닌 하나의 문화 현상으로까지 자리매김하게 된 배경이다.

불모의 섬에서, 축제의 섬으로

이후 제2회 페스티벌에는 약 7만 명, 제3회와 제4회는 각각 10만 명의 관람객들이 참여했다. 그리고 2008년 제5회 페스티벌에는 약 13만 명의 관람객들로 북적였다. 특히, 지난 2009년 제6회 페스티벌에는 신종인플루엔자라는 최대의 악재에도 역대 최대인 15만 명의 관람객들이 찾았다.

자라섬은 10월이 되면 기온이 상당히 내려가기 때문에 가을 중 9월이 가장 날씨도 좋고 야외공연에 적합한 시기로 여겨졌다. 그러나 기후 변화로 9월에 개최된 자라섬 축제에 거의 매년 폭우라는 시련은 계속되었다. 폭우와 떼려야 뗄 수 없는 관계가 형성된 축제 초기에는 배수시설이 전혀 없었기 때문에 비가 내리면 땅이 바로 진흙탕으로 바뀌었다. 따라서 1회부터 4회까지는 9월에 개최하였으나, 2회와 4회는 계속 비가 오는 바람에 5회부터는 개최 시기를 10월로 옮겼다. 이후에도 항시 견고한 지붕과 우비를 준비하는 등 비에 대한 대비를 철저히 하고 있다.

축제 초기[1~4회] 슬로건은 '1년에 한 번 떠오르는 축제의 섬, 자라섬' 이었다. 얼핏 낭만적으로 들릴 수 있으나, 1년에 한 번 축제가 열리는 시기 외에는 여전히 거의 방치되고 있었음을 뜻한다. 1회 '자라섬축제'가 열린 후 그 가능성을 본 가평군에서 야외미술 전시회인 '바깥미술전'을 자라섬에 유치하는 등 몇 가지 시도들이 있었다. 하지만 여전

히 자라섬은 여름의 우기가 지나면 섬의 모양이 변하고, 차량의 진입이 어려울 정도로 토사물이 쌓이는 자연에 가까운 섬이었다. 배수가 잘되지 않아 비가 내리고 나면 웅덩이가 오랫동안 고이고 진흙 뻘밭으로 변했다. 이에 가설건축물만 축조될 수 있었고, 제대로 된 도로포장도 어려웠다. 이 때문에 매년 공간 구성은 바뀌었고, 공간 이미지를 뚜렷하게 남기기 위한 각종 조형물을 임시로 설치할 수밖에 없었다. 또한 자라섬의 특성상, 애써 조성한 꽃밭들도 한 해를 넘기지 못하였다. 특히 가평지역에 펜션 등의 숙박업소가 많았지만, 자라섬까지 대부분 차량이 필요한 거리에 위치해 있어 축제 기간 동안 숙박 문제가 발생했다.

이제 섬이 변할 차례였다. 축제가 알려지면서 관광객들이 찾자 섬의 많은 변화가 시작됐다. 2008년, 자라섬 서도와 육지 연결 부분에

28만3,000㎡ 규모의 자라섬 오토캠핑장이 완공되면서 이전과는 완전히 변화된 모습으로 거듭났다. 수상클럽하우스, 캠핑 카라반 40동, 오토캠핑 사이트, 카라반 사이트 등으로 이루어진 대규모 오토 캠핑 시설은 총 1,500명 정도의 수용이 가능했다. 개장 당시 이 같은 규모의 오토캠핑장은 국내에서 동해에 위치한 망상 오토캠핑장에 이어 두 번째였다. 잔디광장, 산책로, 농구장, 인라인스케이트장, 어린이놀이터 등의 여가시설과 취사장, 화장실, 샤워장 등의 편의시설도 잘 갖춰져 있어 개장 초기부터 캠핑 명소로 쉽게 자리잡을 수 있었다.

2008년, 국내 최대 규모의 캠핑장 조성과 함께 '가평 세계 캠핑 캐러버닝Camping et de Caravanning 대회'를 유치하고, 2009년부터는 자라섬 생태문화공원 조성사업을 통해 식물원 '이화원二和園'을 조성했다.

아이러니하게도 자라섬은 단점이 이점이 되는 운명의 땅이 되었다. 시설물이 없으니 섬을 통째로 가설무대로 꾸며 대규모 축제장을 조성할 수 있었다. '자라섬축제'가 시작되고 2년 뒤에는 중도에 캠핑장을 조성하면서 캠핑과 축제를 결합한 페스티벌 상품도 유치했다. 자라섬 재즈페스티벌 이외에도 뮤지컬 페스티벌Musical Festival, 9월, 보야지 투 자라섬Voyage to Jarasum, 10월, 레인보우 아일랜드Rainbow island, 6월, 멜로디포레스트 캠프Molody Forest Camp, 9월 등이 개최되고 있다. 1만 명 이상 대규모 축제가 7개, 3~5천 명의 소규모 축제가 10여 개 진행된다. 매년 1월에는 '자라섬 씽씽 겨울바람축제'를 개최하여 '축제=자라섬' 공식을 성립시킨 진정한 '축제의 섬'으로 발전한 것이다.

Rest Area

자라목의 산을 바라보고 있는 '자라섬'

'자라섬'이라는 명칭은 그리 오래되지 않았다. 자라섬은 1943년 청평댐이 준공되면서 물이 빠져 땅이 드러난 곳이다. 섬이 형성된 초창기에 중국인들이 이곳에서 땅콩 농사를 주로 지었다 하여 '중국섬', '땅콩섬'으로 불렸었다. 1986년 가평군에서는 섬의 명칭을 논의하기 위해 가평군 지명위원회를 열어 논의하였고, 이때 '자라섬'이라는 이름으로 결정하였다. 자라섬을 둘러싸고 있는 인근의 두 산으로 보납산과 늪산이 있다, 보납산은 삼각형 모양의 큰 산이고, 늪산은 야트막한 작은 산이다. 이 두 산의 크고 작은 봉우리를 멀리서 보면 자라처럼 보인다. 그래서 자라의 목 부분에 형성된 부락을 이전부터 '자라목' 마을이라고 부르고 있었던 것을 보더라도 이 두 산은 사람들에게 자라로 인식되고 있었다. '자라섬'은 이 '자라목이라고 부르는 늪산을 바라보고 있는 섬'이라는 뜻에서, 또 '자라목이 섬을 내려다보고 있다'는 뜻에서 지명위원회 전원이 동의하여 자라섬이 되었다.

프로그램과 무대 공간 구성

'자라섬재즈'는 처음부터 '재즈'와 '음악'이라는 분명한 장르를 정하고 시작했기 때문에 공연 프로그램의 방향성이 분명하고 완성도가 높다. 예술 축제로서 '자라섬축제'는 메인무대를 비롯하여 여러 무대에 세계 정상급 재즈 연주자들이 대거 참여하는 수준 높은 공연을 선보이는 동시에 국내 재즈 연주자를 발굴하여 소개하고 있다. 또한 '자라섬국제재즈콩쿨'과 젊은 재즈 인재 양성 프로젝트인 '자라섬 크리에이티브 뮤직캠프', 국내 '재즈 쇼케이스', '재즈 키즈 프로그램' 개발 등 다양한 재즈 콘텐츠를 생산·보급하며 재즈 축제로서의 정체성을 꾸준히 강화하고 있다.

재즈만을 핵심 콘텐츠로 축제를 열기 어려울 것으로 판단했던 초창기에는 프로그램에 힙합, 록 등 다른 장르를 수용하여 선보였으나, 메인무대는 정상급의 재즈 연주자를 배치하여 재즈 축제로서의 성격을 분명히 하고자 했다. 크고 작은 무대에서 각 무대의 규모와 시간적·공간적 특성, 그리고 연주자 인지도에 맞는 공연 프로그램이 편성된다. 메인 스테이지와 파티스테이지, 페스티벌 라운지, 재즈 팔레트, 재즈큐브 A, B 등의 대형 무대에서는 정상급 초청 연주자들의 공연이 진행되고, 오프 밴드와 지역 협력 프로그램 등은 자라섬 일대와 가평 읍내 곳곳에 설치된 소규모 무대에서 공연을 가진다. 세부 장르나 음악적 분위기에 따라 각 무대 공간의 특성에 맞게 프로그램이 배치된다. 자라섬 내 두개의 메인 무대인 '재즈 아일랜드Jazz Island'와 '파티 스테이지Party Stage', 그리고 'JJ 스트릿JJ Street', 가평역 앞의 'JJ 프랜즈JJ Friends', '자라섬 재즈센터Jazz Center'까지 기본적으로 다섯 개의 무대에서 재즈 연주가 펼쳐진다.

중도 내 위치한 가장 큰 무대인 재즈 아일랜드는 유료 프로그램으로 구성된다. 축제 참여자가 잔디밭에 앉거나 누워서 시선을 무대나 무대가 중계되는 영상을 올려보면 시야 안에 하늘을 배경으로 산과 강에 둘러싸인 자연적이고 신성한 장면을 볼 수 있다. 이런 자연경관을 배경으로 세계 각국의 최정상급 재즈 연주자의 공연, 자라섬 크리에이티브 뮤직캠프의 참가자, 자라섬 재즈 콩쿠르 우승자들의 특별

자라섬재즈페스티벌 재즈큐브   자라섬재즈페스티벌 파티스테이지

공연이 펼쳐진다. 축제의 첫째 날과 마지막 날에는 축제의 시작과 끝
을 알리는 불꽃놀이도 진행된다.

　재즈 아일랜드가 끝나면 뒤이어 파티 스테이지가 시작된다. 중도
내 재즈 아일랜드 맞은편에 위치한 파티 스테이지 역시 유료 프로그램
으로 구성되며, 리듬감 넘치고 신나는 음악들로 축제 참여자들이 추위
를 잊고 춤을 추며 즐길 수 있는 시간이다. 해가 완전히 지고 난 후, 자
연에 둘러싸여 온전히 집중되는 무대와 조명 속 특수한 시공간적 배경
에서 참여자들은 극도의 초월적 에너지를 경험할 수 있게 된다.

　자라섬 재즈 축제는 2개의 유료 무대 외에도 무료 무대들이 마련되
어 있다. 특히 서도 다목적 운동장에 마련된 '페스티벌 라운지'와 읍
사무소 앞 '재즈 팔레트', '재즈 큐브 A', 그리고 구역사 앞의 '재즈 큐
브 B' 무대까지 4개의 무대에서는 국내외 초청 연주자들이 공연을 펼
친다.

　'재즈 팔레트'와 '페스티벌 라운지' 공연은 낮부터 재즈 아일랜드
공연이 시작되기 전까지 진행된다. 페스티벌 라운지는 무료 무대 가

운데 가장 큰 규모로, 해외 초청 연주자의 비율이 높은 편이다. 메인 스테이지 출연진 수준의 인지도를 가진 국내외 연주자들이 다수 편성되는데다가 중도를 제외하고 가장 넓은 공간인 잔디밭 위에서 공연을 볼 수 있어 인기가 매우 높다. 광장이라는 형태와 큰 규모의 무대 때문에 재즈 아일랜드의 객석 분위기와 유사하지만 주 운영 시간이 해가 지기 전까지이기 때문에 북적이고 왁자지껄한 분위기가 조성된다.

재즈 큐브 A와 B 무대는 재즈 아일랜드 공연이 끝나고 난 시간 읍내에 마련된 임시 무대에서 진행되는데 해외 초청 연주자와 국내 유명 연주자들의 공연 프로그램이 편성된다. 재즈 큐브 A 무대는 오후 시간대에 재즈 팔레트 무대로 사용되는 가평읍사무소 공간을 이용하여 전혀 다른 분위기를 선사한다.

제11회 축제 때 새롭게 마련된 구 역사 앞 '재즈 큐브 B' 무대는 폐역이 있는 구도심 지역에서 주위가 캄캄한 심야 시간대에 진행되는 공연의 시공간적 특징을 살려 미디어 연주자와의 협업 무대를 꾸미기도 했다.

한편, '자라섬축제'는 2005년 제2회부터 매년 공모를 통해 국내외

자라섬재즈페스티벌 재즈 아일랜드

의 실력 있는 아마추어와 세미 프로급의 연주자를 선발하여 무료 무대에서 공연 기회를 제공하고 있다. 재즈 아마추어밴드 경연 '오픈밴드스테이지'와 누구나 그 자리에서 신청하면 15분간 연주할 기회를 가지는 '스테이지15'도 있다. 연주자의 홍보와 음악 활동을 지원하는 동시에 축제의 분위기를 고조시키는 프로그램으로 축제가 성장하면서 무대 수가 지속적으로 늘어났다. 오픈밴드의 무대는 재즈뿐 아니라 어쿠스틱, 팝, 월드뮤직, EDM 등 다양한 장르로 구성되어 페스티벌을 찾아온 관객들에게 다양한 즐길거리를 제공한다. 매년 장르 구분 없이 50여 팀의 오픈밴드를 선발하여 웰컴 포스트, 어쿠스틱 스테이지, 팝업 스테이지 등 자라섬 여러 곳에서 자유롭게 공연을 할 수 있는 기회가 제공된다.

'미드나잇 재즈카페'는 세계 정상급 연주자들을 가평 읍내 소규모 카페와 클럽에서 만날 수 있는 특별 프로그램^{유료}이다. 좁은 실내 공간을 고려한 솔로 혹은 소규모의 공연 프로그램을 선보인다. 연주의 편성과 공연 내용이 야외무대와 다를 뿐 아니라 추운 야외와는 달리 따뜻하고 편안한 실내 공간 좌석에 앉아 온전히 음악에 집중할 수 있는 시간이다. 가까이에서 연주자들의 어쿠스틱한 사운드의 재즈를 감상할 수 있어 참여자들의 만족도가 높은 프로그램이다.

다양한 층위의 참여자에게 풍성한 볼거리와 즐길 거리를 제공하기 위해 공연 외에도 여러 가지 부대 프로그램을 운영한다. 재즈 연주자와 음악 전공 학생을 위한 부대 프로그램으로 신인 육성 프로젝트 '자라섬국제재즈콩쿠르^{이하 '자라섬 콩쿠르'}'와 재즈 영재 육성 프로젝트인 '자라섬 크리에이티브 뮤직캠프^{이하 '뮤직캠프'}'가 격년제로 진행된다. 자라섬 콩쿠르는 국내 최초 재즈 콩쿠르로 2007년 국제적 경쟁력 있는 연주자 발굴을 목표로 시작되었다. 2013년 시작한 뮤직캠프는 젊은 연주자에게 세계 최고의 연주자와 만남을 통해 열린 시각과 새로운 음악적 아이디어를 얻어 본인만의 음악 세계를 만들어갈 수 있도록 교육 기회를 주는 프로그램이다. 홀수 해에는 뮤직캠프, 짝수 해에는 자라섬 콩쿠르를 번갈아 가며 격년제로 진행하고 있다. 자라섬 콩쿠르 수상자와 뮤직캠프 참가자는 차기 연도 재즈 아일랜드의 첫 무대를 장식하는 기회가 주어진다.

입구 동선, 일상에서 재즈 세계로의 전환

자라섬은 1개의 섬이 아닌 동도, 서도, 중도, 남도 등 4개의 섬으로 이뤄져 있다. 오토캠핑장이 위치한 서도를 중심으로 레저 및 생태공원 시설이 있다. 중도에는 지름 100m가 넘는 잔디광장을 갖췄는데, 여기에 축제의 메인 공연장이 위치한다. 가평역과 가평 시외버스 터미널 등 주요 대중교통 운행지가 도보 10분 거리로 접근성이 좋아 동도를 제외한 3개의 섬은 걸어서 진입할 수 있는 내륙형 섬이다. 자라

자라섬재즈페스티벌 메인 스테이지로 가는 입구

섬 중도의 메인 스테이지로 가는 입구^{entrance gate}는 긴 동선으로 이루어져 있으며, 자라섬 축제의 가장 큰 공간적 특징을 보여준다.

'자라섬축제'에 참여하기 위해서는 섬 입구에 주^主출입구를 통해 입장하게 된다. 자라섬 서도의 매표소에서 티켓을 찾은 관객은 공연장으로 가는 길을 안내받고 이 입구로 향하게 된다. 곳곳에 준비된 무료공연장소와 종합안내소를 지나면 서도에서 중도로 이동하기 위해 섬과 섬 사이를 인위적으로 연결한 포장도로가 나온다. 메인 스테이지로 가는 유일한 길이다. 완만하게 커브가 져 있다. 길이는 400m가량 되며, 장마철 수위 상승을 대비하여 수면에서 3m 정도로 높게 자리잡고 있다. 입구에서부터 약 4분의 1 지점에는 사각진 큰 아치 조형물이 설치되어 입구로서의 지각을 명확히 해준다. 본격적인 축제에 돌입하기 전의 의식과도 같은 것으로 이 길에 깊숙이 들어갈수록 일상은 점점 멀어지고 새로운 축제 세계로 진입하게 된다.

메인 스테이지 수용 인원이 2만 명에 달하는 만큼 입장 개시 전부터 관객 줄은 길게 늘어선다. 티켓 검표소를 400m 커브길 입구에서부터 3분의 2 정도 되는 지점에 위치시켜 긴 줄을 통제하기 용이하다. 이 길은 유료로 진행되는 재즈 아일랜드와 파티 스테이지로 가기 위한 유일한 길로 대형 임시 게이트가 설치되어 검표를 진행한다. 좋은 자리를 선점하기 위해 참가자 대기줄이 출입구까지 이어지는 장관이 펼쳐지기도 한다.

또한 반드시 통과해야 하는 길이기 때문에 이 길에 설치된 홍보물들은 주목성이 높다. 예컨대 최근 환경부와 함께 진행하는 친환경 캠페인의 패널들을 나열해 설치하거나, 그해 출연하는 아티스트들을 일러스트레이션화하여 캠페인 문구와 조합하여 설치한다. 포토존으로 인기가 좋다. 철로를 지지하는 기둥을 중심으로 형성된 공간에 행사장 지도가 설치되어 있고, '웰컴포스트'라는 무료 무대도 준비되어 있다. 행사장 지도를 확인하고, 웰컴 공연을 즐기는 참여자들로 인해 정체가 생기는 지점이다. 2019년부터는 카카오맵과 MOU를 통해, 잔디밭 위 돗자리 주소나, 야외 주차장의 자세한 주차 위치까지 서비스하기 시작했다.

 *Rest Area*

자라섬재즈페스티벌 관람 팁

1. 재즈 아일랜드와 파티 스테이지는 티켓을 팔찌로 교환해야만 입장 가능!

2. 성인인증이 되면 와인 및 주류 반입 가능! 단, 유리병은 파손 위험으로 반입 불가!
   - 행사장에서 유리병에 든 와인을 비닐팩에 넣어주는 서비스가 있다! 일행과 꼭 함께 마시고 싶은 와인이 있다면 챙겨가도 되지만, 행사장 먹거리 부스에서 구매가 가능하고, '자라섬재즈페스티벌'에서만 마실 수 있는 지역 와인도 있으니 추천!

3. 2019년, '빌려 쓰는 자라섬' 캠페인으로 환경에 무해한 쓰레기봉투를 배포하였는데, 축제 장소 곳곳에 쓰레기를 배출할 수 있는 클린존이 있으니 쓰레기는 쓰레기통에!

4. 10월의 밤은 생각보다 더 춥다. 담요도 좋지만 핫팩과 얇은 패딩을 준비하면 따뜻하게 공연을 관람할 수 있다. (아무것도 준비하지 않았다면, '자라송'에 맞춰 율동을 통해 추위를 이겨내자)

지역 연계 프로그램 개발

지역 축제의 가장 큰 화두 중 하나는 '지역 경제 활성화'로 많은 축제에서 고민하는 지점이다. '자라섬축제' 역시 부단한 노력을 기울이고 있다. 축제가 어느 정도 자리를 잡으면서 자라섬을 넘어 가평 읍내로 축제공간을 확장하는 것에 대한 지역 내 요구가 점점 커졌다. 이에 자라섬에서 가평 읍내까지 축제공간을 확장하여 자연스럽게 지역의 참여를 유도했다. 지역특산품을 이용한 먹거리 개발과 주민 먹거리 장터, 가평 초·중·고 학생들의 공연, 가평밴드 콘테스트 등 프로그램의 운영을 통해 지역과 협력하는 방안을 강구해 나갔다.

제4회 이후에는 가평문화예술회관, 공설종합운동장, 가평읍사무소 앞 등으로 무대를 추가하였다. 그러나 자라섬 입구부터 가평 읍내까지 도보로 15분 정도가 소요되고, 그 중간 지대에 큰 차도로 가로막혀 있어서 축제 분위기를 가평읍내까지 확산시키는 게 쉽지 않다. 이는 주최 측에서도 매년 숙제로 삼고 해결해야만 하는 부분으로 남아 있다.

2009년에는 가평 읍내 곳곳에 재즈를 주제로 벽화를 꾸미는 '자라섬 재즈 시티-대학생 마을 벽화 공모전'을 열기도 했다. 축제가 열리지 않는 기간에도 일상적으로 재즈의 분위기를 느낄 수 있게 되었다는 긍정적인 평가를 받으며, 가평읍내 곳곳에서 포토존 역할을 하고 있다.

한편, 가평군이 재즈의 아이콘으로 자리매김하면서 사무국에서는 축제 기간이 아닌 시기에도 다양한 예술교육을 통해 음악과 재즈의 저변을 넓히기 위해 노력하고 있다. 가평 청소년 페스티벌 참여 프로그램은 가평 관내에 있는 음악부 학생들에게 무대공연의 기회를 주고, 이를 계기로 음악과 축제에 관심을 끌어내고 있다. 가평에서 택시를 타면 그해 찾아오는 연주자의 음악을 들려주는 '재즈 택시'와 가평 시내 곳곳에 그려진 '재즈 벽화'는 '자라섬축제'가 '가평지역'과 적극적으로 협력하는 것을 알 수 있는 콘텐츠들이다.

이외에도 지역경제 활성화를 위해서 '빌리지 가평', '미드나잇 재즈카페', '막걸리 및 뱅쇼 음료 제작', '피크닉박스' 등 부수적인 프로그램을 개발하여 운영하고 있다. '빌리지 가평'은 축제 기간 동안 가평의 지역 특산물과 각종 전시, 체험부스를 통해 가평 지역의 향토 문화를 경험할 수 있도록 하는 체험 존^{zone}이다. 가평의 특산물과 별미를 즐기며 다양한 공연을 관람할 수 있는 '빌리지 가평'은 지역 예술가들과 함께하는 퍼포먼스 무대를 구성하기도 하였다.

'미드나잇 재즈카페'는 야간 프로그램으로서 자라섬뿐 아니라 가평 읍내의 카센터, 꽃집, 카페, 호프 등에서 재즈 공연을 편안하게 즐길 수 있는 프로그램이다. 운영하는 상점의 매출을 상승시키고, 관객들에게 상점을 홍보하여 상점의 재방문을 유도한다는 점에서 호평을 받았다. 그러나 자라섬 안쪽과 동일한 온도의 축제 분위기를 만들 만큼의 관객을 바깥으로 끌어내기는 쉽지 않다. 비용도 상당히 소요되어 이에 대한 논의가 끊이지 않고 있다.

축제장 내에서는 가평지역 농·특산물 판매, 지역 홍보 이벤트 등 지역 관련 부스가 운영되고 있다. '재즈'를 매개체로 한 재즈 와인, 재즈 막걸리, 재즈 사과, 자라섬 뱅쇼 등 지역 특산물을 이용한 축제 상품들도 개발해 선보이고 있다. 2010년부터는 가평의 농작물을 이용한 자라섬 막걸리와 가평 포도를 이용한 재즈 와인을 매년 새로 출시하고 있다. 2013년부터는 재즈 와인을 이용한 '재즈 뱅쇼'를 판매하였고, 2014년부터는 가평지역의 친환경 농작물을 이용해 아침 식사를 판매하는 '가평 팜파티Farm Party'를 진행하였다. 또한 가평 관광 두레 등과 연계하여 '팜마켓Farm Market'을 열고, 피크닉박스와 같은 새로운 축제 먹거리를 개발하는 등 지역과 상생하기 위해 많은 노력을 기울이고 있다. 또한 축제 장소 외에 가평 대부분의 숙박업이 매진되고, 많은 식당들이 만석이 되는 등 축제성장에 따른 직접적인 영향은 계속 증가하고 있다. '가평', '자라섬', '재즈페스티벌' 간의 윈-윈win-win 효과는 현재 진행형이다.

"재즈(Jazz)가 뭔데?"

불모지라 여겨졌던 자라섬은 이제 재즈의 선율이 흐르는 섬으로 다시 태어났다. 여러 해 동안 행사를 개최하면서 가평은 재즈의 고향으로, 자라섬은 일 년에 한 번 떠오르는 재즈의 섬으로 탈바꿈한 것이다. 가평에 생소한 재즈라는 콘텐츠를 접목시켰던 초기의 불안감은 이제 기대감으로 바뀌었고, 해마다 재즈 페스티벌을 보기 위해 가평과 자라섬을 찾는 사람들로 북적인다. 지속적으로 증가하던 방문객은 제7회 때엔 재즈축제 역사상 최고인 168,000여 명으로 증가했다. 약 255억 원의 경제적 효과를 거두며 지역 경제 활성화에 기여하며 '자라섬축제'는 가평뿐 아니라 어느덧 국내를 대표하는 공연예술 축제로 자리잡았다.

자라섬 축제 관객들은 록 페스티벌, 클래식 페스티벌 등 타장르의 음악 축제에 비해 재즈 음악에 대한 관심이 상대적으로 적다는 특징을 보인다. 다수의 축제 참여자가 음악이 아닌 휴식, 가족 친구와 함께하는 시간, 피크닉 분위기 등에 매력을 느껴 찾고 있는 것이다. 어

2015 자라섬재즈페스티벌 팜파티(Farm party)

쩌면 재즈는 축제 장소에 필요한 BGM^{back ground music 배경음악}의 역할을 하고 있다고 볼 수 있다.

실제 방문객들 조사 결과를 보면 축제 참여 동기 중 '재즈에 대한 관심이 많아서'라고 답한 방문객은 21.7%에 불과했다「제10회자라섬국제재즈페스티벌 평가보고서」. 가족, 친구들과 함께하기 위해서, 휴식·휴양 등 여가를 즐기기 위해서 등 즐거운 분위기를 위해 참석했다고 답한 방문객의 비율을 합하면 49.7%로 거의 절반에 가깝다. 이와 같은 관객 특성은 지난 10년간 자라섬 축제의 관객 수가 폭발적으로 증가한 배경이기도 하다. 10년 전보다 재즈 음악이 많이 대중화되었다고는 하나, 실제 재즈를 본격적으로 향유하는 관객층은 소수에 불과하다. 자라섬 축제의 관객수 증가추세는 재즈가 대중화되어서라기보다는 '자라섬 축제'와 같은 야외 경관을 배경으로 펼쳐지는 아웃도어형 페스티벌이 하나의 여가문화로 자리잡았기 때문으로 보인다.

방문객들은 42.7%가 서울에서, 29.5%가 경기·인천에서 찾아오는 것으로 나타났다. 가평지역 주민이 14.4%, 기타 강원, 영남, 충청, 호남·제주권에서 방문한 비율이 11.9%였다. 이는 수도권에서 그리

멀지 않고, 산과 강에 둘러싸인 이색적이고 특별한 자연환경에서 공연을 즐길 수 있는 자라섬축제만의 공간적 특징이 크게 작용했다고 볼 수 있다. 그리고 '자연, 가족, 휴식 그리고 음악'이라는 축제 콘셉트가 라이프 스타일의 변화 흐름에 잘 맞아떨어졌기 때문으로도 해석된다.

축제기획과 행정의 효율적인 역할 분담

문화체육관광부에서 해마다 지정하는 우수 문화관광축제에서 매년 상위 단계로 격상되고 있다. 2008~2010년 유망축제, 2011~2013년 우수축제에 이어 2014년부터는 최우수축제로 지정되었다. 이처럼 우수 문화관광축제로 지정될 수 있는 바탕에는 가평군이 주최하고 민간기업인 사단법인 '자라섬청소년재즈센터'에서 주관하며, 이들 기관이 효율적인 협조체계를 잘 유지하고 있기 때문이다.

또한 일반적으로 축제 기간만 한시적으로 계약하여 축제를 운영하는 많은 경우와 달리 사단법인 자라섬청소년재즈센터에서 1년 내내 축제사무국을 유지하며, 전문성과 지속성을 확보하고 있다는 점이 특징이다. 축제 기간은 실제로 1년 중 단 3일뿐이지만 축제 사무국은 1년 내내 운영된다. 사무국은 더 나은 축제를 위해, 치열하게 연구하고 프로그램을 짠다. 지역 축제이기에 지역민들과 더 가까워지기 위한 상시 프로그램도 운영한다.

국제적인 행사인 만큼 프랑스의 '재즈 술래 포미에', 말레이시아의 '페낭 아일랜드 재즈페스티벌', 일본의 '타카츠키 재즈스트리트', '스키야키 밋 더 월드' 등의 해외 축제와 MOU를 통해 해외의 실력 있

프레저베이션 홀 재즈밴드

나윤선

리베로시스

로베르토폰세카

는 아티스트를 섭외한다. 아울러 국내 아티스트들의 해외 진출 기회를 제공한다.

재즈에 관심이 있던 사람이라면 매년 라인업이 오픈되면 절로 감탄사가 나오는 해외 아티스트들의 초청이 가능한 이유는 지속적이고 항시적으로 준비하는 사무국의 부단한 노력 덕분이다. 이런 라인업의 신뢰는 상대적으로 저렴하게 한정^{500매} 판매되는 블라인드 티켓이 매진되는 이유이기도 하다.

공연기획이나 매표, 홍보나 행사 진행 등 페스티벌 자체에 관련된 업무는 축제 사무국이 담당하고, 교통이나 주차, 셔틀버스나 지역안내, 시설 등 지원업무는 군청이 담당하는 뚜렷한 역할 분담 하에 업무가 진행된다. 공무원의 업무적 특성상 보직 순환이 이뤄지는데 '자라섬축제'를 함께했던 담당 공무원들은 다른 과로 가면, 거기서도 도움을 줄 수 있는 일이 없는지 고민하고, 본인이 할 수 있는 선에서 도움을 준다고 한다.

상주하고 있는 사무국 직원들은 재즈 페스티벌 외에도 연중으로 가평지역의 문화예술교육 활동을 진행하고 있다. 또한 재즈센터의 직원들 모두 가평군에 상주하며, 지역주민과 좋은 관계를 맺고 있는 것역시 장점 중 하나이다.

Rest Area

꿈을 공유하는 축제의 미래 '자원봉사자'

자라섬재즈페스티벌에서 자원봉사자 '자라지기'를 빼놓고 이야기할 수 없을 정도로 '자라지기'는 자라섬재즈페스티벌을 대표하는 상징적인 시스템이다. 매년 '자라지기' 자원봉사자들은 축제 시작 4개월 전 운영본부, 수송, 홍보, 무대진행, 아티스트 케어, 대기실, 티켓 부스, 검표 등 부문별로 약 200~300명을 선발한다. 선발된 '자라지기'들에게는 자원봉사자 매뉴얼, 기념품축제 티셔츠, 에코백, 카드비표, 티켓, 숙식을 제공하고 매년 페이스북과 네이버 카페를 만들어 지속적인 모임을 진행하면서 결속력을 다진다.

'자라지기'는 여타 다른 축제와 달리 경쟁률이 치열한 것으로 알려져 있다. 이들이 축제기간에 제공받는 건 숙박과 식사, 활동용품, 프로그램북에 활동명 기재, 축제가 끝나면 자원봉사 활동 인증서 정도이다. 그럼에도 다들 특별한 경험과 새로운 사람을 만나기 위해 자원봉사를 신청하고, 교육을 받고 축제에 적극적으로 참여한다. 매년 '자라지기'들은 '자라섬재즈페스티벌'을 통해 성장하고 자란다. 그들이 자라서 다시 축제를 찾는 관객이 되고, 각 한 명, 한 명이 지인에게 홍보를 하는 마케터가 된다. 매회 축제가 지속될수록 자라지기도 함께 성장하여, '지속 가능한 축제'가 될 수 있도록 하는 큰 힘이 되고 있다.

인재진 총감독은 자원봉사자에 대해 이렇게 정의한다. '꿈을 공유하는 축제의 미래'

구·구·소·흥 이런저런 생각 자연이 주는 힐링, 그리고 차별화된 콘텐츠

'1년에 한 번 떠오르는 섬'은 '자라섬재즈페스티벌'의 초창기 홍보 문구이다. 물론 현재의 '자라섬'은 4계절 내내 찾는 곳이 되었다. 쓸모없는 황무지라 여겼던 곳을 이처럼 4계절 내내 찾는 곳으로 변할 수 있게 한 것은 인공적인 도시환경에서 멀어져 자연적인 곳에서 자유로운 음악, '재즈'와 만날 수 있기 때문이다. 기획자의 역발상은 그 어떤 축제보다 '자라섬재즈페스티벌'만의 차별성과 특색을 갖게 하였고, 성공할 리 없다고 생각하던 부정적인 시선을 바꿔놓았다. 일상에서 벗어나 휴식과 자유로움을 경험한 관객들은 그 '맛'을 잊지 못하고 매년 가을이 되면 '자라섬'을 찾고, 더 나아가 가을이 아니어도 휴식을 위해 '자라섬'을 찾게 되었다.

자라섬재즈페스티벌의 계명국 사무국장은 성공 요인으로 ▲재즈라는 유니크한 콘텐츠 선택 ▲축제 기획, 예산수립, 홍보, 진행 결산을 원스톱으로 총괄하는 상시 사무국 운영 ▲치밀한 사전 조사를 통해 가평에 어울리는 축제 롤모델 선정과 확실한 벤치마킹 ▲가평과 자라섬이라는 천혜의 자연환경에서 가족 또는 소중한 사람과 휴식을 취하며 음악을 듣는 축제구성 ▲젊은 세대가 공감할 수 있는 디자인 개발 ▲민·관의 정확한 역할 분담과 공조를 꼽는다.

이같이 성공의 여러 요인이 있지만, 무엇보다도 현대인들의 욕구를 잘 반영했다는 점을 근본적인 주요인으로 꼽을 수 있다. 축제가 가족과 연인들이 휴식을 즐길 수 있는 특별한 공간이 되어 주었기 때문이다. 잔디밭에 누워 쏟아지는 별빛을 맞으며 사랑하는 사람과 음악을 듣는 시간은 상상만으로도 매력 있다. 특히 친구, 가족과 함께 아름다운 자연 속에 와인 잔을 기울이는데, 아름다운 선율까지 더해지니 흥이 절로 난다. 이를테면 '음악을 잘 몰라도 즐길 수 있는 소풍 같은 축제'를 연출한 셈이다. 이처럼 '자라섬축제'는 이전에 없던 새로운 여가문화 제시로 재방문율(42.7%)을 높이는 요인이 되었다.

구·구·소·흐| 이런저런 생각 지속 가능한 축제 위해 '팔 길이 원칙' 지켜져야

'팔 길이 원칙arm's length principle'이란 '지원은 하되 간섭하지 않는다'는 것이다. 정치·관료가 지원 대상인 예술가와 적절한 거리 두기를 해야 한다는 뜻이다. 그들이 지원을 빌미로 간섭하기 시작하면 예술의 독립성과 자율성은 보장받을 수 없기 때문이다. '영국예술위원회'1946 초대 회장을 맡은 경제학자 존 케인즈John Maynard Keynes, 1883~1946가 주창하며, 지금까지 영국 문화예술 정책의 근간으로 작동하고 있다.

축제에도 마찬가지로 이 '팔 길이 원칙'이 지켜져야 한다. 그러나 대다수 지역 축제의 경우 지원하는 지자체의 간섭과 통제가 심한 편이다. 이 때문에 한마디로 '잘 나가던 축제'들이 축제를 기획하는 사무국과 지원하는 자치단체와 운영을 둘러싼 갈등으로 침체를 겪거나 폐지 위기에 처한 사례들이 있다. 거창 국제연극제, 인천 펜타포트락 페스티벌이 대표적인 사례이다.

자라섬축제의 경우 '팔 길이 원칙'이 잘 지켜지고 있다는 평가이다. 축제 사무국이 치열하게 움직이는 만큼 행정 공무원들은 자신의 위치에서 축제를 위해 할 수 있는 일을 한다. 1년에 3일만 운영하는 하나의 축제를 위해 한 건물에서 수시로 만나 소통하며, 상호보완적으로 도움을 줄 수 있는 것을 찾는다. 민간 주도형 축제의 성격을 띠고 있지만, 민과 관이 역할을 분담하여 유기적으로 협력하고 있는 좋은 사례이다.

축제 초기, 정착을 위해서는 행정기관의 협조와 지원이 절대적으로 필요하다는 점을 무시할 수 없다. 그러나 행정기관은 예산지원과 운영 측면의 협조를 하고, 축제의 프로그램 구성이나 세부 진행방식에는 간섭을 최소화하는 게 바람직하다. 지역 축제에도 '지원은 하되 간섭하지 않는다'는 기본 원칙을 통해 축제 사무국의 자율성을 확보해주고, 예술과 행정이 각자의 업무 영역에서 축제 발전을 위해 노력해야 시너지 효과와 지속성을 담보할 수 있을 것이다.

참고문헌

김세진, 2012, 『성공적인 지역축제의 사례분석 – 제7회 자라섬국제재즈페스티벌을 중심으로』, 상명대 문화예술대학원

한재경, 2014, 『축제에서의 공간 이미지 연구 – 자라섬재즈페스티버을 중심으로』, 한국예술종합학교

박창호, 2006, 『음악축제 분석을 통한 효율적 운영방안 연구 – 자라섬국제재즈페스티벌을 중심으로』, 상명대 디지털미디어 대학원

남세은, 2018, 『대중음악 축제의 아이덴티티 전략 – 자라섬재즈페스티벌을 중심으로』, 한양대 융합산업대학원

한국콘텐츠진흥원, 2013, 『세계 음악페스티벌의 현황과 전망』, 콘텐츠산업 이슈 분석

정혜리, 2015, 『음악축제 공간기획 연구 – 자라섬국제재즈페스티벌을 중심으로』, 전남대 문화전문대학원

계명국, 2016, 『축제 방문객의 만족도에 따른 소비지출 경향 분석 – 2009년, 2014년 자라섬국제재즈페스티벌을 대상으로』, 한국예술종합학교

최진희, 2016, 『국내 대중음악축제 연구 – 자라섬국제재즈페스티벌을 중심으로』, 한세대

진영준, 2014, 『제1회 자라섬 페스티벌의 빗속 공연』, 색석

이경희, 2006, 『week&cover story – 자라섬 국제 재즈 페스티벌』, 중앙일보

서정민, 2016, 『진짜로 일어나는구나 기적』, 한겨레 신문

김규원, 2018, 『가을에 빠진다, 재즈에 빠진다, 자라섬 재즈페스티벌을 따라』, 한국문화관광연구원 웹진

구둘래, 2016, 『불모의 섬에서 축제의 섬으로』, 한겨레 신문

이도은, 2018, 『야외 클럽서 탈진할 때까지… 뮤페는 2030 새 놀이터』, 중앙선데이

유재영, 2019, 『'자라섬재즈페스티벌' 성공 신화 이끈 인재진 총감독』, 동아일보

김형우, 2016, 『깅형우 기자의 축제 프리즘 – 자라섬국제재즈페스티벌』, 스포츠조선

김중기, 2015, 『자라섬재즈페스티벌은 이렇게 시작했다』, 중앙일보

김광현, 2012, 『모두의 희망으로 띄운 재즈의 섬』, 월간 재즈피플

지진호, 2010, 『축제가 지역을 변화시킨다 – 자라섬 국제 재즈페스티벌』, 여행정보신문

고창수, 2014, 『지자체의 아우성 – 가평 자라섬 국제 재즈페스티벌』, 경기신문

신수정, 2011, 『재즈로 살린 자라섬, 4계절 휴양지 되다』, 동아비즈니스리뷰

김지숙 · 맹선호 · 김충기, 2008, 『Festival Generation』, ㈜브이북

www.jarasumjazz.com

*사진 제공: 자라섬재즈패스티벌 사무국

나 - 너, 우리

커뮤니티 축제

원주댄싱카니발
추억의 충장축제

원주 다이내믹 댄싱카니발
Wonju Dynamic Dancing Carnival

거리는 무대, 시민은 주인공

원주댄싱카니발의 다양한 시도처럼, 축제기획은 현재에 안주하지 않고 끊임없는 새로운 시도와 노력이 뒤따라야 한다. '창조리스크'란 새로운 지평을 깨거나 기존과 다르게 생각할 때 오는 위기를 말한다. 두려움 때문에 새로운 창조적 노력을 기울이지 않는다면, 변화하는 대중의 취향을 따라가기 어려울 것이고, 축제의 생명력도 쇠퇴할 것이다. 축제기획의 길을 걸을 땐, 항상 창조리스크와 동행해야 한다.

2011년 10월 15일 오후 5시 5분께 강원 원주시 명륜동 따뚜 공연장 앞 야외무대인 '젊음의 광장' 철제 조명 설치대가 강풍에 무너지는 아찔한 사고가 일어났다. 이 사고로 행사 진행요원 12명이 다쳤다. 사고가 난 공연장에서는 이날 오후 6시부터 '제1회 군軍과 함께하는 다이내믹원주페스티벌^{이하 '다이내믹페스티벌'}' 행사 중 하나인 '원주 하모니' 공연이 펼쳐질 예정이었다. 이날 공연 일정은 추가 붕괴 우려 등 시민

안전을 위해 모두 취소됐다. 이날 사고는 결과적으로 시민참여형 축제의 모델로 평가받는 '원주 다이내믹 댄싱카니발^{이하 '댄싱카니발'}' 탄생의 계기가 되었다.

　원주에서 개최된 축제로는 '다이내믹페스티벌' 이전 '원주따뚜^{이하} '따뚜축제'가 있었다. '따뚜축제'는 2000년 '세계평화광파르'를 개최하면서 탄생했으나, 2010년 짧은 역사를 뒤로한 채 사라지게 되었다. '따뚜축제'를 폐지하고, 등장한 축제가 바로 '다이내믹페스티벌'이었다. 급하게 시작된 다이내믹페스티벌은 정체성 논란과 우여곡절을 겪으며 시작했으나, 돌풍 한 방에 속절없이 무너졌다. 위기의 다이내믹페스티벌에 구원투수가 필요했고, 그 해결사로 공연기획자였던 이재원 총감독이 등판했다. 이 감독에게는 '다이내믹'이란 타이틀을 제외하고 모든 것을 바꿀 전권이 주어졌다. 그러나 1회 축제가 재앙으로 끝난 바람에 예산이 전액 삭감되었고, 축제 소재와 콘셉트도 새롭게 구상해야 했다. 사실상 무에서 유를 창조해내야만 했다.

1년여 치열한 준비과정을 거쳐 2012년 9월 지역대표공연과 퍼레이드인 댄싱카니발 두 가지 콘텐츠를 내세운 '다이내믹페스티벌'이 새롭게 탄생되었다. 그 결과는 '대박'이라는 표현이 무색하지 않을 정도였다. 이후 매년 놀라운 기록을 새롭게 써가며 주목할 축제로 급부상했다. 2015년부터는 축제의 콘텐츠 중 하나였던 댄싱카니발을 축제 메인타이틀로 변경하여 전면에 내세웠다. '댄싱카니발'은 타이틀부터 세련되고 새로웠다. 누구나 함께 춤출 수 있는 '댄싱카니발'이라는 콘텐츠는 남녀노소를 불문하고 다양한 이들의 눈길을 사로잡기에 충분했다. 특히, 전국의 대다수 축제에서 수없이 시도했으나 성공하지 못했던 '시민이 주인공인 진정한 시민 참여형 축제' 모델이라는 점에서 높은 평가를 받고 있다.

'댄싱카니발'에 대한 뜨거운 반응은 2014년 강원도 '우수지역축제' 선정, 2015년 축제박람회 '최우수축제 브랜드상' 수상, 2016년 문화체육관광부 문화관광축제 '유망축제' 선정, 2017년 문화체육관광부 문화관광축제 '우수축제' 선정, 2017년 축제박람회 '퍼포먼스 대상', 2020년 '문화관광축제' 선정으로 이어졌다.

10년 만에 사라진 '원주따뚜축제'

강원도 원주시는 '군사도시'로 통한다. 육군 1군 사령부와 36사단의 주둔지이자, 주한미군기지 '캠프롱Camp Long'과 '캠프이글'이 위치해 있다. 이러한 지역적 특성은 군악대 축제인 '원주국제따뚜축제'가 만들어진 배경이 되었다. '따뚜'는 군악대 행진이나 공연을 의미하는 '타투tattoo'를 우리 귀에 친근한 발음으로 표현한 것이다.

'따뚜축제' 출발은 지난 새로운 밀레니엄인 2000년 10월에 열린 '세계평화 팡파르'로 거슬러 올라간다. 한국전쟁 발발 50주년을 맞아 강원도와 원주시가 '세계평화 팡파르'란 축제로 야심차게 시작했다. 첫해는 6·25전쟁에 참전했던 14개국 17개 군악대가 참가한 가운데 성대하게 치러졌다. 당시 국내에는 군악축제가 없었던 터라 영국 에딘버러 타투, 캐나다 노바스코시아 타투와 어깨를 나란히 하며, 아시아권을 대표하는 세계 3대 타투로 키우자는 야심을 가질 만했다.

Rest Area

에딘버러 페스티벌과 밀리터리 타투

영국 에딘버러Edinburgh에는 일 년 내내 축제가 끊이질 않는다. 군악대축제, 민속축제, 영화축제, 어린이축제, 책축제, 과학축제 등 20여 종의 축제가 있다. 특히 8월이 절정을 이룬다. 이때는 시 전역에서 에딘버러 페스티벌과 에딘버러 프린지, 밀리터리 타투 등 세계적으로 유명한 축제가 거의 같은 시기에 개최된다. 특히 '유럽의 꽃'이라 불리는 '에딘버러 프린지Edinburgh Fringe'는 세계에서 가장 큰 예술축제이자 공연마켓이다. '지구에서 가장 큰 예술축제'로 기네스북에도 올라 있다. 시 전역에서 연극, 무용, 오페라, 전시회, 오케스트라, 퍼포먼스, 거리공연 등 다양한 장르의 공연과 전시가 펼쳐진다. 1947년에 소규모 단체들이 어떠한 심사도 받지 않고, 자발적으로 참여해 공연하면서 시작되었다. 이

축제가 널리 알려지게 된 것은 프린지Fringe공연 덕분이었다. 프린지란 본래 '가장자리', '주변'이라는 뜻. 이러한 이름이 붙은 것은 공연을 취재한 한 기자가 기사를 쓰면서 '페스티벌의 변두리에서on the Fringe of the Festival'라는 말을 쓴 데서 유래하였다(김춘식·남치호, 2002).

에딘버러페스티벌의 하이라이트인 군악대 축제의 정식 명칭은 '로열 에든버러 밀리터리 타투Royal Edinburgh Military Tattoo'다. 매년 8월 3주에 걸쳐 진행되는 축제 중 하나. '밀리터리 타투'는 스코틀랜드 군 의장대의 사열과 행진을 공연화한 것이다. 고성인 에딘버러 성채를 축제 공간으로 활용하고 있어 신비스럽고 매력적인 분위기가 연출된다. 우리나라도 2003년 육군 군악대인 취타대가 참가해 큰 호응을 얻었다. 2013년에도 '봄의 소리'를 주제로 전통취타대의 웅장한 입장과 모듬북 공연, 진도 북춤, 전통 검무에 이어지는 사자춤을 통해 우리 전통문화의 향연을 펼쳐 호평을 받았다.

이후 2003년 6월 '세계평화 팡파르'가 국무총리 산하 국무조정실로부터 국제행사로 공식 승인을 받자 '원주국제따뚜'로 명칭을 변경했다. 또 체계적으로 축제를 준비하고자 이듬해 2004년 3월 재단법인 '원주국제따뚜'를 설립했다. 2006년에는 67억 원을 투입해 4,300석 규모의 **따뚜전용공연장**[*]을 건립했다. 짝수 년에 격년제로 개최되던 따뚜축제는 2007년부터는 매년 개최되었다. 따뚜축제에서는 대한민국 육해공군 군악대 및 해외 군악대의 공연, 국내 초중등 학생 마칭밴드와 전문 마칭밴드의 공연을 한자리에서 감상할 수 있었다. 또한 다문화 축제,

[*] **따뚜전용공연장**
원주 따뚜 공연장은 2019년 12월 시민들을 대상으로 시설 명칭 변경 공모를 실시해 새 이름으로 '댄싱공연장'으로 최종 확정했다.

동호인밴드공연 등 다양한 프린지 공연도 볼 수 있었다. 군악대 축제로 시작해 마칭밴드까지 공연 영역을 넓히며, 새로운 문화 콘텐츠로 자리잡아 나갔다. '따뚜축제'는 군사도시라는 지역성과 연계해 '군악'을 소재로 삼은 점에서 기획의 참신성이 엿보였다. 군사도시라는 잿빛의 딱딱한 부정적 이미지를 역동적이고 경쾌한 젊은 도시로, 군악 장르를 원주의 특성화된 문화예술 장르로 부각시킬 수 있는 계기를 마련했다.

긍정적인 평가에도 이 행사는 10년 만에 막을 내리게 됐다. 과다한 예산 투입과 시민참여 부족이 주요 원인이었다. 원주라는 지역성을 바탕으로 군악·관악을 주요 아이템으로 한 공연예술축제였지만, 지역 내적인 합의가 부족했다. 위로부터의 정책적 의지의 산물이었고, 시민들과의 공감과 교류가 없어 10년간 지역 내 저변확대가 전혀 이루어지지 않았다. 매년 시 예산만도 15억 원이나 들어갔다. 2000년 당시 14개국 17개 군악 팀이 출연한 데 이어 2002, 2004년 9개국 13개 팀, 2006년 9개국 15개 팀이 참가했지만, 2007년에는 국내를 포함해 미국, 호주, 캐나다, 태국 등 5개국 수준에 그쳤다. 특히 군악팀은 국내팀을 제외하면 미국과 캐나다 3개 팀 군악대가 전부로 세계적인 군악축제라는 취지가 무색했다.

외부적인 환경도 따뚜축제 폐지에 영향을 미쳤다. 2000·2002년에는 강원도·원주시·제1야전군사령부가 공동 주최했으나, 2004년 강원도와 제1야전군사령부가 공동주최에서 빠졌다. 2006년 다시 국방부가 공동주최로 참여하며 대회가 격상되는 듯했으나, 2008년에 국방부가 다시 발을 빼며 사실상 원주시만 남게 되었다. 또한 격년제 개최로 인한 한계 및 예산을 전액 시비에 의존하다 보니 규모를 키우기가 쉽지 않은 상황이었다. 당시 계룡시에서 열리는 군악축제인 계룡

군 문화축제 예산이 31억 원인 데 반해, 2008년 원주따뚜 예산은 절반에도 못 미치는 12억 원^{이 예산도 결코 적지는 않다}에 불과했다. 이런 논란을 거치면서 원주따뚜는 예산 확보 어려움으로 2010년 축제를 마지막으로 사라지게 되었다.

2011년부터 원주시는 따뚜축제 대신 '호국문화축전'을 개최하기로 방향을 선회했다. '호국문화축전'은 '군사도시 원주와 평화'를 기본 이미지로 퍼레이드와 마칭 공연, 군 장비 전시 및 체험 등 군軍과 관련된 다양한 프로그램을 갖춘 축제로 진행한다는 계획이었다. 시는 특히 민긍호 의병장, 원충갑, 김제갑 등 원주지역 순국선열의 호국정신을 기리고 강원감영 순력행차 등 특색 있는 볼거리를 활용해, 현대와 전통이 어우러지는 지역 대표축제로 선보인다는 계획이었다. 그러나 원주시가 '호국문화축전' 예산으로 시비 20억 원을 배정한 것으로 알려지면서 논란이 일었다. 과도한 예산을 이유로 격년제로 열리던 원주따뚜를 폐지하면서 다시 군 관련 축제를 기획하고, 막대한 예산을 책정하는 것은 또 다른 전시행정에 불과하다는 비판이었다. 더욱이 국방부 예산과 도비 확보 문제도 완전히 해결되지 않았고, 준비기간 부족으로 원주따뚜의 전철을 밟을 가능성이 높다는 우려가 나왔다.

또한 따뚜 축제가 지닌 독창성과 창의성을 버리고, 기껏 호국문화축전이라는 정체성이 모호한 행사를 만들었다는 비판도 나왔다. 따뚜축제는 관악 합주라는 기본 틀 아래 평화를 주제로 세계인들의 관심을 끌 수 있는 반면, 호국문화축전은 한국적인 특수성을 지나치게 강조해 스스로 외연을 좁히는 결과를 낳게 될 것이라는 지적이었다. 이런 논란을 거치면서도 '제1회 군과 함께하는 원주다이내믹페스티벌'은 진행되었고, 결국 행사 3일째 돌풍으로 인한 무대사고와 함께

축제 중단이라는 최악의 결과를 초래했다.

하지만 이때 가능성의 씨앗도 함께 뿌려졌다. '댄싱카니발'의 핵심 아이템인 거리 퍼레이드가 이때 처음으로 도입된 것이다. 당시 다이내믹 원주페스티벌 조직위원회는 대미를 장식할 거리 퍼레이드에 큰 기대를 걸었다. 거리 퍼레이드 참가 신청을 마감한 결과 총 57개 팀 2,400여 명이 신청했기 때문이었다. 당시 참가 단체를 보면 원주지역 어린이집에서 실버악단까지 다양한 연령대가 참가 신청을 했고, 태권도, 외발자전거, 관악 퍼레이드, 비보이 등 다양한 팀들이 참가했다. 돌풍으로 인한 무대 사고가 없었다면, 사고 다음 날에 거리 퍼레이드가 펼쳐질 예정이었다. 거리 퍼레이드는 옛 시청사에서 출발해 중앙시장, 남부시장을 거쳐 젊음의 광장까지 2.3km 구간에서 펼쳐질 예정이었다. 당시 조직위 관계자는 "많은 시민이 직접 참여하는 이번 거리 퍼레이드가 관람객들의 눈을 사로잡을 것이다. 앞으로 거리 퍼레이드의 완성도를 높여 원주의 대표 아이템으로 육성할 것"이라고 말했다. 이런 바람은 탁월한 기획력과 추진력을 갖춘 공연 기획자가 등장하면서 현실화되기 시작했다.

감자탕집에서 '전국연극제'의 신화를 쓰다

'원주다이내믹댄싱카니발^{이하 '댄싱카니발'}'의 성공 신화에는 파란만장한 한 사내의 사연이 담겨있다. 바로 원주문화재단 이재원 축제 총감독이다. 그는 축제 이전에는 원주에서 낯선 존재였다. 이 때문에 원주에서 문화기획자로서 활동을 시작하면서 텃세와 견제에 시달려야 했다. 원주에서는 낯선 인물이었지만 2000년대 대학로와 전국 문예회관 관계자들 사이에서는 그의 이름을 모르는 사람이 없을 정도였다. 그는 2000년대 대학로 흥행 돌풍의 핵이던 연극 '라이어' 1~3편을 제작한 '파파프로덕션'의 이사였다. 2001년부터 공연된 라이어 시리즈는 한때 대학로 3개 공연장과 서울 강남의 전용 공연장까지 마련하고 200만 이상의 관객몰이에 성공한 연극이다. 파파프로덕션의 이현규 대표

다이내믹페스티벌 총감독 이재원

가 작품을 발굴하고 개발했다면, 이를 상업적으로 성공시킨 당사자가 이재원 이사였다. 그는 원래 배우 출신으로 대학로 밑바닥에서 잔뼈가 굵었다. 술은 못 마셔도 친화력은 타의 추종을 불허했다. 대학로에서 라이어의 신화를 쓰며 20여 명의 전속배우를 포함해 80여 명에게 매달 일정 금액을 지급하는 월급 시스템을 구축했다. 또한 '연극의 지방유통'이라는 개념을 처음으로 도입한 당사자였다. 당시 연극 관객층이 두텁지 못한 지역에서는 대개 연극 공연 횟수는 2~3회에 불과했다. 라이어는 대학로뿐 아니라 전국의 지방 공연장에서 지역 관객들을 만나며 새로운 기록들을 써갔다. 연극을 지역무대에 올리고 싶어도 관객이 없어 망설이던 시기였다. 이런 시기에 그는 지역에서 연극 라이어를 1달씩이나 무대에 올리는 장기공연을 시도했다. 주변에선 무모해 보이는 시도라 했으나, 결과는 놀랍게도 매진사례를 이어갔다. 지방에 새로운 연극시장을 개척하며, 문화예술시장의 파이를 키워갔다.

이런 성공적인 시도 이면에는 항상 주변 사람을 '배려'하고 그들과

'상생'해야 한다는 신념이 깔려 있었다. "내가 원하는 것도 중요하지만, 내가 원하는 것이 상대방에게도 이익이 돼야 한다"는 게 그의 소신이었다. 대학로에서도 경쟁보다는 타극단과의 상생을 모색했다. 파파프로덕션은 대학로의 현금지급기라는 별칭이 있었다. 대학로 기획자들이 자금난에 몰릴 때마다 그에게 도움을 요청했고, 자금을 융통해주는 선심을 베풀었다. 라이어를 지방에 유통할 때에도 지역에서 연극의 장기공연이 추진될 수 있는 여건 조성을 위해 지원을 아끼지 않았다. 지역문예회관의 부족한 인력을 감안해 기획·마케팅 인력을 지원하기도 하였다. 이때 전국의 공연유통·지역문예회관 관계자들과도 돈독한 인적 네트워킹을 구축하게 됐다.

그러나 2010년 재정적인 문제와 전반적인 운영을 놓고 파파프로덕션 대표와 갈등이 불거지기 시작했다. 파파프로덕션 기획과 살림을 총괄하면서 편의적인 예산운영과 재량권이 그의 발목을 붙잡았다. 예산유용이라는 허물을 뒤집어쓰고, 그는 자의 반 타의 반 홀연히 대학로를 떠나 원주시 외곽으로 내려와야만 했다. 그는 이때부터 다시는 공연일은 거들떠보지 않으리라 결심했다. 그리고 음식 솜씨 좋은 여동생과 조그만 감자탕집을 열었다. 감자탕집도 특유의 수완으로 번창했다. 감자탕집을 운영할 때도 대학로에서 계속 러브콜이 이어졌다. 전국의 공연기획자들도 원주에 수시로 찾아와 격려를 아끼지 않았다.

그렇게 1년쯤 시간이 흐르고, 2011년 6월 원주에서 전국연극제가 열리게 됐다. 그런데 개막 두 달을 앞두고 원주시 관계자들이 그의 감자탕집을 찾아왔다. 10억 원이 넘는 예산을 받아 홍보를 했는데도 사람들이 관심도 없고, 공연장이 텅텅 비게 될 것 같아 위기감을 느꼈기 때문이었다. 서울에서 제법 유명한 공연기획자가 내려와 칩거하고 있다는 정보를 입수하고 찾아온 것이다. 공연일은 하고 싶지 않았지만 딱 한 번만 도와달라는 계속되는 요구를 마냥 외면할 수 없었다.

　그는 요구를 수용하면서 조건을 걸었다. 기존 전석 무료티켓을 유료화하자는 거였다. 발등에 불이 떨어진 원주시에서 이를 수용했고, 그는 불과 두 달 만에 2만8천 석을 매진시켰다. 29년 전국연극제 사상 처음 있는 일이었다. 비결은 바로 입소문 전략이었다. 시기별로 티켓의 일부만 오픈하고, 매진전략을 펼쳤다. 매진되면 다시 일부 티켓만을 오픈하면서 계속 매진에 대한 입소문을 조직적으로 펼쳤다. 처음에 전국연극제에 관심 없던 사람들도 연극제 공연들이 매진되었다는 소문에 점점 관심을 가지게 되었다. 이는 원주시민들의 심리를 자극했고, 티켓이 나오면 서로 먼저 사려는 조바심을 갖게 했다. 이렇게 티켓이 전석 매진되자 전국연극제에 큰 관심 없던 원창묵 원주시장까지 보러 왔으나, 티켓이 동난 상황에서 간신히 맨 뒷좌석 하나를 마련했다. 하필이면 그날 작품이 가장 재미없는 연극이었다. 연극을 보고 나온 시장의 얼굴이 붉으락푸르락 표정으로 이 감독에게 '내일 사무실로 좀 와달라'고 말했다. 다음날 시장실로 찾아간 그에게 원 시장은 '도대체 당신 뭐하는 사람이냐? 어떻게 이렇게 재미없는 공연을 유료로, 그것도 전석 매진시킬 수 있느냐?'고 다그쳤다. 그는 웃으면서 "원주시민들이 이런 공연에 대한 갈증이 있어서 가능하지 않았을까요?"라고 대답했다. 원 시장은 매일 전국연극제 공연을 보러 왔다. 매번 원 시장은 고개를 갸웃거리며 관람했고, 객석은 여전히 꽉꽉 찼다.

다이내믹페스티벌 구원투수로 나서 홈런까지

2011년 당시 원주시는 '따뚜축제'를 대신할 '원주다이내믹페스티벌'을 준비 중이었다. 군부대의 탱크쇼와 군 문화체험 등 이러저러한 공연을 결부시킨 축제였다. 원 시장은 그에게 축제 준비를 도와달라고 했으나, 축제 기획안을 본 이 감독은 바로 고사했다. '축제의 콘텐츠를 외부 초청 공연으로 채우고, 시민은 들러리로 세우는 축제라면 성공할 수 없다'는 생각 때문이었다. 그리고 다시 감자탕집으로 돌아왔다. 그러나 원 시장의 측근들이 계속 찾아왔다. 당시 축제 예술감독까지 찾아와 '축제 방향까지도 바꿀 수 있다'며 설득에 나섰고, 마지못해 축제를 돕기로 했다. 하지만 출근 첫날 시장이 참석한 가운데 진행된 축제기획 프리젠테이션이 그대로인 것을 보고 폭발했다. "차라리 그 돈 갖고 싸이 콘서트를 하세요. 그럼 최소한 돈은 벌 수 있을 겁니다."라는 이 감독의 말에 축제준비팀은 노발대발했고, 그는 미련 없이 나왔다. 그렇게 출근 첫날이자 마지막 날을 보냈다.

몇 개월 뒤 축제는 열렸고 공연 도중 무대 사고가 나면서 12명이 다치고, 15억 예산을 들인 축제는 이 감독의 예상대로 시민들의 외면을 받은 채 끝났다. 성공적인 지역축제를 만들고 싶었던 원창묵 시장이 직접 감자탕집으로 찾아왔고, 시청 국·과장들도 계속 찾아왔다. 할 수 없이 수락하면서 이 감독은 조건을 내걸었다. '적어도 3년은 무슨 짓을 하더라도 보장해 달라'는 것이었다. 이 조건은 수용됐고, 원 시장도 그에게 한 가지를 부탁했다. "당신 맘대로 다 뜯어고치는 건 좋은데 내 임기 내에 성공한 축제 한 번은 꼭 보게 해달라." 그렇게 그는 축제를 주관하는 원주문화재단 사무국장을 맡게 됐다. 이후 그는 원주시 문화사업협력관을 거쳐 원주문화재단 축제감독 겸 댄싱카니발

예술감독을 겸하게 됐다.

　그는 좌충우돌하며 시의원들을 설득해 전년도 예산의 절반인 6억 3천만 원의 예산을 간신히 따내며 축제에 대한 밑그림을 그리기 시작했다. 축제에 대한 세부적인 계획은 수립하지는 못했지만, '시민 참여형 축제가 돼야 한다'는 확고한 신념이 있었다. 그러면서 주목한 건 일본의 마쯔리와 브라질의 리우 카니발이었다. 그리고 이들 축제와 형식은 유사하지만, 시민들의 참여와 열기가 낮은 국내 거리 퍼레이드형 축제의 문제점에 대해 분석을 하기 시작했다.

거리 퍼레이드에 춤과 경연방식을 도입

　'무엇을, 어떻게 할 것인가?' 고민을 거듭했다. 그 고민의 대전제는 '시민중심'. '시민이 직접 준비하고 참가하고 시민에 의해 만들어질 수 있는 축제가 무엇일까?'였다. 여러 축제에 대한 분석과 고민 끝에 도출한 축제방향은 참여 동기부여를 위해 상금을 내걸고, 시민들이 집단으로 참여하는 축제였다. 그리고 거리 퍼레이드에 역동성과 대동성, 예술성을 결합시킨 '댄싱카니발'이었다. 우리나라에서 진행되고 있는 퍼레이드는 단순히 걷는 퍼레이드 방식이었다. 걷는 참가자도 보는 관객도 심심하기 그지없었다. 그는 '이걸 좀 더 독특하게 만들어 봐야겠다'라고 생각했다. 거리와 길이라는 곳은 다양한 의미를 내포하고 있다. 소통의 역할이기도 하고, 방향성일 수도 있다. 이 물리적인 '길'을 이용해서 사람들이 만나는 문화적 퍼포먼스로 '소통'하는 키워드를 기반으로 '댄싱카니발'의 슬로건은 첫해부터 지금까지 '길, 사람, 소통'이다.

춤을 메인 소재로 잡은 이유는 '길에서 사람을 만나고 소통'하는 의미를 전달하기 위해서였다. 춤은 전 세계 어디에서나 통용될 수 있는 '언어 몸짓'이다. 춤이 기반되는 댄싱카니발은 누구나 참여할 수 있지만, 반드시 협업이 필요하다. 30인 이상, 50인 이상의 팀으로 춤을 춰야 하는 것이 이 축제의 조건이다. 이 감독은 "함께 춤춘다는 것은 앙상블이고, 그것이 곧 공동체이다. 지금은 사회발달로 개인화되면서 공동체가 많이 무너진 시대인데, 무너진 지역공동체를 어떻게 살린 것인가에 대한 답으로 함께 추는 춤, 댄싱카니발을 선택한 것이다"라고 말한다.

첫해는 한정적인 재원으로 예산을 들여 프로페셔널한 팀을 초청하는 건 엄두도 못 냈다. 오히려 참가비를 받기로 했다. 해외팀도 숙박비와 식비만 지원해주고, 왕복 항공료는 자체 부담케 하는 원칙을 세웠다. 참가팀의 규모가 커야 원주를 찾는 방문객도 많아질 것이라는 생각에 참가팀 인원도 70명 이상의 단체^{참가 기준인원은 향후 50명, 그리고 30명 이상으로 점점 완화했다}로 제한했다. 대상을 수상한 단체에게 3,000만 원을 건 것도 이때부터였다. 처음엔 전국에 있는 400여개 무용학과에서 한 팀씩만 참여해도 충분하리라 생각했다. 하지만 대학 참가는 저조했다. 무용학과 학생들에겐 입상 여부가 중요하지, 축제 참여 자체는 별 메리트가 되지 않기 때문이었다. 그래서 아마추어 춤 동아리로 눈을 돌렸다. 전국 곳곳의 춤 동아리와 지역 내 각 동네를 돌아다니며 축제 홍보와 참여를 유도했다. 힘들게 홍보하고 준비하는 과정 속에서도 축제의 성공 여부에 다들 반신반의했다.

2012년 9월 드디어 축제명칭은 같지만, 콘텐츠는 바뀐 '다이내믹 페스티벌'이 첫선을 보였다. 따뚜공연장에서는 유료기획공연을 준비했다. 1부는 원주의 꿩 설화를 극화한 자체 연희공연이었고, 2부는 이 감독의 인맥을 동원한 뮤지컬 갈라쇼였다. 객석 4,300석 중 나흘은 80%만 팔렸지만, 마지막 날은 전석 매진.

하지만 이 감독이 준비한 회심의 카드는 원주 시내 중앙동 원일로 200m 거리에서 펼쳐진 댄싱카니발 경연이었다. 러시아에서 자발적으로 참여한 3개 팀을 포함 45개 팀 4,410명이 참여했다. 앙증맞은 유치원생부터 백발의 노인까지, 군부대 병사, 러시아에 온 금발 무용수까지, 생활체육 동아리부터 전문 댄스 단체까지 각양각색의 퍼레이드가 펼쳐졌다. 참가자들의 만족도도 높았지만, 이를 보기 위해 운집한 군중의 반응은 더없이 뜨거웠다. 특히 200m 구간에서 5분간 그

댄싱카니발, 원일로

동안 준비한 댄스들을 선보이는 형식은 경연의 긴장감과 박진감을 더
했다. 국내 축제에서도 유사한 퍼레이드가 있지만, 춤을 추면서 거리
를 이동하는 퍼레이드는 국내에선 처음 시도하는 방식이었다. 시민
들은 거리에 나와 행렬을 지켜보며 환호하고, 그 순간을 사진으로 담
기에 바빴다. 전국 공모를 통해 참가한 팀들은 저마다의 특색 있는 춤
을 뽐내며 시민들에게 잊지 못할 감동과 추억을 선사했다.

  '원일로'를 거리 퍼레이드의 주무대로 삼은 건 특별한 이유가 있었
다. 한때 지역경제 발전에 중추적인 역할을 했던 원주시 중앙동 일대
상권이 외곽으로 빠져나가면서 공동화 현상을 겪고 있었다. 이에 지
역축제를 매개로 침체된 원도심에 활력을 불어넣고자 한 것이다. 또
바로 인근에 중앙시장, 문화의 거리 등 원주시 3대 전통시장이 인접
해 있어 상권 활성화와 축제 분위기를 확산시킬 수 있기 때문이었다.
'사통발달의 도시'라는 지리적·역사적 특성을 내포한 원도심 내 '길'
을 퍼레이드 무대로 활용해 문화적 공간으로서의 상징성을 부가했다.
2012년 타이틀은 '춤추자! 거리에서, 놀자! 시장에서'였다. 원도심
만이 갖고 있는 장소 특성을 최대한 활용해 도시의 정체성을 형성하
고자 한 것이다.

120m 국내 최장 가설무대서 3만 관객과 호흡

　첫 축제를 성공시켰지만, 이 감독의 목표인 '한국에 없는 공연축제'로 가는 길은 아직 멀었다. 먼저 축제 사무국 직원 인력 증원과 처우를 개선했다. 또 공연 전문 스태프를 필요 기간에 한시적으로 채용하는 전속 프로젝트 팀제를 도입했다. 그러자 다양한 아이디어가 쏟아지기 시작했다. 무엇보다 2012년 첫 축제 때 프린지 성격이었던 댄싱 경연대회를 핵심 프로그램으로 전환하기로 했다. 그리고 원일로에서 펼쳐지는 댄싱경연 퍼레이드는 낮 시간대에 1차로 하고, 저녁 시간대에 따뚜 공연장의 메인 무대에 올리기로 했다. 댄싱카니발의 장관인 무대 120m, 폭 15m의 대형 가설무대도 그 연장선상에서 탄생했다. 원래 따뚜 야외공연장의 무대 길이는 최장 40m로 군악대 퍼레이드를 펼치기에는 충분했다. 하지만 원일로 200m 거리구간과 비

다이내믹댄싱카니발 댄싱 공연장

다이내믹댄싱카니발 개막식

숫해야 본무대에 올라와서도 경연팀들이 준비한 제 기량을 펼칠 수 있다는 고민이 있었다. 이때 누군가 무대 너머 야외농구 코트가 있는 '젊음의 광장'을 가리키며 '가설무대를 저 끝까지 뽑아보자!'라고 제안했고, 이 감독은 무릎을 쳤다. 국내 최장 길이 무대는 그렇게 탄생했다. 이때부터 축제 홍보문구로 '지상최대, 최장의 퍼레이드형 경연 퍼포먼스 축제'를 쓰기 시작했다.

2013년 이후 댄싱카니발 경연팀은 그렇게 마련된 120m 거리의 가설무대를 횡단하며 5분간 공연을 펼친다. 그 덕분에 관객수도 따뚜 공연장 4,300석에, 가설무대 양옆 임시객석 1만6천 석으로 확장됐다. 좌석일 때는 2만, 입석일 경우에는 최대 3만 인파가 운집할 수 있게 되었다. 실제 폐막일엔 대형 LED화면으로 공연 현장을 중계하는 따뚜주차장 일대까지 합쳐서 3만 관객이 운집한다. 120m나 되는 무대를 각종 퍼포먼스로 채우고, 3만여 관중이 환호하는 무대는 퍼포머·관객 모두 함께하는 장관을 이룬다.

댄싱카니발 프로그램은 '길, 사람, 소통'이라는 주제 하에 크게 '메인 프로그램'과 '체험 프로그램', '부대 프로그램', '학술 프로그램', '홍보 및 판매' 등 5가지로 구분된다. 전체적으로 축제가 갖춰야 할 프로그램들을 잘 구성하고 있다. 그중 댄싱카니발의 꽃은 댄싱카니발 경연대회이다. 댄싱카니발은 행진형 댄스 퍼포먼스를 경연방식으로 진행하는 시스템이다. 개막식부터 5일간의 예선을 통하여 폐막식의 결승전에 진출할 최종팀을 선발하는 형식으로 야간에 진행된다. 오후에는 원주 원일로 구간 등 시내 곳곳에서 펼쳐지는 전국 최대거리 퍼레이드가 볼거리이다. 저녁에는 따뚜 주무대서 경연을 펼치며, 원주시민들로 구성된 시민 심사단 100명과 전문 심사단이 함께 퍼레이드 경연을 직접 평가한다. '스페셜 베스트 15'와 '파이널 베스트 15'로 경선을 구분하여 방문객이 가장 많은 토요일과 일요일에 본선을 진행한다. 스페셜 베스트 15는 참가팀 중 읍면동, 실버, 아동·청소년, 군부대팀으로 구성되어 있다. 파이널 베스트 15는 다이내믹, 일반, 해외팀으로 구성된다.

특히 파이널 베스트 15팀의 최종공연은 축제 마지막 날의 하이라이트로 가장 화려하고, 집중도 높은 프로그램이다. 최종공연을 하기에 앞서 참가팀들은 메인 공연장인 따뚜 공연장을 벗어나 문화의 거리와 원일로에서 퍼레이드를 펼치며 시민들의 관심을 끌고, 축제 분

다이내믹댄싱카니발 현장

위기를 고조시킨다. 심사는 전문심사단과 시민심사단 점수를 합산하는 방식으로 진행한다. 전문심사위원 점수 80%, 시민심사단 점수 20% 합산으로 최종 결과를 발표한다. 심사기준은 역동성^{퍼포먼스의 역동성과 열정 평가}, 창의성^{퍼포먼스의 구성과 의상, 소품 등의 효과적인 활용 평가}, 예술성^{안무, 구성, 연출 등 예술적 기량 평가}, 협동심^{연습과정과 연습량을 알 수 있는 협동심과 일체성 평가} 등이다. 시민심사단은 공모를 통해 모집된 100명의 시민으로 구성하고, 현장에서 매 시연이 끝난 후 리모컨으로 접수를 입력해 바로 집계하는 방식을 사용한다.

2017년부터는 '프리댄싱페스타' 제도가 새롭게 도입됐다. 메인행사인 댄싱카니발 퍼레이드가 30인부터 50인 이상 대규모 인원이 경연을 펼친다면, '프리댄싱페스타'는 5명에서 20인으로 구성된 경연 프로그램이다. 인원 제한으로 참가하지 못하는 단체를 위해 기준 인원수를 완화해 더 많은 단체의 참가를 유도하고자 한 것이다.

참가자들은 원주시민들을 중심으로 문화예술단체, 동아리, 학생·청소년, 유치원생부터 대학생까지, 군 장병, 노인 등 다양한 연령층으로 구성된다. 또한 장르도 무용, 밸리댄스, 치어리딩, 태권무, 농악, 비보이 등 다양한 장르의 춤들에 안무와 연출이 곁들여져 볼거리를 만들어준다. 축제 3~4개월 전부터 읍면동이나 기관, 학교, 단체마다 공연팀을 조직하고 안무 연습을 하는 등 스스로 축제를 즐기려는 자발적 참여자들이 늘고 있다. 퍼레이드는 시민들이 자발적으로 준비한 공연을 선보이는 것으로 축제에 주인의식을 절로 갖게 만든다. 이 축제 참여자들은 당해 연도의 활동에만 그치는 것이 아니라 꾸준히 생활문화동아리 활동을 이어간다. 엄마 아빠가 나오고, 할아버지 할머니가 나오고, 손자 손녀가 나오는데 춤을 잘 추고 못 추는 것은 그들에게는 전혀 중요하지 않다.

다이내믹댄싱카니발 군 문화 체험존

군과 함께하는 축제!

원주는 전통적인 군사도시이다. 동부전선 사령부인 대한민국 육군 제1야전군사령부, 강원도 지역 유일의 향토사단인 제36향토보병사단, 공군 제8전투비행단을 비롯한 수많은 군부대가 소재하여 군인 가족이 인구에서 차지하는 비중이 높다. 군부대와 연결되어 생업을 이루는 시민도 많다. '원주문화재단'은 이러한 지역의 특수성과 군이라는 테마의 독특성을 축제 프로그램에 활용하였다. 부정적으로 인식되던 군 주둔 지역이라는 점을 특성화시켜, 군부대만이 지닐 수 있는 자원을 지역의 축제 자원으로 활용한 것이다.

댄싱카니발은 민·관·군이 함께 만들고 즐기는 축제를 표방할 만큼 지역 군부대의 적극적인 참여가 활발하다. 국방부와 1군 사령부의 후원을 받으며, 강원도에 주둔하는 36사단의 장병들도 주체적으로 참여하고 있다. 군은 2011년 첫 행사부터 꾸준히 참가하며, 지역 주민과 소통하며 틈을 좁혔다. 축제 대회장을 시장과 지역 군부대인 제36

사단장이 공동으로 맡고 있는 점은 군부대의 역할과 비중을 상징적으로 나타낸다. 또한 축제에 대한 적극적인 지원을 위하여 행사계획 단계부터 함께 상호지원을 협의하는 등 축제의 성공을 위해 긴밀하게 협력하고 있다.

댄싱카니발에 참가하는 군부대 경연팀도 매년 증가하고 있다. 2015년에 제36사단 16개 팀과, 1군사령부 및 타부대 4개 팀 등 총 20개 팀이 댄싱 카니발에 참여했다. '군'이 갖고 있는 '역동성', '전진'의 이미지에 착안하여 군인 장병이 군복을 벗고 젊은 끼를 발산할 수 있는 퍼레이드 무대를 연출하는 등 축제 이미지와 잘 부합하여 축제에 활력을 불어넣고 있다. 나아가 댄싱카니발 경연대회에서 군인들의 열정적인 응원문화는 축제 분위기를 한층 고조시키고 있다. 군 장병들의 이러한 참여는 자칫 사회와 차단된 채 문화생활을 즐기기 어려운 그들에게 건전하고 생산적인 취미 활동과 문화 소양의 기회를 제공한다. 또한 병영에서 동고동락하는 젊은 청년들이 함께 춤추고 연습하면서 스트레스도 풀고 친밀도를 높이는 데도 긍정적 영향을 주고 있다.

또한 36사단은 군 장병 100여 명을 동원해 축제 기간 중 군 문화 체험존을 운영하고 있다.

군부대 체험군번줄 새기기, 군 만물상 자동차 황금마차, 통신장비 체험, 사격체험, 심폐소생술체험, 군 생활물자·피복전시, 꽃미남 헌병체험관과 장갑차·방상포 전시는 축제장의 분위기를 한껏 높이면서도 축제에 군부대가 적극적으로 참여하고 있음을 보여주는 행사이다.

축제 기간 중 매일 테마를 정해 문화예술 공연을 진행하고 있는 가운데 하루는 군악의 날로 정하여 군악대 공연 등을 통해 관객들에게 다가가고 있다. '군악의 날'은 군사지역의 특징을 살려 군과 시민이 함께 어우러져 축제를 즐길 수 있는 프로그램이다. 댄싱카니발은 원주시를 낡고 부정적인 군사도시에서 새롭고 역동적인 도시 이미지로 전환시키고 있다.

아시아의 리우로 도약!

축제 명칭은 2012년부터 2014년까지는 '원주다이내믹페스티벌'로 사용했으나, 2015년부터는 축제의 정체성을 명확하게 하고자 '원주다이내믹댄싱카니발'로 변경했다. 축제 기간은 매년 가을, 추석 전후로 5일간 개최했으나, 참가팀이 계속 늘어 2017년부터는 기간을 6일로 늘렸다. 6일로 연장해도 늘어난 참가팀을 감당하기 어려워 경연대회를 스페셜팀과 다이내믹 팀, 그리고 프리댄싱페스타로 나누어 진행하게 됐다.

경연참가팀은 2012년 45개 팀 4,410명으로 시작하여 2017년에는 152개 팀 12,050명이 참가할 정도로 매년 급성장했다. 이 6년간 댄싱카니발 참가팀의 규모를 보면 경연 참가팀은 2012년 45개 팀 4,410명으로 시작하여 2016년 144팀, 2017년에는 총 참가팀 14개국 152개 팀으로 증가했다. 관내 참가팀도 2012년 23개 팀에서 2017년 46개 팀으로 두 배 가까이 증가했다. 군부대 참가팀도 2012년 9개 팀에서 2017년 20개 팀으로 증가하였다. 특히 외국인 참가팀도 2012년 1개국 3개 팀에서 2017년에는 13개국 45개 팀이 참가할 정도로 해외에서의 위상도 높아가고 있다. 또 국제성을 강화하기 위해 일본 요사코이소란 마쯔리, 싱가폴 칭게이 퍼레이드, 태국 민속축전 등과 MOU 체결 등으로 외국인 관광객 유입을 위해 노력하고 있다.

[표-1] 6년간(2012~2017) 축제 변화

구분	2012년	2013년	2014년	2015년	2016년	2017년
축제 기간	4일	6일	5일	5일	5일	6일
축제 명칭	원주 다이내믹 페스티발			원주다이내믹 댄싱카니발		
보조금	630,000천원	700,000천원	700,000천원	850,000천원	1,400,000천원	1,100,000천원
지원금	-	-	40,0000천원	140,000천원	260,000천원	168,000천원
협찬금	43,000천원	111,000천원	150,500천원	30,000천원	6,000	40,000
총사업비	673,000천원	811,000천원	890,500천원	1,020,000천원	1,308,000천원	1,666,000천원

[표-2] 6년간(2012~2017) 참가팀의 변화

구분	2017년	2016년	2015년	2014년	2013년	2012년
총 참가팀	152개팀	144팀	144팀	126팀	104팀	45팀
총 참가자 수	12,050명	11,477명	12,537명	10,021명	8,753명	4,410명
관내참가팀	46팀	42팀	60팀	56팀	58팀	23팀
관외참가팀	61팀	37팀	47팀	40팀	21팀	10팀
비경연참가팀	-	-	12팀	2팀	8팀	-
해외참가팀	13개국 45개팀	13개국 42팀	6개국 11팀	3개국 12팀	3개국 10팀	1개국 3팀
군부대참가팀	20개팀	23팀	14팀	16팀	7팀	9팀

* 자료출처: 「2017 다이내믹 댄싱카니발 평가용역 보고서」, 한양대 산학협력단 관광연구소, 2017

개막식에서는 자치단체장을 비롯하여 여러 기관장, 축하차 방문한 전국 문화재단 관계자 등의 축사를 과감히 없애는 대신 이벤트^{패션쇼의 워}킹로 연출하여 관람객들로부터 큰 호응과 박수갈채를 받는다.

부대프로그램으로는 일자별로 테마를 달리한 문화예술공연이 펼쳐진다. 개막 다음날부터 주중 3일간은 '한국의 날', '군악의 날', '클래식&합창의 날' 테마로 공연이 펼쳐진다. 춤을 주제로 하지만 공연예술축제로서의 정체성을 갖고, 시민들에게는 다양한 볼거리로 관심을 끌기 위한 전략이다. 따뚜공연장, 푸드스테이지, 문화의 거리에서 펼쳐지는 프린지 공연은 축제 기간 중 자칫 다운될 수 있는 분위기를 끌어올릴 수 있도록 축제 기간 시내 곳곳에서 펼쳐진다.

댄싱카니발 전체관람 인원은 40만 명에 육박한다. 이는 원주시 전체 인구를 넘은 수치다. 이렇게 많은 관람객이 오는 이유 중의 하나는 기본적으로 축제 직접 참가자만도 15,000명에 이른다는 점이다. 그 어떤 행사보다 직접 참가하는 인원들이 많다. 댄싱카니발 경연에 참가하는 지역, 국내, 해외참가자, 자원봉사자, 시민합창단, 프리 댄싱페스타, 아티스트까지 15,000명 정도가 6일간 원주에 모이게 된다. 또 참가하는 가족과 주위 사람들이 많다보니 자연스레 관심도 높아지고, 재미와 볼거리가 다양해지면서 관람객이 증가하게 된 것이다.

이런 댄싱카니발의 성공에는 자치단체장의 강력한 육성 의지도 한 몫했다. 원창묵 시장은 지원을 아끼지 않았으며, '지원은 하되, 간섭하지 않는다'는 원칙도 지켰다. 원 시장은 축제 기간에 매일 매일 참석해 시민들과 함께 박수치고 축제를 즐긴다. 또 원주문화재단 임월규 대표의 공도 빼놓을 수 없다. 원주시청 국장 출신으로서 지역에 탄탄한 연고를 기반으로 시 공무원들과 소통하며, 축제를 위해 필요한 사항들을 조율하고 해결하는 역할을 맡았다. 이감독이 그의 구상을 맘껏 펼칠 수 있었던 것도 이 두 사람이 뒤에서 든든한 백업 역할을 해주었기에 가능했었다. 오랜 시간 동안 손발을 맞춰온 황운기 연출과 황운용 팀장, 배경희 팀장, 권오현 치악예술무대 대표 등 젊은 스태프들의 세밀한 준비와 팀워크도 축제를 성공적으로 이끈 동력이었다.

"원주댄싱카니발의 주인공은 제가 아닙니다. 매번 자신의 꿈과 이야기를 갖고 스스로의 무대를 만들어 가는 수많은 분이 주인공이죠. 객석에 앉아서 프로들의 공연을 보고 감탄하는 것을 넘어서 다소 서툴더라도 자신만의 무대를 만들어 가는 분들입니다. 가끔 원주 지역 팀을 홀대한다고 불만을 토로하시는 분들을 만나면 이렇게 말합니다. 원주댄싱카니발은 제가 만드는 게 아니고 여러분이 직접 만드신 겁니다. 손님을 초대해 놓고 주인 생색내지 않았으면 좋겠습니다" 이재원 감독의 말이다. 그의 목표는 댄싱카니발을 '아시아의 리우'로 키워내는 것. 아직도 넘어야 할 고비도 많고 시간도 더 필요하지만, 그 목표는 점점 가까워지고 있다.

 ## 진정한 시민참여형 축제

댄싱카니발이 단기간에 성공적인 축제로 자리매김 한 가장 대표적인 이유는 '시민 참여형 축제'라는 점이다. '시민을 위한, 시민에 의한, 시민의 축제', 댄싱카니발의 미션은 지역민들의 자발적인 예술 활동을 이끌어내고, 지역 발전과 공동체 형성의 주요한 동력으로 견인하였다는 데 그 가치가 크다.

댄싱카니발은 매년 7월 축제 시작 2달 전부터 20명 내외의 시민기획단을 모집해 운영한다. 시민기획단에서는 시민심사단을 운영하고, 축제 행사 기획에도 참여한다. 자원봉사자 모임인 '추자'에도 청소년·일반시민 200여 명이 참여하여 홍보 플래시몹 참가, 행사장 운영 보조, 청소 등 축제 운영에 활발하게 참여하고 있다. 관객편의를 위한 교통통제 및 안내를 위하여 원주시청, 원주경찰서, 원주시모범운전

원주다이내믹댄싱카니발 개막식 월드플래시몹

자회, 원주시 자율방범대가 자발적으로 봉사하고 있다.

이처럼 지역민의 참여는 단순한 의견 제시부터 적극적인 기획에 이르기까지 다양한 단계로 이루어져 있다. 지역민들이 축제의 소비자이자 생산자로 참여하는 진정한 지역밀착형 축제로서의 진면목을 보여주고 있다.

개막식에는 시민 대합창에 1,100여 명이 합창과 플래시몹 무대를 꾸민다. 축제의 핵심 프로그램인 거리 퍼레이드와 댄싱카니발은 시민들이 자발적으로 준비한 콘텐츠를 거리에서 공연하는 형식이다. 오랜 시간 공들여 연습한 댄스를 시민들이 팀별로 참가해 경연을 벌인다. 원주 관내 지역 참가팀 대부분이 2~3개월의 연습기간을 갖는다. 사전 준비기간까지 합하면 6개월가량을 축제에 관여하고 있는 것으로 파악된다. 이런 준비과정을 거쳐 단순히 팔짱끼고 축제를 바라보는 시민이 아닌 춤 대열의 일원이 되어 넓은 도로와 야외무대에 주인공으로 서게 된다. 주인공이 아니어도 친구 아니면 가족, 동네 사람들이 대열에 섞여 열정을 뿜어내는 모습을 같이 호흡하며 즐기게 된다. 이웃과 가족을 응원하기 위해 축제에 참여하면서 자연스럽게 홍보도 되고 지역 주민의 관심도도 높아진다. 이렇게 댄싱카니발은 시민들이 중심이 되는 축제를 지향하면서 시민들의 적극적인 참여로 축제 성공의 기반을 다져나가고 있다. 대부분 지역축제에서 지역주민은 축제의 주인공이 아닌 주변인·구경꾼으로 밀려나는 보여주기식 축제가 되어버리곤 한다. 전통적으로 축제는 시민들의 자발적 참여를 전제로 하고 있다. 지역민들이 축제에 자발적으로 참여하고 공감하면서 공동체 의식과 애향심을 높이는 내부적·본질적 가치가 이루어져야, '도시브랜드', '경제적 파급효과' 등 외형적 성취도 비로소 의미를 지닐 수 있다.

 ## 축제기획, 창조리스크(Creative Risk)와 동행

축제는 대체적으로 오랜 준비기간을 거치지만 짧은 기간에 많은 프로그램을 선보이고, 수많은 사람이 운집하는 특성이 있다. 이 때문에 항상 예상치 못한 변수와 위기상황에 맞닥뜨리곤 한다. 야외 축제는 매번 날씨라는 변수와 리스크를 감수해야 한다task a risk. 특히, 기후변화의 변동성이 커지면서 날씨 리스크는 '변수'가 아닌 '상수'가 되고 있을 정도다. 보통 9월 초·중순에 진행되는 원주댄싱카니발도 매번 비와 태풍을 극복하며 진행하는 어려움을 겪었다. 지난 2019년 태풍 대비 임기응변은 두고두고 회자된다. 2019년 9월 3일부터 8일까지 행사 6일 내내 수시로 장맛비가 내렸다. 그러나 주말엔 역대급 태풍인 링링까지 휘몰아친 것이다. 7일 토요일에는 행사장의 일부 천막을 철거했고, 남은 천막과 축제 시설물을 지키기 위해 대형화물차 20대로 행사장 주변을 둘러쳐 강풍을 막아낸 것이다. 그리고 이날 행사는 실내체육관으로 장소를 변경해 진행했다. 급박한 상황과 열악한 환경이었지만 침착한 위기관리가 돋보였다.

또한 댄싱카니발에서는 상상으로만 가능하던 일들이 수시로 펼쳐진다. 1,000명이나 되는 원주 시민이 하나된 목소리로 합창하는 '천 명의 합창단', 강원도 지역 불우청소년 250명에게 악기 연습을 시키고 오페라 가수 폴포츠, 뮤지컬 스타 최정원 등과 협업무대를 펼치게 하는 꿈의 오케스트라, 평균연령 75세인 할아버지와 할머니들이 추는 포크댄스, 시골학교 전교생이 참여한 브라스 밴드 공연, 2018년 개막식에서는 월드플래시몹으로 역대 최대 인원인 2,500명이 무대에 올라 '평화의 기다림'이라는 주제로 춤을 추며 장관을 연출하기도 했다.

원주댄싱카니발의 다양한 시도처럼, 축제기획은 현재에 안주하지 않고 끊임없는 새로운 시도와 노력이 뒤따라야 한다. '창조리스크'란 새로운 지평을 깨거나 기존과 다르게 생각할 때 오는 위기를 말한다. 두려움 때문에 새로운 창조적 노력을 기울이지 않는다면, 변화하는 대중의 취향을 따라가기도 어려울 것이고, 축제의 생명력도 쇠퇴할 것이다. 축제기획의 길을 걸을 땐, 항상 창조리스크와 동행해야 한다.

참고문헌

이의신, 2016, 『지역축제 참여주체 간 거버넌스 연구 - 〈원주다이내믹댄싱카니발〉 사례를 중심으로』, 한국과학예술포럼

이의신, 2018, 『지역축제가 생활문화 확산에 미치는 영향에 관한 연구 - 〈원주다이내믹댄싱카니발〉을 중심으로』, 문화와 융합

이상은, 2018, 『지역문화예술공동체 활성화 방안 - 원주다이내믹댄싱카니발을 중심으로』, 한세대학교 대학원

윤승진, 2020, 『지역거리축제 현황 및 발전방안』, 강원대 대학원 무용학과

최용섭, 2012, 『군 문화축제 관광상품화에 관한 연구 - 의장행사를 중심으로』, 목원대학교 대학원

이 훈·김지선, 2013, 『지역관광 활성화를 위한 축제활용 신규정책사업 발굴』, 한국관광공사

김춘식·남치호, 2002, 『세계 축제경영』, 김영사

김호진, 2010, 『국내·외 군악축제 사례분석을 통한 '군악'의 활성화 방안』, 단국대 문화예술대학원

최혜선, 2016, 『원주 다이내믹 댄싱카니발 방문객 만족도 조사에 따른 발전방안 연구』, 무용역사기록학 제41호

한양명, 2005, 『요사코이소란마츠리를 통해 본 지역축제의 성공요인』, 비교민속학

류정아 외, 2006, 『한국지역축제 조사평가 및 개선방안 연구 심층조사 보고서』, 한국문화관광연구원

문화체육관광부, 2017, 『2016 문화관광축제 종합평가 보고서』, 문화체육관광부

문화체육관광부, 2018, 『2017 문화관광축제 종합평가 보고서』, 문화체육관광부

김지선 外, 2015~2017, 『2015~2017 원주다이내믹댄싱카니발 평가 용역보고서』, 한양대학교 산학협력단

서우석 외, 2018, 『2018 원주다이내믹댄싱카니발 축제평가 용역 보고서』, 서울시립대학교 산학협력단

우정자, 2019, 『이재원 총감독 "모두가 주인공이 되는… 댄싱카니발』, 이뉴스투데이

유경숙, 2016, 『[축제와 축제사이] 〈36〉 춤바람 난 원주시』, 국민일보

김민호, 2016, 『이재원 댄싱카니발 총감독, 댄싱카니발 유망축제 반열 올려』, 원주투데이

김종선, 2018, 『2018 원주 다이내믹 댄싱카니발, 진정한 시민참여형 축제』, 뉴스타운

김형중, 2019, 『2019원주댄싱카니발, 악천후 뚫고 성황리 폐막』, 스포츠조선

박성준, 2018, 『거리는 무대가 되고 시민이 주인공인 한 편의 영화같은 춤판』, 강원도민일

보

임월규, 2016, 『[수요광장] '댄싱카니발'의 어제와 오늘, 그리고 미래』, 강원도민일보
권오현, 2016, 『시민을 위한, 시민에 의한, 시민의 축제 '댄싱카니발'』, 지역문화진흥원
권재현, 2017, 『[권재현의 심중일언] 군사도시 원주를 춤바람 나게 만든 사내 – 이재원 원
　　주다이내믹댄싱카니발 예술감독』, 신동아

www.dynamicwonju.com

*사진 제공: 원주다이내믹대성카니발 사무국

현재와 과거의 '힙'한 만남

호남지역 문화 중심지로 1970~80년대 충장로의 번창했던 모습을 재현하는 데서 출발했던 충장축제는 어느새 16년이 넘는 시간을 거치며 광주지역의 중심축제로 부상했다. 충장축제의 역동적인 생명력은 '주민참여'에서 나온다고 해도 과언이 아니다. 특히 13개 동 주민들이 마을의 전설이나 설화를 앞세워 펼치는 거리 퍼레이드는 충장축제의 대표 프로그램으로서, 시민화합에 일조하며 소통의 매개체 역할을 하고 있다.

광주광역시는 전라남도에서 가장 큰 도시로 행정과 상업, 교통, 그리고 문화의 중심지다. 1986년 직할시 승격에 이어, 1995년 광역시로 명칭이 변경되면서 오늘날의 모습을 갖추었다. 2000년대 들어서 문화체육관광부의 '아시아문화중심도시 조성에 관한 특별법'에 의하여 아시아 각국과의 문화교류를 통하여 아시아 문화의 연구, 창조, 교

육 및 산업화 등의 일련의 활동이 보장되는 아시아 대표 문화도시로 거듭나고 있다. 그러나 무엇보다 한국현대사에서 가장 처절한 반독재 민주화투쟁이었던 1980년 '광주민주화운동'의 발상지로 민주주의 역사에 뚜렷한 족적을 남기며 민주주의와 인권 및 평화의 상징적 도시가 되었다.

'광주시 도시브랜드 이미지 제고를 위한 전략수립'[광주발전연구원, 2010] 보고서에 따르면 2010년만 하더라도 '광주' 하면 떠오르는 대표적인 이미지는 '5·18'[78%]을 가장 많이 꼽곤 했다. 다음으로 민주화[54.6%], 광주비엔날레[54%], 김대중[43.6%], 무등산[39%], 음식[30.5%], 충장로·금남로[27%], 예술[18.5%] 순이다. 광주 대표브랜드 역시 5·18[78%], 광주비엔날레[59%], 무등산[58.5%], 민주화[57.5%] 순으로 나타났다. 행사와 축제로는 김치축제[2.5%]와 디자인비엔날레[1%]가 유일하게 포함되었다.

'앞으로 광주의 대표브랜드는 무엇이어야 한다고 생각하는가?'에 대해서는 아시아문화중심도시43%, 광산업 및 첨단산업25.5%, 5·18민주화운동14%, 광주비엔날레9%, 무등산3% 등과 함께 김치축제2.5%와 디자인비엔날레1%, 김대중1%을 꼽았다. 이 보고서에서는 광주의 도시브랜드 이미지를 대표하는 광주비엔날레, 광주디자인비엔날레, 정율성국제음악문화제*, 광주음식문화축제, 빛문화축제를 광주의 도시문화를 대표하는 5대 국제행사로 키워나갈 것을 제언했다.

* 정율성국제음악문화제
'정율성음악축제'로 명칭이 변경
되었다.

그러나 6년 후 광주문화재단이 발간한 '2016 광주문화지표조사 결과보고서'에 따르면 가장 많이 찾은 광주 지역축제는 '추억의 7080충장축제이하 '충장축제''가 34.8%로 가장 높았고, 광주비엔날레29.3%, 디자인비엔날레13.0%, 광주세계김치문화축제10.0% 순으로 나타났다. 2010년 조사 당시 순위에도 없던 '추억의 7080충장축제'는 불과 몇 년 만에 어떻게 광주를 대표하는 축제로 성장할 수 있었을까?

확장하고 계승되는 골목의 역사

광주의 도심으로 역사적 상징성을 갖는 금남로와 이를 주변으로 상권을 이루는 충장로, 그리고 인근 예술의 거리를 통해 생긴 도심 속의 공간은 '충장축제' 기간 동안 화합의 무대로 부상한다. 1970~80년대를 공유했던 세대들에게 '충장로'는 시대정신이 배어 있어 긴 시간이 흐른 지금에도 가슴속에 아련한 추억과 세월의 편린이 남아 있는 곳이다. 지금은 비록 번화가가 외곽 지구로 많이 밀려나고 있지만, 아직도 충장로는 여전히 젊음과 전통이 공존하는 거리일 뿐만 아니라 광주의 의義와 예禮를 지켜온 자존의 거리이기도 하다.

    충장축제 공간의 큰 축을 이루는 금남로는 구 전남도청을 기점으로 광주 시가지를 동서로 가로지르며 뻗어있는 4차선 간선도로로 단순한 도로 그 자체라기보다는 하나의 도심 속 공간으로 인식된다. 은행·증권사 등의 금융기관이 밀집되어 있는 금남로는 현재의 위상 외에도 역사적인 사건과 맥락을 같이 한다. 금남로는 일제 강점기 광주 일고생들이 주축이 되어 전국적인 항일운동의 시발점이 된 11·3 학생의거부터 5월 민주항쟁에 이르기까지 역사적 상징의 공간, 중심 무대로서 기능해왔다.

    금남로의 양 날개처럼 펼쳐진 충장로는 전통적인 광주 상권을 이루는 곳이다. 예술의 거리는 금남로와 채 한 블록도 떨어져 있지 않다. 이 도로들은 많은 사잇길을 통해 서로 이어져 있다. 금남로에서 충장로, 예술의 거리로 들어가서 다시 금남로로 나올 수 있는 유기적 구조를 통해 금남로는 일종의 광장으로서 기능해왔다. 특히 구 전남도청 앞 분수대 광장을 중심으로 방사선으로 뻗은 여섯 갈래의 도로 가운데 금남로가 중심에 있어 자연스레 광주의 중심적인 공간성을 갖게 되었다.

    충장로는 하나의 길목으로 형성되어 있기보다는 함께 어우러질 수 있는 열린 공간과 더불어 작은 사이 공간을 동시에 지닌 골목문화의 특성을 갖고 있다. 구 전남도청에서부터 광남로와 만나는 지점까지 금남로와 나란히 뻗어있다. 그리고 여섯 블록으로 나누어진 간선도로인 중앙로가 관통하고 있다. 시민들의 약속장소로 이용되었던 광주 우체국 주변, 이른바 '우다방'이라 불리었던 2가의 우체국을 끼고 무등극장 쪽으로 뻗은 사이길, 광주학생독립운동기념회관^{구 학생회관}의 담벼락을 따라 펼쳐진 포장마차 골목, 제일극장 앞 도로 등 수많은 사잇길과 연결되어 있다.

쇠퇴한 도심상권 활성화 돌파구 '축제'

1970~80년대를 광주에서 보낸 사람들에게 충장로는 너나없이 가슴 뭉클한 추억이 배어 있는 잊을 수 없는 장소이다. 그 당시에는 충장로에 가면 젊음을 기반으로 또래문화가 형성되어 있었다. 교복을 입고 빵집과 상추 튀김집을 즐겨 다녔고, 선술집에서 통기타를 걸치고 노래를 부르며 새벽을 맞았던 기억 등 충장로는 그때를 살았던 사람들에게는 추억을 고스란히 담고 있는 거리다. 그래서 다시 그 거리에 서게 되면 누구나 가슴속에 고이 간직해둔 충장로의 추억을 찾아 타임머신을 타듯 추억의 그때, 그 정취에 흠뻑 빠져들게 된다. '충장축제'는 이런 기억과 추억이 켜켜이 쌓여있는 광주광역시 동구 금남로와 충장로 일대에서 펼쳐지는 도심 거리문화예술축제이다.

충장축제는 전남도청·광주시청의 이전과 외곽지역의 대규모 택지지구 조성으로 발생한 도심공동화의 공백을 메워보자는 고육지책에서 비롯되었다. 충장로는 해방 이후 상가들이 서서히 번영하여 1960년대 현재 상권의 모습을 갖추었다. 1970년대와 1980년대에는 양복점과 양장점을 중심으로 한 '패션의 거리'로 부상하며 최고의 호황기를 맞게 되었다. 하지만 1990년대 이후 도시 영역이 넓어지고 활발한 택지 개발로 새로운 주거지역의 형성과 함께 시청이 이전되면서 충장로는 예전의 활기를 다소 잃게 되었다. 상점들도 많이 사라졌다. 동구지역경제의 중심지였던 충장로 도심 상권이 급속도로 쇠퇴하며 인구가 도심 외곽 및 부도심으로 유출되는 인구 감소 현상이 발생하기 시작했다. 이러한 상권 쇠퇴와 인구 유출상황을 타계하기 위해 동구는 2004년부터 충장로를 중심으로 도심 축제를 개발하게 된 것이다.

충장축제는 광주광역시 동구의 중심거리인 충장로와 금남로, 황금로, 예술의 거리 일원에서 해마다 10월 초 5~6일 동안 열린다. 1970년대와 1980년대를 주제로 당시 거리를 재현한 추억의 거리와 함께 그 시대를 엿볼 수 있는 공연·전시·체험 프로그램으로 큰 주목을 받고 있다. 2004년 '광주충장로축제'라는 이름으로 처음 시작된 이후 개최 5년 만에 문화관광 축제로, 4번에 걸친 문화체육관광부 최우수축제 선정을 포함하여 10여 년간 광주지역을 대표하는 축제로 급부상했다. 2018년에는 태풍 '콩레이', 2019년 제16회 축제에는 태풍 '미탁'의 영향으로 2년 연속으로 갑작스레 일정을 축소하여 진행했음에도, 40만 명의 관람객이 방문하는 큰 성과를 거두었으며, '2020~2021년도 대한민국 문화관광축제'에 선정되었다.

축제의 소재 '추억'과 '공감'

축제의 명칭은 2003년 광주광역시 동구에서 배재대학교 학술연구팀관광이벤트연구소에 의뢰하여 탄생했다. 배제대학교 연구팀이 실제 광주시민을 대상으로 동구지역의 주요 거리에 대한 대표 이미지를 조사한 결과 쇼핑73%, 패션79.2%, 젊음65.4%의 거리로 인식하고 있었다. 추억의 거리로서의 이미지와는 차이가 있음에도, 축제의 테마를 '추억'으로 설정하게 된 데에는 상권 활성화의 촉매제의 역할을 할 수 있는 주 타깃으로 3040연령층의 향수를 불러일으키는 것을 감안한 것이다.

광주 동구 충장로의 제일 번성기였던 1970~1980년대 그 시절을 재건하자는 의미에서 '추억과 1970~1980년대의 복고풍 재건', '축제의 개최장소인 충장로'를 모두 일컫는 '추억의 7080 광주충장로축제'로 콘셉트를 정하게 됐다. 이처럼 충장로의 '역사'와 '추억'이라는 이미지를 의도적으로 부각함으로써 도시의 거리 중심형 축제가 형성되었다. 도시의 추억을 소재로 하여 관광 상품화한 사례는 당시 국내에서 처음 시도된 독창적인 것으로 추억마케팅의 일환으로 볼 수 있다. 행정 주도방식으로 탄생한 충장축제는 2004년 10월 27일부터 31일까지 5일간 제1회 '광주충장로축제'라는 제목으로 도청 앞 광장과 충장로, 금남로 전역에서 펼쳐졌다.

축제에서는 1970~1980년 시대상을 고스란히 옮겨 놓은 '추억의 전시관'이 큰 사랑을 받았다. 장발과 미니스커트 단속, 안내양이 있는 버스 운행 및 고고장 등 당시의 시대 상황을 생생하게 재현한 행사는 세대를 초월해 세대 공감의 계기가 되었다. 양철 도시락에 얽힌 사연, 고고장을 누비던 추억, 약속장소로 붐비던 빵집, 교복, 심야영화관에 몰래 들어가 들켰던 사연, DJ박스, 롤러스케이트장 등 수많은 추억이 축제의 형식으로 펼쳐졌다. 과거를 만나고 즐길 수 있는 추억의 시간 여행이었던 셈이다. 축제가 열리는 기간에는 금남로 일원에서 영업하고 있는 요식업체 75개 업소가 음식 가격을 5%에서 최고 36%까지 할인해주기도 했다. 또 20여개 업소에서는 무료 시식코너를 운영하는 한편 8개 업소는 축제자원봉사자들에게 모든 음식을 한 끼당 3천 원에 제공하는 등 지역상인들의 자발적인 참여가 이어졌다. 당시 축제 첫해임에도 연 인원 20여 만 명이 참가하는 대성황을 이루며, 도심축제의 새로운 모델을 제시했다는 평가를 받았다. 실제 상인들도 축제 기간 내내 관람객들이 몰려들면서 매출이 늘자 충장로 상권이 새로운 기지개를 펴는 것 아니냐는 기대감을 감추지 못했다.

충장축제에서 장발·미니스커트 단속 재현

　제2회 축제 때는 볼거리가 더 다양해졌다. 옛 조흥은행 건물에서 선보인 '추억의 전시관'에서는 옛 약국과 우체국, 대폿집, 양장점, 추억의 교실, 영화소품관, 추억의 도시락 등이 재현됐다. 그리고 한국은행 광주지점 자리에 마련된 '추억의 동창회'에는 24개 학교 2천여 명이 참석해 은사님과 옛 친구들을 만나며 학창시절 추억을 떠올리며 즐거운 만남을 가졌다. 7080세대에게 시리도록 그립고 꽃처럼 아름다웠던 시절로 돌아가 친구들과 웃고 떠드는 시간여행을 다녀온 것이다. 또 행사 기간 충장로에서는 장발과 미니스커트 단속 장면이 재연돼 시민들의 눈길을 끌었고, 거리에는 옛 노래가 끊임없이 흘러 낭만을 더해 줬다.

　충장축제는 매년 새로운 주제를 선정하며 시민들의 관심을 높이며, 축제의 확장성을 도모하고 있다. 7080 콘셉트에서 1990~2000년

충장축제에서 교복을 입고 학창시절 추억을 즐기는 7080세대

세대까지 포용할 수 있는 주제 영역을 확대하며, 전 세대가 공감할 수 있는 프로그램을 개발하는 노력을 기울이고 있다.

제1회와 제2회는 '추억의 7080'을 주제로 행사가 진행되었다. 제3회는 '충장로, 추억 &만남!', 제4회와 제5회는 '추억 &2030', 제6회는 '추억의 열정(熱情)'이 주제였다. 제7회는 '추억의 만남', 제8회는 '추억 &희망', 제9회는 '추억 &아시아', 제10회는 '추억&힐링', 제11회는 '추억 &비상', 제12회는 '추억 & 어울림Memory &Harmony', 제13회는 '추억을 넘어 미래로'를 주제로 하였다. 제14회는 '세대공감!世代共感 우리 모두의 추억', 제15회는 '추억! 세대공감'이 주제였다. 2019년 제16회도 역시 '추억!, 세대공감'을 주제로 진행됐으며, 키워드는 '청바지, 추억의 영화, 아시아'였다.

[표] 연도별 축제 주제와 슬로건

연도(회)	기 간	주제/슬로건
2004(제1회)	10. 27~31	추억의 7080
2005(제2회)	10. 11~16	추억의 7080
2006(제3회)	10. 17~22	충장로, 추억&만남!
2007(제4회)	10. 9~14	추억&2030
2008(제5회)	10. 7~12	추억&2030
2009(제6회)	10. 13~18	추억의 열정(熱情)
2010(제7회)	10. 5~10	추억의 만남
2011(제8회)	9. 27~10. 2	추억 & 희망
2012(제9회)	10. 9~14	추억 & 아시아
2013(제10회)	10. 9~13	추억 & 힐링
2014(제11회)	10. 8~12	추억 & 비상
2015(제12회)	10. 7~11	추억 & 어울림 (Memory &Harmony)
2016(제13회)	9. 29~10.3	추억을 넘어 미래로
2017(제14회)	10. 18~22	세대공감!(世代共感) 우리 모두의 추억
2018(제15회)	10. 5~9	추억! 세대공감
2019(제16회)	10. 2~6	추억! 세대공감

도심공동화 극복과 지역경제 활성화를 위해 추억이라는 무형의 소재로 개최된 충장축제는 누구나 마음속에 간직하고 있는 청춘의 기억을 축제로 재현했다. 그리고 그 고유성이 관람객들로부터 많은 관심과 사랑을 받았고, 국내 대표적인 거리문화예술제의 하나로 자리매김했다.

김철환 적정마케팅연구소 소장은 "복고 관련 아이템은 소셜미디어

상에서 적어도 기본 이상의 효과를 보장하는 콘텐츠"라며, "사람들이 소중하게 생각하는 추억, 기억, 경험을 불러일으키기 때문"이라고 말한다. 재미있는 것은 레트로에 7080세대보다 오히려 젊은 층이 더 열광한다는 점이다. 기업에선 경제력을 갖춘 7080을 타깃으로 마케팅을 시작한다. 그들이 어릴 적 경험했던 것들을 소비문화의 큰손이 된 후 다시 떠올리게 하려는 목적이다. 하지만 SNS를 타고 젊은 층에게 더 많이 회자된다. 경험해보지 못한 신선함과 유치하지만 매력적인 독특함이 호기심을 자극하기 때문이다.

미래학자 피터 힌센은 '뉴노멀'에서 "인간은 15세 이전에 경험한 세상을 자연법칙과 마찬가지로 당연하게 받아들이고, 15~35세 사이에 새로이 경험한 것들은 신나고 혁신적이라 여겨 탐험의 대상으로 삼는다. 그 이후 새로 만들어진 것들은 있어선 안 되는 자연의 질서를 거스르는 것으로 여기며 거부하게 된다"고 분석했다. 젊은 층들이 '레트로Retro'에 열광하는 이유가 아닐까?

Rest Area

'레트로'(retro)'와 '뉴트로(new-tro)'

'레트로Retro' 유행에 이어 '뉴트로New-tro' 열풍이 불고 있다. '새로운new' '복고retro'라는 뜻의 뉴트로는 '새로움과 낡음'. '미래와 오래됨', '신과 복고'라는 상반되는 두 개념이 합쳐져, 오래된 것을 소환해 현대적 가치를 입힌 개념이다. 레트로는 중장년 세대가 과거에 대한 그리움으로 복고에 빠져드는 현상으로 과거를 단순하게 재현하는 것이다. 반면, 뉴트로는 한 단계 진화해 과거의 향수를 현재의 감성에 맞게 재해석하는 것을 의미한다. 뉴트로 열풍은 유통가는 물론 라이프 스타일까지 전방위로 확산되고 있다. 기성세대에게는 과거의 추억과 향수를 자극하고, 옛 제품을 경험해보지 않은 젊은이들에게는 신선함과 새로움을 준다.

프로이트는 인간이 과거를 그리워하는 이유가 현재에서 오는 불안 때문이라고 말한다. 상실감으로 인해 인간은 현재를 불안해하고, 과거에는 있었지만, 현재에는 없는 상실된 무엇을 찾으려는 욕망 때문에 과거를 그리워한다는 것이다. 그래서 향수마케팅은 불황을 모르며, 시절이 어려울수록 호황을 누린다. 박은아 대구대 심리학과 교수는 "전통적이고 오래된 물건에서 어린 시절에 대한 향수를 느끼는 중장년층 세대와 달리 밀레니얼세대는 신선한 느낌을 받고 새로운 경험을 한다. 뉴트로를 이끄는 1020세대는 본인들이 경험한 적이 없음에도 색다름과 낯섦을 경험하는 것"이라며 "뉴트로는 과거를 파는 것이 아니라 과거를 빌려 현재를 파는 것이다. 즉 뉴트로는 재현이 아니라 해석"이라고 설명한다.

*출처: 새로운 복고, 세대를 잇다… 요즘 대세 '뉴트로' 열풍, 매일신문, 최재수 기자. 2020.2.17.

대표 프로그램 '충장 퍼레이드'

충장축제의 주요 프로그램을 살펴보면 공식행사 3개 프로그램, 경연, 공연, 체험·참여프로그램, 부대행사, 교류·연계 프로그램으로 구성된다.

개·폐막과 테마거리 개장식 같은 공식행사 외에도 대표행사인 충장퍼레이드, 추억의 테마거리, 추억의 고고장, 대학가요제 리턴즈, 레트로 댄스 경연대회, 충장 달빛캠핑과 같은 체험 및 참여형 행사가 다양하다. 또한 콘셉트에 따라 일자를 달리한 콘서트^{1990년대~현재까지의 가요, 트로트, 7080시대 음악, 1970~90년대의 뮤지컬 영화 및 애니메이션 OST 콘서트} 등을 진행하고 있다.

2015년 제12회째에는 전국주민자치센터 프로그램 경연대회가 개최되어 전국 12개 광역시·도에서 58개 팀 1천여 명이 참가하기도 했으며, 무등청소년문화예술제, G-POP 페스티벌 등 다양한 행사와 교류·연계하여 축제의 외연을 확장하였다.

국제교류적인 측면에서 아시아문화중심도시로서의 면모도 눈에 띈다. 2019년도 축제 기간 중 하루를 '아시안 데이'로 지정해 태국·필리핀 등 현지공연팀의 퍼포먼스를 하루종일 선보이고, 다문화가족 합동 전통혼례식, 다문화 단체공연 등 '다문화어울림한마당'을 개최

충장축제의 레트로 댄스 경연대회

했다. 더불어 아시아음식문화지구에서 아시아 컬처&푸드페스티벌과 연계하여 아시아 각국 음식체험 등 다채로운 프로그램을 선보이며 방문객들의 좋은 반응을 얻었다.

[표] 축제 주요프로그램(2019년 기준)

행사구분	내용
공식행사	개막식, 폐막식, 추억의 테마거리 개장식
대표행사/경연	충장퍼레이드, 대학가요제 리턴즈, 레트로댄스 경연대회, 청바지 리폼 경연대회, 충장축제 사진대회
공연	추억의 고고장, 방송 축하공연, 지역문화예술그룹공연, 지역우수문화공연, 충장축제 아시안 데이, 동구민 어울림 한마당, 충장 영스테이지, 추억콘서트, 충장 시네마 콘서트, 충장 프린지 공연, 광주전남국가무형문화재특별공연, 충장축제 우수초청공연
체험/참여	추억의 테마거리, 충장 달빛캠핑, 충장 키즈존, 충장 스타 포토존, 추억의 복싱, 추억의 프로레슬링, 추억의 놀이터, 아시아 문화존, 충장라이브, 추억의 게임대전, 충장 사랑방, 충장 대동 한마당, 충장 롤러장
교류/연계	아시아푸드페스티벌, 전국주민자치센터 프로그램 경연, 무등청소년문화예술제, 추억영화관, G-POP페스티벌
부대행사	청바지페스티벌(청바지특화프로그램), 충장 청년 청춘의 거리, 무등 아트페스티벌, 충장 플리마켓, 내 고향 추억의 음식존, 광주전남수산물직거래장터, 충장먹거리특화존, 광주 사회적경제 충장축제장터

또, 드레스코드로 활용해 온 청바지를 축제 전면에 내세웠다. 시민들이 기부한 750여 벌의 청바지를 활용해 행사장 곳곳에 조형물을 설

충장축제의 청바지 플래시몹

치하는 한편 국립아시아문화전당 주변에는 청바지를 업사이클링한 작품 '청어의 꿈'이 전시되었다. 청년들로 구성된 청바지 서포터즈들의 활동도 눈에 띄었다. 이들은 온라인 홍보는 물론 축제기간 동안 청바지와 청재킷을 입고 축제장 곳곳에서 마스코트로 활약했다. 이외에도 대학생 1백여 명이 참여하는 플래시몹 공연, 청바지 리폼 대회 등을 진행해 청바지의 상징성을 강화해 큰 주목을 받았다.

충장축제는 광주 동구청이 주최·주관하는 관 주체의 축제이지만 곳곳에서 민간과의 협력이 돋보인다. 2019년 축제기간 동안 국립아시아문화전당과 손잡고 지역 내 사회적 경제기업 51곳이 참여하는 '광주 사회적경제 장터'와 'ACC브릿지 디자인마켓'을 개최, 지역민들과 소상공인들의 연결고리의 역할을 하였다. 광주도시철도공사와 협력한 '도시철도 프리섹션이벤트' CGV광주금남로와 함께한 '추억의 영화관' 등도 눈길을 끄는 행사였다.

충장축제의 역동적인 생명력은 '주민참여'에서 나온다고 해도 과언이 아니다. 특히 13개 동 주민들이 마을의 전설이나 설화를 앞세워 펼치는 거리 퍼레이드는 충장축제의 대표 프로그램으로서, 시민화합에 일조하며 소통의 매개체 역할을 하고 있다. 광주 주민 외에도 추억을 주제로 한 경연 및 아시아 국가 및 타자치단체의 초청으로 이루어진 참여자들도 있어 축제의 다양성과 국제성을 지향하고 있다. '추억'을 주제로 한 경연 및 기획으로 펼쳐지는 충장 퍼레이드는 수창초등학교에서 아시아문화의전당 초입까지 약 1.6km 거리에서 이루어지며, 초기부터 꾸준한 명맥을 이어오고 있다. 과거의 번영과 현시대의 다양한 교류의 현장을 한자리에 소환하여 시각화함으로써 문화적 기억으로서의 광주의 표상을 창출하고, 기억을 현재화하고 있다고 할 수 있다.

2019년 축제가 주목받은 이유는 또 있다. 태극기, 동구기, 피켓 등으로 이루어진 퍼레이드 오프닝으로 행사의 포문을 연 후 광주시의 타 4개 구가 참여한 산월농악, 서창만드리풍년제, 강강술래, 말과 쥐 타대가 함께한 충장공 퍼레이드 등 다양한 지역 문화를 재발견할 수 있는 장을 열었다. 광주 모든 자치구를 포함하여 5천여 명의 시민들이 함께 꾸며 눈길을 끌었다.

뿐만 아니라, 스리랑카, 태국 외 2개국의 아시아 국가 퍼레이드, 중국 광저우, 광주도시철도공군사관학교의 초청 퍼레이드에 이어 육군 제31사단 국악대 등이 함께한 군경 퍼레이드, 청바지와 트로피와 영화 슬레이트를 테마로 한 영화 콘셉트 퍼레이드 등 다양한 볼거리를 제공했다. 퍼레이드 전후에 선보인 '칠석고싸움놀이', 시민들과 퍼레이드 참여자들이 신명나는 소리와 함께 어우러진 '대동한마당'은 충장축제가 왜 '광주다움'을 품은 축제인지를 잘 보여준다.

거리별로 콘셉트 특성화 눈길

충장축제는 구세대들의 향수가 가득한 금남로와 충장로 외에도 인접하여 위치한 광주의 중심 문화거점 시설인 국립아시아문화전당과 예술의 거리 일원을 포함하여 도심공간을 축제의 터전으로 폭넓게 활용하고 있다. 광주 중심 도심에서 이루어진 대규모 도심 축제임에도 행사장 접근성이나 제반 시설의 활용이 용이하며, 축제의 몰입도가 높은 편이다.

충장로와 아시아문화전당을 중심으로 주변이 차 없는 거리로 조성되어 주변의 주요 거점 장소의 활용력이 대단히 높고, 장소별로 콘셉트를 특성화한 점이 주목할 만하다. 주무대는 근현대사 속 광주의 정체성을 대표하는 5·18민주광장에 자리했으며, 금남로 1무대는 '공감', 금남로 2무대는 '열정', 금남로공원 무대는 '우정', 구 조흥은행은 '청춘', 예술의 거리는 '낭만', 충장로 우체국은 '설렘', 구 아카데미 극장의 경우 '대동'의 콘셉트에 맞추어 개별적인 프로그램을 진행했다.

꾸준한 인기몰이를 한 '테마거리'는 2019년에 확대 운영하여 보다 다채로운 공간구성을 선보였다. 신서석로 인근 250m 길이에 좌우로 빽빽이 조성된 테마거리는 광주이야기를 담은 우다방, 중앙국민학교, 충장파출소를 비롯해 전파사, 미용실, 사진관, 문방구, 만화방 등 23개 추억 세트장이 설치된다. 당시 젊은이들의 생활과 문화를 주제로 한 마당극이 공연되고 추억의 포토존 5개소도 마련되었다. 소위 '인증샷'이 하나의 문화가 된 젊은이들에게는 '핫플레이스'가, '그때 그 시절'을 기억하는 중장년층에게는 추억을 소환하는 매개체가 되어 자녀들과 함께 나온 가족단위 방문객을 비롯해 친구와 연인들로

충장축제의 테마거리

축제기간 내내 북적였다.

　동구 신서석로 일원국립아시아문화전당과 광주 동부경찰서 사이에 조성된 추억의 테마거리는 충장우다방, 미니문방구, 고바우만화방 등 23개의 7080 콘텐츠들로 축제기간 시민들의 발길을 붙잡았다. 어른들은 옛 교복을 다시 입고, 추억의 음악을 들으며 과거의 향수에 젖어 들었다. 휴대전화 게임에 익숙한 아이들은 골목길 동전 오락기의 매력에 빠졌고, 연인들은 흑백사진 속에 추억을 남겼다. 7080세대뿐 아니라 'Z세대'로 불리는 요즘 아이들까지 추억의 테마거리 철거에 아쉬움을 보였다.

　2019년 10월 동구는 '추억의 테마거리'에 설문조사 패널을 내걸었다. 충장축제의 핵심 콘텐츠인 '테마거리를 상시적으로 운영하는 것'에 대한 시민들의 의견을 묻기 위해서다. 동구청이 집계한 결과에 따르면, 추억의 테마거리 상설화에 찬성은 90%였다. 테마거리 상설화에 찬성한 시민들은 공간 활용에 대한 다양한 의견을 내놓았다. 주로

국립아시아문화전당ACC의 현대적 건축물과 테마거리에 조성된 7080 풍 건축물들이 조화를 이뤘다는 평이다. ACC는 지하 위주의 공간을, 테마거리는 지상의 이점을 잘 활용해 광주의 랜드마크로 자리매김 하자는 의견이 많았다. 테마거리를 아이들이 뛰어놀 수 있는 놀이터로 조성해도 좋지 않겠느냐는 주장도 나왔다. 동구는 주민들의 여론을 참고해 '추억의 테마거리' 상설화를 고려하고 있다.

충장축제는 쇠퇴한 구도심 개발이라는 축제 기획의 목적에 걸맞게 지역상권에 크게 이바지하는 등 효자노릇을 톡톡히 하고 있다.

상가번영회에 따르면 충장축제 기간 평균 매출은 평상시에 비해 약 30~40% 이상 늘어난다고 한다. 축제 기간 충장로와 금남지하상가에서는 스트리트 세일과 기념품 행사 등 다채로운 이벤트가 열리고, 먹거리를 파는 식당과 주점에는 밤늦게까지 손님이 밀려들곤 한다. 충장축제의 가장 큰 효과는 보기 드물게 시내에서 개최되면서 관광객과 지역민이 상가를 통해 소통하고 있어, 지역상가 활성화에 직접적으로 기여하고 있다는 점이 높게 평가된다. 평소에 다소 손님들이 비교적 한산한 가게도 축제를 통해 가게를 제대로 알리는 계기가 된다. 축제 개최의 효과가 쇠퇴한 도심의 상권 활성화에 직접적·즉시적으로 기여하는 점은 매우 고무적인 현상이다.

세대 공감·쌍방향 소통 강화 과제

호남지역 문화 중심지로 1970~80년대 충장로의 번창했던 모습을 재현하는 데서 출발했던 충장축제는 어느새 16년이 넘는 시간을 거치며 광주지역의 중심축제로 부상했다. 그러나 해결해 나가야 할 과제도 만만치 않다.

2017년도 들어 중장기계획을 새로이 수립하며 충장축제는 새로운 국면을 맞이하게 되었다. 2015년에 축제를 앞두고 시행되었던 평가용역에서 명칭변경에 대한 논의가 있었다. 이 해에는 '추억의 7080 충장축제'와 '추억의 충장축제'라는 두 가지 명칭이 혼용되어 사용하였다. 2017년도 들어 오랜 기간 사용하였던 '추억의 7080 충장축제'라는 명칭에서 '추억의 충장축제'로 변경하였다. 충장축제의 명칭은 시대의 상황 변화와 마케팅 전략을 고려하면서 세 차례 변경되었다.

제1회 2004년부터 2007년까지는 '광주충장로축제', 2008년부터 2016년까지는 '추억의 7080 충장축제', 2017년부터는 '추억의 충장축제'로 변경했다. '광주충장로축제'는 지역성이 깊고, 축제 규모에 비해 명칭이 협소하다고 판단되어, 2008년 제6회 축제부터는 그 명칭을 '추억의 7080 충장축제'로 바꿨다. 7080은 한국사에서 1970년대와 1980년대의 문화를 상징하는 숫자로 우리나라의 급속한 산업화의 진행과 그에 대한 반성으로서의 민족·민주주의 문화가 성장했다. 이 시기는 성장하는 시민의식과 이에 대응하는 군사문화의 사회적 갈등이 문화적 양상으로 나타나는 시대적 특성을 보인다. 7080에 대한 추억은 이런 문화적 기제에 대한 향수와 성찰이 내재되어 있다.

2014년 제11회부터는 7080을 빼고 '추억의 충장축제'로 바꿨다. 당초 동구가 1970~80년대 문화의 중심지로서 젊음과 낭만의 거리였다는 점에 착안해 '7080'을 사용해 왔지만, 이 용어가 시대적 개념을 한정시킨다는 의견이 제기되었기 때문이다.

7080을 명칭에서 삭제함으로써 충장축제는 기존의 주 타깃인 7080세대의 향수를 자극하는 데에 그치지 않고, 다양한 세대가 폭넓게 축제를 향유할 수 있게 변화를 꾀했다. 모든 세대가 함께 추억을 떠올리며 어울리는 축제의 가치를 표현하기 위해 충장축제의 정체성을 상징하는 마스코트 역시 1970년대, 1980년대, 1990년대 총 3개 콘셉트의 마스코트를 제작하였다. 주요 소비계층의 변화 및 트렌드를 반영한 것이다. 기존 경제활동의 주축을 이루었던 7080세대에서 점차 1990년대생들이 경제활동의 주체이자, 주 소비자로 부상하고 있기 때문이다.

충장축제의 중장기 과제로 '단순히 과거의 향수를 재현하는 것은 그 어느 도시에서도 기획하고 진행할 수 있는 행위'라는 점이 제기된

추억의 충장축제 마스코트 충남이와 금남이
(왼쪽부터 1970년대 교복문화, 1980년대 청바지문화,
1990년대 힙합과 아이돌문화 반영한 모습)

다. 전국 어디에서 행하더라도 그 도시의 축제가 될 수 있는 보편성을 주의해야 한다는 지적이다. 또 단순히 '세계 3대' 퍼레이드와 '아시아 대표'라는 타이틀을 주장하기보다는 명확한 콘셉트와 환상이 필요하다. 기존 7080을 콘셉트로 개최되었던 데에서 나아가 8090세대, 나아가 2000년생들까지 전 세대가 공감할 수 있는 축제로 변모해야 한다.

축제의 명칭을 바꾸고 '세대공감'이라는 주제를 내세우며 7080으로 대변되는 '올드세대'의 문화를 현세대에게 잘 포장하여 제시했지만, 신세대의 문화를 '올드세대'에게 제시하는 콘텐츠는 부족하다는 지적도 있다. 기존의 축제와 같이 '올드세대'의 추억을 일방적으로 재현하는 것은 축제가 내세운 세대 간의 소통과 공감의 장을 마련했다고 보기에는 아쉬움이 남는다. 충장축제가 20여 년 가까이 지나오면서 '7080문화'의 낭만과 광주 구도심의 부활이라는 가치에 국한되지 않고 전 세대가 참여하고, 향유할 수 있는 축제로 발돋움하기 위한 기획 및 프로그램 개발이 중요해 보인다.

또, 대표 프로그램인 '충장로 퍼레이드'에 대한 보완도 필요하다. '13개 동, 46개 단체, 1,500명에 이르는 자발적 주민 참여'라는 슬로건과 규모보다 축제에 참여하는 주민들이 얼마나 진정성을 가지고 참여하는가가 중요한 화두라고 볼 수 있다. 비슷한 시기 대구에서 개최된 '2019 미소&행복 구민축제'의 경우에도 '천 명의 구민이 함께 울리는 천둥소리'라는 주제로 주민들이 자발적으로 참여한 거리 퍼레이드를 내세웠다. 2017년 충북 영동에서 열린 '영동난계국악축제'의 주요 프로그램이었던 '난계거리퍼레이드'의 경우 2,500여 명의 주민이 참여하여 눈길을 끌었다. 단순히 민관협력 체계를 내세우며 수치를 들이밀기에는 참여한 인원이 어떻게 동일한 콘셉트를 표현하며 몰입하는지가 중요하다문광부 2018년도 축제평가 보고서.

이에 대해 임택 광주 동구청장2018~은 "신·구 세대 통합을 표방하는 충장축제가 더욱 새롭고 풍성한 콘텐츠 구축을 통해 젊음을 만끽하는 세계적 축제로 자리잡도록 할 것"이라며, 충장축제에 대한 생장生長 의지와 비전을 드러냈다.

🪑 Rest Area

'복고'를 테마로 한 축제들

'복고'를 테마로 한 도시들의 축제열풍이 이어지고 있다. 충청남도 서천군의 경우 '6080 음식골목 맛나로路'와 같은 근대문화 역사자원과 음식자원을 기반으로 하여 '2019 장항 6080 뉴트로 여행 만끽 축제'로 주목받고 있다. 전라남도 목포의 경우 2020년에 들어 전라남도 대표 지역축제 10선에 선정된 '낭만목포 항구축제' 등 각 지자체들의 '복고 축제' 열풍이 한창이다. 한편, 1970년대를 테마로 하여 코레일과 연계한 관광상품으로 눈길을 끌었던 전라남도 보성군의 '득량역 추억의 코스프레 축제' 역시 성공적인 사례로 손꼽는다. '산정호수로 떠나는 시간여행'이라는 테마를 주간 메인행사로 삼아 복고풍 전시, 체험 등의 뉴트로 축제를 표방한 '2019 산정호수 윈터페스타-별빛공원 달빛거리'도 있다. 이렇게 비슷한 주제를 택한 여러 지자체의 축제가 이어지면서 축제의 차별화가 필요해지고 있다. 그래야 '복고'라는 주제가 일시적 유행에 그치는 것이 아니라, 지속성을 가진 트렌드가 될 수 있을 것이다.

 ## 지역공동체형 축제, 공동체 회복 및 사회통합에 기여

최근 들어 공동체 회복에 관심이 높아지면서 지역을 기반으로 한 다양한 커뮤니티들이 자생적으로 성장하고, 이를 바탕으로 한 참신하고 흥미있는 **지역공동체**[*] 축제들이 개최되고 있다. 지역공동체형 축제는 '지역을 중심으로 사회적·심리적 공감대를 지닌 주민 또는 민간 커뮤니티가 주도적으로 고유의 자원들을 문화관광콘텐츠로 개발하여 그들의 화합과 지역 활성화를 위해 개최하는 축제'이다[박경숙, 2015].

> *** 지역공동체**
> 지리적으로 근접한 일정한 공간에 거주하는 주민들이 상호작용을 하면서 공동의 목표나 가치를 추구하는 유대감을 가진 집단(김현호, 2013)을 말한다.

또한 지역 고유의 문화 및 지역성과 지역민의 적극적인 참여로 추진되는 지역공동체형 축제는 지역의 이미지를 강화하고 관광자원화되어 지역민의 소득증대 및 지역활성화에 기여한다[박경숙, 2015].

지역공동체형 축제의 특징은 주민 또는 민간주도의 뚜렷한 축제 조직을 보유하고 있고, 주민이 축제에 쉽게 접근할 수 있는 통로를 마련하고 있다는 점이다. 또한 일상 속에서 공동체가 즐기는 문화예술활동을 바탕으로 축제를 개최하고 있다. 대표적인 축제로 부산 감천문화마을 골목축제, 서울 마포구 성미산 마을축제, 서울 종로구 창신동 꼭대기 축제 등이 있다. 충장축제 또한 대표적인 지역공동체형 축제다. 충장축제의 역동적인 생명력은 주민들이 직접 준비하고 참여하는 과정에서 나온다고 해도 과언이 아니다. 13개 동 주민들이 마을의 전설이나 설화를 앞세워 펼치는 거리 퍼레이드는 '축제의 꽃'이라 불리며 최고의 볼거리로 손꼽힌다. 나아가 충장축제는 축제라는 매개체를 통해 이웃과 소통하고 세대가 소통하며 공동체 회복 및 지역사회통합에 기여하고 있다.

지역공동체형 축제의 효과는 정서적 측면에서 지역민들이 만날 수 있는 자연스러운 장을 제공하며 지역민은 만남의 경험을 통해 지역사회를 재발견하며 공동체 의식 회복 및 통합에 기여한다. 문화적 측면에서 보면 지역성과 공동체성은 축제의 기본 전제이자 진정한 의미의 축제다움을 회복하는 핵심 요소이다

 ## 지역축제 거버넌스 구축 중요

오늘날 지역축제는 지역 문화와 공동체를 형성하는 내부적 가치와, 지역의 인지도, 경제적 파급 효과를 높이는 외부적 가치로 확장되는 것을 인정받아 축제를 발전시키기 위한 다양한 시도들이 이루어지고 있다. 하지만 지역축제가 지닌 다양하고도 긍정적 효과들에도 그 수가 급속도로 증가하면서 내재적 가치보다는 '경제 활성화', '관광산업의 발전' 등의 외부적 목적을 달성하기 위한 수단으로 사용되면서 축제의 본질적 가치가 평가절하되고 있는 것에 대한 문제가 대두

되고 있다.

대표적으로 제시되는 문제점은 지역축제 추진 주체 대부분이 지방정부로서 관련 공무원들의 전문성 부족, 축제 추진 조직의 불안정성으로 인한 중장기 계획수립의 부재, 지역의 특성을 고려하지 못하는 프로그램 구성, 지역주민과 지방정부의 의사소통 부재 등이다. 이는 지역축제가 정치·경제적 수단이 되어 결과적으로 지역주민들의 적극적인 참여를 이끌어내지 못하는 결과를 초래하게 된다. 이에 대한 대안으로 '지역축제 거버넌스Local governance'의 중요성을 강조하는 경향이 두드러지게 나타나고 있다. 한국문화관광연구원[2007]에서는 지역축제 거버넌스를 지역축제 추진위원회에 포함되는 지방자치 단체와 전문가 단체, 지역주민의 상호작용이 축제의 기획 단계에서부터 준비, 실행, 평가, 그리고 평가 결과에 대한 책임까지 함께하는 체제라고 정의하고 있다.

서울사이버대학교 이의신 교수[2016]는 지역축제 거버넌스를 '공공부문과 민간부문의 다양한 이해관계자들이 상호작용하여 축제 전반에 걸쳐 상호 협력하여 참여하고, 축제 발전을 이끌어내는 협의체'로 정의하며, "성공적인 축제 개최와 운영을 위해서는 다양한 지역구성원들 간의 활발한 상호작용을 위한 환경을 조성하고, 정보공유, 공동교육, 기획단계부터의 협력 등 수평적인 관계에서 신뢰를 바탕으로 한 의사결정 방식으로 축제 거버넌스를 구축해야 한다. 그래야만 시민들이 축제에 대한 주인의식을 갖게 되며, 지역에 대한 자긍심과 애향심이 높아질 수 있다"고 강조한다.

지역축제의 성공 여부는 이해관계자들 사이의 역할과 상호작용 및 관계와 규범 속에서 축제를 기획하는 공공과 민간부문 상호 간의 관계를 어떻게 조정하고, 조화를 이루어내는가에 달려있다. 지역축제는 일반적으로 예산을 지원하는 지자체와 실질적으로 축제를 주관하는 문화재단과 축제위원회, 그리고 내·외부적으로 많은 이해관계자가 참여하는 주체들이 이끌어간다. 이 때문에 각계각층의 다양한 주체의 정책적 협력과 상호협조적인 네트워크 형성이 필수적으로 요구된다. 지역축제는 지역의 사회·문화공동체적 역량의 총화이자 상징인 만큼, 지역구성원의 모든 역량이 축제에 투입되어야 한다. 아울러, 축제가 지역에 안착하기 위해서는 지역주민들의 자발성, 적극적 참여, 활발한 거버넌스 시스템, 자원·인력 간 네트워킹이 매우 중요하다.

참고문헌

이의신, 2018,『지역축제가 생활문화 확산에 미치는 영향에 관한 연구 -〈원주다이내믹댄싱카니발〉을 중심으로』, 문화와 융합

김종원, 2013,『지역축제 활성화 방안에 관한 연구 - 추억의 7080충장축제 중심으로』, 조선대학교 정책 대학원

박경숙, 2015,『대구시 지역공동체형 축제의 실태와 육성방안』, 대구경북연구원

전소라, 2015,『원도심 활성화를 위한 지역축제의 장소마케팅 적용방안 - 광주광역시 충장축제를 중심으로 -』, 전남대학교 지역개발학과

김수재, 2010,『장소의 기억을 자원으로 한 축제의 생산 - 광주광역시 동구 '추억의 7080충장축제'를 중심으로 -』, 민족문화논총 제46집

장뒤비뇨, 1998,『축제와 문명』, 한길사

최상규·임명재·정강환, 2017,『도시재생측면에서 관광축제의 영향인식에 관한 연구: 광주 추억의 7080충장축제를 중심으로』, Tourism Research 제42권 제1호

최동희, 2018,『문화관광축제 인식이 축제만족과 축제효과에 미치는 영향 - 추억의 충장축제를 대상으로 -』, 한국융합학회

민인철·이난경, 2010,『광주광역시 도시브랜드 이미지 제고전략』, 광주발전연구원

문화체육관광부, 2018,『2017 문화관광축제 종합평가 보고서』, 문화체육관광부

문화체육관광부, 2019,『2018 문화관광축제 종합평가 보고서』, 문화체육관광부

남현호, 2004,『제1회 광주충장로축제 성황리에 끝나』, 연합뉴스

김 훈, 2014,『충장축제, 쇠퇴해가는 도심 활력소』, 광남일보

김태균, 2017,『문화비평 - 추억의 충장축제와 7080세대의 문화부족』, 광주 아트가이드 96호

김성환, 2016,『100일 앞으로 다가온 충장축제』, 엔지티비

김상진, 2019,『광주 충장축제, 역대급 추억의 향연 6일 폐막』, 매일일보

오래된 미래

전통문화축제

진주남강유등축제
김제지평선축제

진주의 가을밤은 낮보다 더 아름답다

유등축제는 아름다운 진주의 경관과 독창적이고 차별화된 전통문화를 바탕으로 역사·문화예술의 도시로서 진주의 브랜드를 높이는 데 크게 이바지했다. 특히 국내 야간형 축제의 효시 격으로 '체류형 문화관광축제'를 지향하는 한편, 축제장 유료화를 통한 경제적 자립을 꾀한 몇 안 되는 축제다.

또한 진주남강유등축제는 우리나라 축제 사상 최초로 캐나다, 미국, 중국 등 해외에 수출된 대한민국 글로벌 축제로 유등을 매개로 세계 속에 한국의 전통문화를 전파하고 있다.

가을이 완연한 10월에 접어들면 경상남도 진주 역시 곱게 물든 단풍이 곳곳에서 아름다운 자태를 뽐낸다. 여기에 더해 진주를 찾는 사람이라면 으레 가장 먼저 찾는 명소인 '진주성', 벼랑 위에 장엄하게 솟아 있는 촉석루, 그 아래로 유유히 흐르는 남강이 어우러진 풍경은

한 폭의 산수화처럼 감탄을 자아낸다.

그러나 '진주의 가을밤은 낮보다 더 아름답다'. 10월의 가을밤, 진주는 축제가 열리는 '빛의 도시'로 거듭난다. 시내 전역에 내걸린 청사초롱이 밤을 환히 밝히고, 진주성과 남강에 설치한 형형색색의 유등 수천 개의 빛은 물과 어우러져 환상적인 장관을 연출한다. 쓰레기통까지 불빛으로 꾸며 놓은 정성은 유등축제와 진주를 더욱 아름다운 고장으로 기억하게 만든다. 대한민국에 우열을 가릴 수 없을 정도로 내로라하는 아름다운 가을 풍경이 많지만, 야간 풍경으로만 놓고 보면 진주 남강의 가을밤만큼 아름다운 곳이 또 있을까?

경남 진주의 역사성을 브랜드화해 야간 축제로 특화시킨 '진주남강유등축제(이하 '유등축제')'에서는 진주성과 남강 위에 수백 개의 대형 유등이 띄워지는 한편, 남강 둔치에도 형형색색의 등이 펼쳐진다. 이곳을 찾은 관광객들은 물과 불, 그리고 빛이 어우러져 빚어내는 환상적인 풍경 속으로 빠져든다. 연인, 친구 등 젊은이들과 외국인, 가족, 남녀노소를 불문하고 대한민국 국민이라면 한 번쯤 가보고 싶은 대한민국 최고의 가을 축제 중 하나다.

유등축제는 아름다운 진주의 경관과 독창적이고 차별화된 전통문화를 바탕으로 역사·문화예술의 도시로서 진주의 브랜드를 높이는 데 크게 이바지했다. 특히 국내 야간형 축제의 효시 격으로 '체류형 문화관광축제'를 지향하는 한편, 축제장 유료화를 통한 경제적 자립을 꾀한 몇 안 되는 축제다.

유등놀이, 임진왜란 진주성 전투 유래

유등놀이는 우리 겨레의 최대 수난기였던 임진왜란의 진주성 전투에서 유래되었다. 우리 민족의 자존을 드높인 '진주대첩'에서 유등이 사용되었다고 전해진다. 1592년 10월 김시민 장군이 3,800여 명에 지나지 않은 적은 병력으로 진주성을 침공한 2만 왜군을 크게 무찔렀다. 당시 성 밖의 의병 등 지원군과 군사 신호로 풍등을 하늘에 올렸으며, 횃불과 함께 남강에 등불을 띄워 남강을 건너려는 왜군을 저지하는 군사 전술로 쓰였다. 또 진주성 내에 있는 병사들이 가족들에게 안부를 묻는 편지를 유등에 담아 흐르는 강물에 띄워 소식을 전하는 통신수단으로도 활용되었다.

유등은 이처럼 김시민 장군의 군사 신호로, 남강을 건너려는 왜군의 도하작전을 저지하는 전술로, 가족에게 안부를 전하는 통신수단으로 두루 쓰였다. 이후 1593년 6월, 왜군에 의해 진주성이 적의 손에 떨어지는 통한의 '계사순의癸巳殉義' 때 의롭게 순절한 병사와 백성들의 얼과 넋을 기리는 행사로 세세연년 이어져 왔다고 한다.

다른 한편으로는 임진왜란 당시 논개가 죽은 후, 당시의 기생들과 일반 백성들이 논개를 추모하기 위해 남강에 유등을 띄워왔다는 설도

진주남강유등축제에 설치된 풍속 유등

전해지고 있다.

유등축제는 진주성 내부와 진주성 주변 남강에서 진행되는 축제이니만큼 실제 진주대첩이 일어난 장소라는 점에서 역사적 공간으로서 의의가 큰 장소이다. 또한, 제2차 진주성 전투에서 논개가 적장을 끌어안고 죽었던 곳이 바로 남강이며, 남강에는 논개가 서 있었던 장소인 '의암義巖'이 있다. 이러한 역사성은 유등축제의 고유성과 지역성을 잘 드러내는 중요한 요소가 되고 있다.

'개천예술제' 부대행사에서 독립적 축제로

오늘날의 진주남강유등축제와 같이 조직화 된 축제의 형태로 '유등流燈'을 축제 소재로 활용한 것은 1949년 무렵부터이다. 오늘날 '개천예술제'의 전신인 '영남예술제'는 정부수립의 실질적인 자주독립 1주년을 기리고 문화예술문화발전을 위해 1949년단기 4282년부터 시작되었다. '유등놀이'는 이 축제의 부대행사 중 하나였다. 그 후 1950년 한국전쟁과 1979년 10·26사태 때를 제외하고는 매년 어떤 어려움에도 그 맥을 이어왔다.

1959년부터는 '영남예술제'에서 '개천예술제'로 명칭을 바꿨다. '개천예술제'는 우리나라 예술제의 효시로 이름을 떨쳤다. 문화와 음악, 미술, 연극 등 각종 문화예술 경연과 전시행사가 펼쳐지는 종합예술제였다. 특히 1964년부터 1968년까지는 국가원수가 '개제식^{오픈 세리모니}'에 참석하는 최초의 예술제로 그 가치를 높게 평가받아왔다. 1974년에는 '순수예술의 대중화'라는 주제로 새로운 변화를 꾀하였다. 1983년 33회부터는 경상남도 종합예술제로 지정되어 오늘날에 이르고 있다. 그러나 반세기가 넘는 전통에도 독창성이 떨어지는 기존의 형태만을 반복해 오면서 전국의 문화예술인들이 운집하던 과거와는 달리 지역의 군소 축제로 전락하게 되었다. 이어 1998년과 1999년, 개천예술제가 정부축제에 선정되지 못하자 지역민들의 비판 여론이 들끓었다. 개혁의 요구가 거세지면서 진주의 문화예술계에서는 1999년 예술제의 개혁에 착수했다. 개천예술제는 방만한 경영과 축하행사들의 수를 줄이고, 음악과 문학 분야의 특화사업을 대표적인 예술제 행사로 키워나가는 변화를 시도했다. 무엇보다 근본적인 문제에 대한 해결책은 축제의 '특화'였다.

'개천예술제발전기획위원회'는 개천예술제 자체의 개혁에 초점을 맞추어 개천예술제의 명칭을 '진주대첩제'로, 개천예술재단을 '진주문화예술재단'으로 바꿨다. 내용면에서도 진주성 싸움을 중심으로 구성하여 축제의 정체성을 살리고자 했다. 그러나 이 방안은 효과를 내지 못했고, 국비지원도 이끌어내지 못했다.

이에 다른 방안으로 '진주소싸움'과 '진주비빔밥', '유등축제'의 특화가 제시되었다. 그러나 소싸움은 청도군이 이미 정부의 지원을 받아 투우장 건설을 추진하고 있었고, 의령에서도 소싸움을 특화축제로 발전시키고 있었다. 비빔밥 역시 전라북도 전주가 이미 선점하고 있던 상황이었다. 이에 반해 '유등'은 진주지역 고유의 역사성을 반영한 소재로 다른 지자체보다 경쟁력을 갖추고 있어 차별화된 축제로서 성공 가능성이 높을 것으로 판단해 독립적인 축제로 발전시켜 나가게 되었다.

이 변화 과정에서 유등행사를 2000년부터 별도 축제로 독립시켰다. 개천예술제의 부대행사였던 유등놀이를 특화할 때, 소재의 단순성을 이유로 축제로서 독립하기에는 어렵다는 부정적인 시각도 많았다. 그러나 결과적으로 그러한 우려를 말끔히 불식시키고 발전을 거듭해 오고 있다.

처음부터 '진주남강유등축제'로 개최된 것은 아니었다. 2000년과 2001년에는 '진주남강 국제 등 축제'라는 행사로 우리나라 및 세계 각국의 다양한 종류의 등을 소개하는 제한적인 형태의 독립축제였다. 현재와 같이 특화된 대규모 지역축제로 성장하게 된 시점은 2002년부터이다. 유등축제는 2002년에 시작하자마자 문화체육관광부지정 특성화 축제에 지정되었다. 2003년에는 문화체육관광부지정 예비축제에 선정되며 전국적인 축제로의 발전 전기를 맞게 되었다. 그후 2004년 문화체육관광부 지정 육성축제, 2005년 문화체육관광부 지정 우수축제를 거쳐 2006년부터 2010년까지 5년간 연속 문화체육관광부 지정 최우수축제에 선정되었다. 또한 2011~2013년까지 3년 연속 대한민국 대표축제를 거쳐, 2014년 대한민국 명예대표축제로 지정됐다. 2015년부터는 대한민국 글로벌 축제에 선정됐다.

[표] 진주지역 축제의 변천과정

[표] 진주지역 축제의 변천과정

| 1949~1999 | 2000~2001 | 2002~현재 |

*출처: 최진희, 2010, 『지역축제로서 진주남강유등축제의 발전과정 및 평가』

'역사성'과 '지역성' 고루 갖춰

유등축제는 진주시의 역사성을 잘 담고 있는 축제이다. 한국의 역사에서 잊지 못할 임진왜란과 진주대첩에 그 기원을 두고, 유등에 얽힌 역사적 사실을 활용하여 기획되었다. 이 축제는 절체절명의 급박한 상황에서 침착하게 유등을 활용할 줄 알았던 선조들의 지혜와 진주성을 지킨 7만 민관군의 단합과 민족애를 배우게 한다. 그리고 그들의 의롭고 충성스러운 혼을 기리는 등 지역과의 역사적 상관성 속에서 전승된 전통적인 문화유산을 발굴하여 진주의 문화적 전통을 계승·발전시켰다.

유등축제는 진주의 지역적 정체성을 잘 나타내고 있는 것으로 평가받고 있다. 그 이유는 크게 네 가지 요인이다.

첫째, 진주남강유등축제가 열리고 있는 행사장이 진주의 역사와 문화가 집약된 진주성 근처에 있다.

둘째, 유등축제의 기원이 되는 임진왜란의 진주성 전투[진주대첩], 논개 퍼포먼스 등이 개막을 통해 재연되어 방문객들에게 진주가 가지고 있는 역사적 사실을 엿볼 수 있는 기회를 제공한다.

셋째, 주요 전시프로그램 및 체험프로그램인 '진주의 혼', '소망등 띄우기 및 소망등 달기, 37개 읍면동 상징등 전시를 통해 진주의 역사 및 문화를 직·간접적으로 보여주고 있다.

넷째, 축제 기간에 개천예술제, 실크페스티벌, 진주전국민속 소싸움대회 등이 동시에 개최되어 진주시 고유한 문화와 향토성을 보여주며, 아울러 향토 음식 및 농특산물 판매 등도 영향을 미치고 있다^{최진희,} ²⁰¹⁰.

유등축제는 단순 관람형 축제라기 보다는 '참여 축제'의 성격이 강하다. 축제 기간 내내 설치되는 '소망등'과 남강에 띄우는 유등, '창작등'에 3만5천 개의 주소, 이름이 직접 게시된다. 또 유등축제는 진주시 37개 읍·면·동이 각자의 '상징등'을 만들어 개막식 거리 퍼레이드에 참여한 후 행사장 주변 도로에 전시한다. 남강 둔치에 설치된 '성벽등'에는 지역주민들이 소액으로 참여하는 '기원등'이 전시된다.

'창작등' 전시는 진주시 중·고등학생들의 독창적인 아이디어와 다양한 재료로 만들어진 등으로 구성된다. 전시되는 창작등의 소재는 주로 성적 향상, 입시성공 기원, 대학합격, 건강 기원 등 학생들의 소망과 기원이 담긴 등이 많다. 매년 학생들의 새로운 등전시로 방문객들에게 다양하고 독특한 '등' 관람을 제공할 수 있는 프로그램이다. 시민참여율을 높이는 동시에 제작에 참여한 학생들이 자신들이 만든 등을 보기 위해서 가족들과 함께 방문하기도 한다. 축제 전체 프로그램에 대한 방문객 조사 중 전체 중위권을 차지할 정도로 인기 있는 프로그램이다. 아울러 사랑다리 건너기, 사랑 고백 이벤트 등 젊은이들을 겨냥한 프로그램과 소망등 달기, 소형등 만들기 등 다양한 체험 이벤트도 함께 진행된다.

이런 프로그램들은 지역 공동체 사회의 화합과 단결을 위한 무형의 효과를 불러온다. 유등이 시의 정체성을 확보하고 자긍심을 올려준 역사적인 소재라는 사실이 시민들의 문화적 자부심을 고취시키고, 적극적인 참여를 끌어낸다.

또한 유등축제 기간에는 개천예술제, 전국소싸움대회, 실크페스티벌과 같은 행사가 동시에 개최됨으로써 낮에는 이들 행사를 관람할 수 있고, 밤에는 유등을 관람할 수 있다는 점에서 주야간 볼거리, 체험거리가 다양하다는 강점이 있다. 이 때문에 유등축제는 제의의 성격과 함께 놀이의 일면을 지닌 축제의 원뜻을 충족시키면서 축제의 상품화와 본래의 의미가 성공적으로 이루어진 축제로 평가받는다.

경제적인 측면에서 유등축제는 지역경제 활성화를 위한 마케팅의 수단이 되기도 한다. 축제 기간 중 해외바이어를 초청한 수출 상담회가 열린다. 수출 상담회에서는 지역상품 설명회와 수출계약을 체결하는 성과를 거두고 있다. 2009년에는 14개국에서 수출 상담회에 참여해 기계, 농특산물 등에서 4,350만 불의 수출 협약의 성과를 거두기도 했다.

진주시에서 생산되는 대표적인 농특산물인 진주실크세계 5대 생산지, 국내 70% 생산, 장생도라지, 상황버섯, 논개 전통한과 등의 판매코너를 별도로 설치 운영하여 지역주민들의 실질적인 소득도 증대시키고 있다.

핵심 프로그램, 유등 띄우기

유등축제인 만큼 '등燈'을 주요 콘텐츠로 삼고 있다. '물·불·빛 그리고 우리의 소망'을 주제로 하고 있다. 진주 남강의 물과 화등의 불

진주성 전투의 치열한 전투 장면을 재현한 진주대첩유등

과 빛이 합쳐진 것으로 유등에 우리의 소망을 띄워 보낸다는 의미를 담고 있다. 이 주제는 해마다 슬로건으로 사용되고 있다. 축제 프로그램은 매우 다양하고, 볼거리와 즐길 거리가 풍부하다. 야간에 치러지는 유등축제답게 다양한 유등과 풍물등이 총출동한다. 진주의 가을 밤을 밝히는 등불은 형형색색 아름다운 외관에 저마다의 귀한 뜻을 담고 있다.

유등축제의 등은 몇 가지 테마로 나눠 남강에 전시된다. 2015년에는 '한국의 등', '명화등', '명작동화등', '한국의 춤등', '세계풍물등', '한국의아름다움등' 여섯 가지 테마였다.

2016년 진주남강유등축제의 킬러 콘텐츠는 1592년 진주대첩과 1593년 계사순의^{진주성} 함락의 역사적인 장면들을 등으로 실감나게 제작한 '빛으로 되살아난 진주성^{晋州城}'이었다. 진주성 김시민 장군 동상 앞에 설치한 '진주성등'은 임진년 제1차 진주성전투^{진주대첩}와 계사년 제2차 진주성전투의 치열한 전투 장면을 재현하고 있어 축제의 '역사성과 정체성'을 담고 있는 대표적인 등이었다. 축제를 통해 역사를 공부하는 '에듀테인먼트'적인 요소도 함께 지니고 있어 인기를 끌었다.

'진주성등'은 '성^城 안의 성^城'이라는 부주제에 걸맞게 진주성의 북문인 공북문 등을 제작해 3,800명으로 2만여 명의 왜군을 격퇴시킨 '진주대첩'을 재현했고, 진주성 동문의 촉석문 등은 계사년 7만여 명의 민-관-군이 왜적과 결사항전을 벌이다 순국한 '계사순의' 장면을 재현했다. 역사적 고증을 거쳐 진주성의 망루를 재현하는 한편 진주성 군기軍旗를 곳곳에 배치해 마치 1592년과 1593년의 진주성 전투 속으로 들어간 듯한 느낌을 받게 했다. 아울러 '군사훈련장면등'과 지친 병사들에게 전투식량으로 제공된 진주의 대표 음식 '진주비빔밥등'도 실감나게 표현했다.

이 해의 또 다른 킬러 콘텐츠는 '움직이는 등'이었다. '움직이는 곤충등'을 비롯해 쥐불놀이, 널뛰기 등 전통놀이를 주제로 한 10여 가지의 '움직이는 등'을 처음으로 선보여 생동감을 전했다. 진주성내 영남포정사 입구에 설치한 움직이는 등은 기존의 정적인 고정등에서 벗어나 살아 움직이는 듯한 느낌으로 재미를 더했다는 평이다. 이는 진주남강유등축제가 갖고 있는 설치·전시형 축제의 한계를 보완하는 대안재로 평가받았다. 또한 진주 소싸움을 비롯해 진주의 오랜 역사와 전통으로 뛰어난 문화·예술을 꽃피운 진주의 자랑거리를 등으로 표현하여 마치 타임머신을 타고 과거의 진주성으로 돌아간 듯한 느낌을 주었다.

이외에도 촉석루에 '대한민국 등공모대전' 출품작이 전시되고, 촉석루 맞은편 남강 둔치에는 32개 읍면동의 상징등과 소망등, 12지신 캐릭터등이 전시되었다. 해가 지나면서 만화 캐릭터등, 사진찍기 캐릭터등, 움직이는 등처럼 시대에 따라 소재가 변화해오고 있다.

진주 유등축제만의 차별화된 핵심 콘텐츠는 '유등 띄우기'이다. 유등 띄우기는 등에 가족과 자신의 희망, 혹은 자신만의 비밀스러운 사연을 담은 소망을 적은 후 양초에 직접 불을 밝히고 남강에 띄워 보내

진주남강유등축제, 유등 띄우기

는 행사다. 야간에 진행되는 이 프로그램은 임진왜란 당시의 통신수
단이었던 유등을 자신의 소망을 적어 띄워 보내는 '소망등'으로 변화
시켜 방문객들에게 야간 축제에서만 느낄 수 있는 색다른 경험을 선
사한다. 남강에 놓인 부교를 걸으면서 등을 관람하는 것도 좋지만, 직
접 남강에 등을 띄우고 흘려 보내는 직접 체험이 관람객들에는 더욱
소중한 경험과 기억으로 남기 때문이다.

　소망등 달기 프로그램은 축제 개최 전 지역주민들의 참여로 미리
남강 둔치에 달아놓은 것과 축제 방문객들이 현장에서 소망등을 구입
하여 참여하는 방식으로 운영된다. 유등 띄우기와 마찬가지로 다른
지역축제에서 즐길 수 없는 특별한 체험이다. 이외에도 창작등 만들
기 체험, 등캐릭터 사진찍기, 사랑다리[부교]건너기, 유람선 체험 등 가
족 단위로 와도 함께 즐길 수 있는 콘텐츠가 다양해 관람객들의 만족
도가 높다.

　유등 띄우기는 관람객으로부터 많은 인기를 얻고 있다. 관람객들
에게 진주남강유등축제를 상징하는 행사가 무엇인지 조사[최진희, 2010, '지
역축제로서 진주남강유등축제의 발전과정 및 평가']한 바에 따르면 응답자들의 59.1%가 유

등 만들고 띄우기 체험을 꼽는다. 이어 '세계등 및 한국등 전시'와 '수상 불꽃놀이'가 각각 10.9%를 차지했다.

남강에 설치된 유등은 흘러가는 등이 아니라 고정되어 물 위에 떠 있는 등이다. 유사 사례로 서울의 '빛초롱축제'도 등을 전시하는 프로그램을 주된 콘텐츠로 하고 있다. 이런 형태의 축제는 얼마든지 늘어날 가능성이 있다. 따라서 진주만의 특화된 콘텐츠인 '유등 띄우기' 프로그램을 더 강화할 필요가 있다.

[표] 축제 프로그램 구성(2019년 기준)

주 제	"물·불·빛 그리고 우리의 소망"
부 제	추억의 문이 열립니다 – 100년의 추억 (어화燈燈 진주夜)
본행사	초혼점등식, 소망등달기, 유등띄우기, 세계풍물등 및 한국의 등(燈) 전시,추억의 유등띄우기 추억의 문이 열립니다 – 100년의 추억, 한국의 풍습등, 유물등, 진주성 전투 재현 등, 현대등, 진주성 둘레길 등
체험참여마당 및 부대행사	유등과 함께하는 시인들, 소망등(燈) 달기 체험, 소형등(燈) 만들기 체험, 유등 만들어 띄우기 체험, 사랑다리 건너기 체험(부교), 사랑, 고백 이벤트, 시민참여 등(燈) 만들기 체험, 전통놀이 체험, 유등방송국, 소원성취 나무 등(燈) 체험, 스탬프랠리, 공룡 등 만들기 체험, 대한민국 등(燈) 공모대전 출품작 전시, 유람선으로 아름다운 등(燈) 관람체험, 남가람 어울마당, 원도심 버스킹 공연, 진주성 한복 체험, 축등 설치, 수상 등(燈) 카페 운영, 음식큰잔치 및 농·특산품 판매코너, 폐막 불꽃놀이, 워터라이징쇼
동반행사	박물관 문화체험(탁본, 목판인쇄, 엽서쓰기), 3D입체영화 진주성 전투, 진주성 한복 체험, 진주 역사 골든벨
연계행사	개천예술제

프로그램의 변화… 풍등 폐지

진주남강유등축제는 발전해 오는 과정에서 추진 주체, 예산의 변화뿐만 아니라 축제의 내용인 행사 프로그램에도 많은 변화가 있었다. 주요 프로그램을 보면 몇 가지 특징적인 변화가 있다.

첫째, 유등축제의 체험참여마당 프로그램인 '소망등'의 참여 수가 꾸준히 늘고 있다. 2002년에 5,000개에 불과했던 소망등은 2003년 10,000개, 2004년 12,000개, 2005년 13,500개로 크게 늘었고, 2012년에는 27,000개의 기록을 세우기도 했다.

둘째, 세계 각국의 등 전시 부문에서 참가 국가의 수가 증가하고 있다는 점이다. 2003년 7개국 23기의 등 전시에서, 2004년 11개국 25기, 2005년 15개국 18기, 2008년 19개국 20기 등 전시로 매년 증가해왔다.

셋째, '창작등' 전시 부문에서는 학생들이 참여가 두드러지게 나타난다는 점이다. 이 부문은 고등학생들 개개인의 기발하고 창의적인 아이디어로 방학 동안 과제로 제작한 소형등을 출품 전시하는 프로그램으로 우수작과 함께 지도한 담당 교사에게 시상하는 경연대회의 형식으로 구성되어 있다. 2006년부터는 고등학생뿐 아니라 초등학교 학생 및 다문화가정 이민자들이 만든 소형등을 전시하며, 좀 더 다양한 계층의 참여를 유도했다.

이와 동시에 대중에게 인기가 있는 캐릭터등, 지자체 상징등, 세계 풍물등과 같이 현대적이고 서구적인 등을 전시함으로써 방문객의 흥미를 지속적으로 유도하고 있다.

폐지된 행사도 있다. 2003년부터 매년 행해져 오던 '풍등 날리기' 행사가 2006년부터 폐지되었다. 임진왜란 당시 진주성 전투에서 왜군을 저지하는 군사 신호로 사용되었던 풍등은 축제에서 관람객들을 위한 체험프로그램으로 진행되었다. 하지만 산불 등 화재의 위험이 제기되어 2006년부터 폐지되었다.대만 핑시의 등불축제나 폴란츠 포츠난의 등불축제는 풍등을 날리는 행사로 세계적인 주목을 받으며, 많은 관광객을 끌어모으고 있다.

'서울등축제'와 갈등

잘 나가던 진주유등축제에 위기가 닥쳐왔다. 서울시가 2009년 11월 11일부터 5일간 한국방문의 해^{2010~2012년}를 맞아 선포식 형식으로 청계천에서 '세계등 축제'를 개최했다. 그리고 큰 인기를 끌자 일주일간 연기했다. 이어 서울시는 한국방문의 해 기간^{2010~2012년}에 열기로 한 서울등축제를 연례화하기로 했다. 이에 진주시와 진주지역 시민단체들이 "남강유등축제 모방한 축제를 중단하라"고 요구하고 나서면서 두 지방자치단체 간 갈등이 시작됐다.

진주시의회 의원들이 서울시를 항의 방문한 데 이어, 2013년 7월 31일 이례적으로 이창희 진주시장이 서울시 공무원의 출근 시간에 맞춰 오전 8시부터 1시간 동안 1인 시위를 벌이기도 했다.

그러다가 이 문제는 2014년 11월 1일 '서울등축제' 개막을 앞두고, 물리적·법적 충돌직전에 경남 진주시와 서울시의 '축제발전협력서'를 체결하며 극적으로 해결됐다. '축제발전협력서'를 체결한 사례는 국내 축제 사상 최초의 일로 지자체 간의 갈등해소는 물론 협력의 모범 사례로 기대를 받았다.

이듬해 10월 1일 박원순 서울시장은 유등축제 논란으로 촉발된 갈등을 해소하고, 상생발전을 위한 5개 항의 우호 교류 협약서를 맺기 위해 진주를 방문했다. 이창희 진주시장과 박원순 서울시장은 이날 오후 진주시청에서 두 시의 상생발전을 위한 5개 항의 우호 교류 협약을 맺었다. 협약의 주요 내용은 지역축제의 성공적 개최와 활성화를 위한 상호협력, 청소년 역사·문화프로그램 운영 및 기관 교류 확대, 진주시 우수 농·특산물 직거래 확대, 시정 혁신 및 우수 정책사례 정보교류, 지역 관광자원 연계 및 활성화를 위한 협력 등이었다. 이날 진주남강유등축제 개막식 축사에서 박원순 서울시장은 "진주남강유등축제를 소중한 문화자산으로 여기고 글로벌 축제로 발전시킨 진주 시민들의 노력을 높이 평가한다"면서, "갈등에서 벗어나 두 시의 발전과 주민들의 복리증진을 위해 앞장서 나가겠다."고 말했다.

　서울시와의 갈등은 위기이자 기회였다. 진주시와 비대위의 서울등축제 중단 활동과정에서 발생한 부수적인 효과도 큰 것으로 평가되었다. 그간 유사중복축제 난립이 국내 축제발전을 저해하는 요인으로 지적받아 왔기에, 서울등축제와의 갈등으로 이런 문제점에 대한 환기와 다양한 개선책도 쏟아져 나왔다. 특히 전국적으로 각 지역에서 독창적으로 개최하는 축제를 스스로 지켜야 한다는 위기감이 고조돼 전국적으로 축제 특허 등록 움직임도 활발해졌다. 또한 진주남강유등축제는 전국적인 이슈로 부각되면서 자연스럽게 대대적인 홍보가 이뤄졌다. 결과적으로 진주시의 도시 브랜드 상승효과와 유등축제기간 중 전국에서 많은 관광객이 찾아와 성공적으로 축제를 개최하는 데에도 크게 일조했다는 평가이다.

서울빛초롱축제

'서울빛초롱축제'는 2009년 한국방문의 해를 기념해 시작된 이래 매년 250만 명 이상의 관람객들이 찾고 있는 서울의 겨울 대표 문화관광축제이다.(서울빛초롱축제 홈페이지 소개글) 이 축제는 2009년 '세계등축제'라는 명칭으로 시작했다. '류流'란 주제 하에 교류, 원류, 한류, 일류존이라는 테마로 주 전시등 7,737개를 청계광장~삼일교 사이 0.9km에 설치했다. 첫해 52만 명이 관람하는 등 큰 인기를 끌었다. 이후 2010년에는 '서울세계등축제'로 축제명을 바꾸고, 2011년부터 2013년까지는 '서울등축제'로, 2014년부터 현재의 명칭인 '서울빛초롱축제'를 쓰기 시작했다. 5년이라는 짧은 기간 동안 축제명칭이 4번이나 바뀌었다.

입장료 유료화 추진 배경

유등축제는 초기에는 무료로 진행하다가 유료 축제로 전환했다. 유료화 추진은 불가피한 측면이 있었다. 바로 정부의 축제 일몰제 정책으로 예산지원이 중단되었기 때문이다.

정부는 1995년부터 외래 관광객 유치 확대 및 지역관광활성화를 위해 전국의 지역축제 가운데 관광 상품성이 높은 축제를 문화관광축제로 지정하여 지원·육성했다. 2010년부터는 경쟁력 있는 축제에 대한 집중지원과 유사축제 통폐합 유도를 위해 이른바 축제 일몰제^{名例退}진제를 시행했다.

유등축제는 대표축제에서 명예졸업한 2014년부터 국·도비 보조금이 대폭 삭감되었다. 이에따라 시비 보조금에 대한 의존도와 부담이 더욱 가중되었다. 2011년부터 3년간 축제예산은 국비 8억 원, 도비 2억 원, 시비 13억 원으로 총 23억 원이었다. 축제일몰제 적용으로 명예대표축제가 된 2014년도에는 국비 2억 원, 도비 2억 원, 시비 16억 원이었다. 국도비 예산 감소로 총 사업비가 23억 원에서 20억 원으로 축소됐다. 반면 시비 보조금은 3억 원이 증가했다.

[표] 진주남강유등축제 2011~2015년 보조금 현황

(단위:백만원)

구분	2011년	2012년	2013년	2014년	2015년
합계	2,300	2,300	2,100	2,000	1,900
국비	800	800	600	200	200
도비	200	200	200	200	100
시비	1,300	1,300	1,300	1,600	1,600

재정자립도를 강조하는 축제 평가시스템의 변화도 유료화 추진의 배경으로 작용했다. 2015년 정부의 문화관광축제 평가시스템이 크게 변경되면서 축제의 재정자립도와 안전성의 비중이 크게 강화되었다. 축제 일몰제 정책과 더불어 재정자립도 확보가 평가 주요 지표가 되었고, 2014년 4월 발생한 세월호 침몰사고 이후 축제 안전성의 중요성이 대두되었다.

정부의 문화관광 평가지표를 보면 총 100점 만점에 축제의 특성과 콘텐츠 50점, 축제 자립도 등 발전성 20점, 축제 안전성 등 운영 10점, 축제성과 10점, 축제 기획 10점 등으로 구분되어 있다. 이전보다 축제의 경제성에 대한 비중이 높아졌다.

경상남도 역시 2015년 9월 보도자료를 통해 모든 축제에 대해 축제 재정자립도를 높이기 위해 "축제 운용시 경제적 관점을 도입하여 국비나 도비 의존도를 줄이고, 핵심 프로그램에 대한 유료 콘텐츠 개발, 지역특산물 판매 수익 등을 통해 자체 수익만으로도 축제를 개최할 수 있도록 유도하겠다"고 밝혔다. 결국 이런 방침은 축제 개최에 있어 국·도비에 대한 의존도를 줄이고 축제 스스로 재정자립에 대한 노력을 촉구하는 것이었다.

Rest Area

축제 일몰제 정책

'일몰제sunset law'는 정부의 제도, 조직, 법규, 규제, 사업, 예산 등에 대하여 일정한 기간을 정해두고, 그 기간이 도래할 경우, 자동으로 폐지되도록 하는 제도이다. 다만 폐지기간이 도래한 경우, 예외적으로 해당 제도나 조직이 존속할 필요가 있을 때에는 심사를 통하여 존속에 필요한 법률통과나 재승인절차 등 적극적인 조치가 이루어져야만 폐지를 면할 수 있다.

하지만 문화관광축제의 일몰제 개념은 문화관광축제 선정지원에 대한 지원 기간 한도설정을 편의상 사용한 개념이다. 문화관광축제로 연속 3회 이상유망축제 4회 연속 또는 총 7회 지정된 문화관광축제에는 일몰제를 적용하였다. 대표축제에서 3회 연속 지정받은 축제는 명예대표축제, 2015년부터 '글로벌육성축제'로 졸업하게 된다. 문화관광축제의 지원 기간 한도를 정하지 않을 경우, 문화관광축제로 지정 또는 상위 등급축제로 지정될 기회가 없기 때문이다.

2020년부터는 문화관광축제 등급제를 폐지했다. 등급 구분 없이 직접 재정지원 대상 문화관광축제를 지정하였다. 지정된 축제는 앞으로 2년간 국비^{보조금}지원과 함께 문화관광축제 명칭 사용, 한국관광공사를 통한 국내외 홍보마케팅 지원 등을 받게 된다.

※ (기존) 문화관광축제(대표/최우수/우수/유망)4등급 구분 → 등급에 따른 예산 차등지원(1년간, 축제당 최대 2억 7천만 원~7천만 원)

※ (개선) 문화관광축제(등급구분없음) → 예산 균등 지원(2년간, 축제당 6천만 원 이내)

치밀한 조사와 각계 여론 수렴 거쳐 유료화 추진

유등축제의 자립화는 초창기 유료체험행사에서부터 점차 부분적으로 확대해 나갔지만, 근본적인 대책에는 한계가 있을 수밖에 없었다. 2010년 정부의 일몰제 정책 도입 이후, 본격적인 축제 자립 논의가 시작되었다. 2011년 3월 진주시의회 시의원이 자립 축제의 중요성을 역설한 것을 시작으로, 본회의 등 진주시의회, 시민단체 등에서 축제의 자립화에 대해 줄기차게 거론하면서 진주시에서도 시정의 시급한 관제로 선정하였다.

유등축제의 자립화를 위한 축제장 유료화의 방향과 골격은 민선 6기에 들어서면서 추진되었다. 축제의 공동 주최기관인 (재)진주문화예술재단과 진주시는 2014년 범시민적 공감대 형성에 초점을 맞추고 이에 대한 홍보를 서서히 늘려갔다. 아울러 유료화 기본계획을 착수하여 전문가, 축제관계자, 시민, 시의회 의원 등 다양한 의견수렴과 더불어 많은 보완·수정을 거쳐 2015년 초에 기본계획을 수립했다.

그리고 국내외의 성공 사례를 본격적으로 조사해 '진주유등축제'에 적합한 모델을 찾고자 했다. 2013년부터 캐나다 오타와시 윈터루드 축제를 시작으로 나이아가라포르시 겨울 빛축제, 미국 LA한인축제, 택사스주 히달고시 보도축제, 애리조나주 투산시, 멕시코 차필라시, 중국 자공시 등축제, 서안시 등축제 등 외국 주요 축제를 방문했다. 국내는 화천산천어축제, 함평나비축제, 안동국제탈춤페스티벌, 고양 꽃박람회 등의 축제장을 찾아 유료화 시행사례를 조사·분석했다.

또 축제 자문위원회를 구성하여 운영했다. 2015년 4월 7일 진주시청에서 학계, 기관, 단체 등 각계 전문가 26명으로 구성된 '진주남강유등축제 자문위원회'를 발족했다. 자문위원회는 축제의 중장기적인 발전 방향 및 비전을 제시하고, 자립형 글로벌 축제, 산업형 축제로의 발전 방안 등 축제 전반에 대한 의견을 나누었다. 4월 17일에 열린 진주시의회 의원들과 간담회에는 전체 의원 20명 중 16명이 참석했다. 대부분 유료화에 대한 필요성을 공감했다. 이 간담회에서는 전체적·단계적 유료화, 성공 관건으로 새로운 콘텐츠 도입, 축제장 안전, 다양한 수익사업 발굴, 타축제와 차별화 등의 의견이 개진되었다. 진주시 공무원과 축제관계자들이 수시로 회의와 토론을 거듭하며 문제점 예측과 해소방안, 축제장 운영 방안을 고민했다. 4월 30일 각계인사 300여 명이 참석한 가운데 시민공청회도 거쳤다.

객관적이고 정확한 입장료를 산정하기 위해 전문기관에 원가계산 용역을 의뢰하기도 했다. 용역기관에서는 산출 요금이 높게 측정되었으나, 유료화 첫해에 방문객들이 느낄 부담을 고려해 용역에서 제시한 안보다 적은 입장료를 책정하였다.

유료화 문제 논란 딛고 성공

입장료는 어른 기준 1만 원[1인]. 하지만 주중[월~목]에 진주시민은 무료이고, 경상남도민과 인근 순천·여수·광양·보홍·보성 사람들은 반값이다. 단 주말과 공휴일은 온전히 내야 한다. 지역민에게는 즐기고 화합할 수 있는 축제, 외지인에게는 지역의 문화를 체험하고 편안하게 관람할 수 있는 축제를 운영한다는 취지를 반영한 것이다. 결과는 성공적이었다. 유료화를 통해 축제 운영비용의 상당 부분을 자급할 수 있게 되었다. 축제의 자생력 확보라는 점에서 국내 축제의 선행 모델을 창출했다고 해도 지나치지 않다.

그러나 유료화 문제는 많은 반발에 부딪히며 험난한 산통의 과정을 거쳤다. 가장 큰 숙제는 시민들의 반발이었다. 주민의 세금이 들어간 축제인데, 왜 돈을 받느냐는 것이다. 또 '축제는 어우러짐의 잔치마당인데, 그 주체인 시민들이 입장료의 벽에 가로막혀서 되겠느냐?'는 논리였다.

2015년 처음으로 유료화와 가림막을 설치했다. 축제장인 진주성과 진주교·천수교 등 남강 주변에 가림막을 설치해 남강과 유등을 아예 볼 수 없게 해 시민들의 불만이 컸다. 축제 기간에 가림막이 찢기고, 가림막 설치 반대 시민집회가 열리기도 했다. 그러나 축제 준비측은 '유료화는 축제의 장기적인 발전과 정부 정책을 고려할 때 불가피한 선택'이라는 입장이었다.

이 같은 논란에도 축제 유료화는 전반적으로 성공을 거두었다는 평가다. 장점이 많기 때문이다. 우선 콘텐츠의 질이 좋아진다는 점이다. 아울러 당장 방문객은 줄지만, 소비자의 충성도 또한 높아진다. 유등축제를 즐기려는 목적이 뚜렷한 방문객이 늘어나는 관계로 축제를 준비하는 생산자도 콘텐츠에 더욱 신경을 쓰게 된다는 점도 소득이다. 아울러 유료화에 따라 다소 관객이 줄어들어 쾌적한 축제장이 유지될 수 있다는 점도 이점으로 꼽힌다. 무료일 때는 사람들이 밀려다닐 정도로 관객이 많다 보니 쾌적한 관람이 어려웠다는 의견이 있었다. 내방객이 많다고 반드시 경제적 효과가 커지는 것은 아니라는 게 축제 전문가들의 중론이었다.

진주시는 다음 해부터 유료화 첫해의 경험을 살려 축제장 안전펜스^{가림막} 대신 앵두등을 활용한 하늘길, 가람길로 명명한 등 터널을 설치를 이에 대한 해결방안으로 제시했다. 테마길을 걸으면서 유등을 관람할 수 있도록 해 유료화 반대의 소리는 작아졌다.

유등축제는 유료화에도 불구하고 매년 관람객이 증가^{2015년 40만 → 2016년 55만 → 2017년 67만}하는 성과를 거뒀다. 특히, 2017년은 유료화 시행 이후 3년 만에 흑자를 내면서 재정자립에 성공했다. 이 해 유료 입장객 41만 명, 시민 등 무료 입장객 26만 명으로 총 67만 명이 입장한 것으로 집계됐다. 전체 축제경비 40억 원 가운데 유료수입은 44억 원^{입장료 수입 33억 원, 기타 수입 11억 원}이었다. 2015년 80%, 2016년 85%에서 2017년은 손익분기점을 넘어 재정자립도 110%의 기록했다. 자체적으로 손익분기점을 넘어 흑자를 달성한 축제는 진주시가 사실상 처음이란 점에서 큰 주목을 받았다.

그러나 3년간 축제 입장료 유료화가 성공을 거두었음에도 2018년부터 다시 무료화로 전환됐다. 민선 7기 조규일 시장 취임 후 시장공약에 따른 것이었다. 입장료는 무료로 결정했지만, 부교 통행료와 유람선 체험, 유등 띄우기는 유료로 진행되고 있다. 시행한 지 불과 4년만에 다시 무료정책으로 되돌아간 것은 성급한 정치적 결정이 아니었는지 아쉬움이 남는다.

글로벌 축제 지향 및 과제

　유등축제는 대한민국 글로벌 축제로 선정되었지만 당장 세계시장에 활발히 진출하고 있지는 못하다. 전체 방문객 중 외국인 방문객 비율도 아직은 낮다. 아울러 국내 최초의 수익형 축제모델로 자리매김했지만, 무료화로 인해 다시 시험대에 서 있다. 그럼에도 진주시는 유등축제가 국내를 넘어 세계적인 축제로 발돋움하기 위한 노력을 진행해 오고 있다. 또한 지역의 문화와 산업이 융합한 산업형 문화축제로의 발전을 지향하고 있다.

　중장기 비전과 과제 키워드는 '글로벌화'이다. 유등의 규모와 재료 특성 때문에 수출의 제약이 따르지만, 해외 진출을 꾸준히 시도해 왔다. 그동안 2013년도 2월 캐나다 수도 오타와 리도 운하 및 자크카르티에 공원에서 개최된 '윈터루트 축제'에 유등燈 30여 기, 소망등 1,350개를 전시하여 호평을 받았고, 같은 해 9월에 개최된 미국 LA 한인축제에 참가함으로써 미국 진출 가능성을 확인하였으며, 11월에는 세계적인 관광지 캐나다 나이아가라 폭포주변에서 개최된 '나이아가라 빛 축제'에도 수출되어 전시되었다. 이렇게 글로벌 축제 진출의 발판을 마련하였고, 2015년 3월 5일부터 8일까지 개최된 미국 히달고시 보더페스트에 진출하면서 축제 수출이라는 새 이정표도 마련하였다.

　진주남강유등축제는 우리나라 축제 사상 최초로 캐나다, 미국, 중국 등 해외에 수출된 대한민국 글로벌 축제로 유등을 매개로 세계 속에 한국의 전통문화를 전파하고 있다. 2016년에는 중국 시안과 폭넓은 문화예술 교류, 뉴질랜드 오클랜드와 축제 교류 MOU 체결에 이어 12월에는 프랑스 리옹 빛 축제 방문을 계기로 LUCI세계도시 조명연맹에 가입하는 등 국제적으로 위상이 격상되고 있다. 이를 계기로 뉴질랜드, 유럽 등 해외 진출을 확대해 한국의 위상과 진주의 도시브랜드를 높였다.

2019년 3월에는 '진주남강유등축제의 글로벌화'라는 주제로 국제심포지엄을 개최하기도 했다. 이날 참석한 스티븐 우드 슈메이처 세계축제협회IFEA 회장은 유등축제만의 독특한 정체성, 스토리 구성, 미디어를 활용한 축제홍보의 필요성과 젊은 세대들이 선호할 만한 다양하고 이색적인 체험프로그램 개발의 중요성을 강조했다.

이날 심포지엄에서 진주문화예술재단 석장호 사무국장은 "축제장 구역 확대, 관련 업계의 전문 인력 육성, 첨단 유등 제작 등 프로그램의 질적 향상과 다양한 콘텐츠를 발굴하는 등 유등의 상품화와 산업화를 추진하겠다. 또한 연구소, 전시관, 체험관, 전망탑 등의 각종 기반시설과 인근 상권과 연계한 '진주유등테마지구' 조성도 계획하고 있다"고 밝혔다. 이를 통해 대한민국 축제역사에 남을 전 세계인이 찾는 세계 명품 축제로 발전시켜 나간다는 포부를 내비쳤다. 그의 말처럼 유등축제는 지역민들로부터 사랑받고, 지역경제에 기여하는 산업형 축제, 그리고 내국인 방문객뿐 아니라 외국인 방문객 유치, 유등 콘텐츠 해외수출 등 글로벌 축제로의 목표에 성큼 다가가고 있다.

 전통문화의 가치 현대적 감각으로 재구성해야

사람들은 빠르게 돌아가는 현대사회에서 전통문화의 가치를 저평가하고 있지만, 한편으로는 우리나라의 독자적인 문화유산에 대한 자긍심을 가지고 있는 양가적 태도를 보인다. 유등축제는 아름다운 진주의 경관과 독창적이고 차별화된 전통문화를 바탕으로 역사의 도시, 문화예술의 도시로서 진주시의 브랜드를 높여왔다. 단순히 지역 문화 계승에 그치는 것이 아니라, 하나의 경쟁력이 있는 관광상품으로 지역경제 활성화에도 크게 기여하고 있다.

독창적이고 의미 있는 축제를 기획하기 위해서는 지역의 고유한 가치를 지닌 역사성에 주목하고, 축제마다 뚜렷한 특징을 지닌 프로그램을 개발해야 한다. 그 무엇보다 지역이 가지고 있는 고유의 전통문화를 잘 살릴 수 있는 개성이 필요하다. 지역축제는 지역적 특성을 충분히 살린 콘텐츠도 중요하지만, 이것이 경제적 효과의 창출로도 이어지기 위해서는 외부인에게도 어필할 수 있을 만큼 매력적인 유인 요소가 있어야 한다. 그러기 위해서는 전통문화의 고유한 특징은 살리되, 현대적 감각으로 새롭게 프로그램을 구성하는 기획력이 중요하다. 여기에 우리나라의 강점인 IT기술을 활용하고, 타 산업과의 융·복합 시도도 필요하다.

 '이야기'와 '스토리텔링'

최근에 '이야기'라는 서사적 의미가 짙은 표현보다 '스토리텔링'이라는 용어가 더 포괄적인 의미로 많이 쓰이고 있다. '스토리텔링'이란 스토리 자체를 받아들이는 것뿐만 아니라 직접 창작 과정에 참여하여 스토리를 가공·재생산하는 일련의 과정까지 포함하는 개념이다. 전통적인 형식의 '이야기'가 동화, 소설, 우화 등 기록문학과 구비문학을 지칭하는 개념이라면, 최근에는 넓은 의미에서 이야기-스토리 양식의 콘텐츠를 포괄하는 개념으로 스토리텔링이라는 용어가 널리 쓰이고 있다.

유등축제는 진주성이라는 실제 진주대첩이 일어난 장소, 김시민 장군이 최후를 맞이한 곳과 제2차 진주성 전투에서 논개가 적장을 끌어안고 죽었던 곳, 남강과 '의암義巖'이 있다. 또 논개의 충절을 기리기 위해서 다리 밑에 쌍가락지를 형상화해서 만든 '진주교' 등 사람들은 스토리화된 역사적 장소에서 축제를 즐기기 위해 이곳 진주를 방문하고 있다.

지역축제 콘텐츠 개발에서 그 축제만이 가지는 고유한 이미지와 스토리텔링, 그중에서도 인위적인 스토리가 아닌 콘텐츠, 장소, 그 안에 담긴 이야기의 유기적 연결은 특히 중요하다. 유등축제는 역사적 장소에서 스토리텔링화된 '등'이 테마로 축제의 고유성면에서 큰 의미를 지닌다. 고유성의 근원을 그 지역만이 가지고 있는 '스토리story'와 그것을 전달하는 '방법telling'에서 찾아야 하며, 앞으로 축제를 비롯한 문화콘텐츠 산업 분야 발전에서 매우 중요한 요소가 될 것이다.

스토리텔링은 스토리의 가치를 재조명하고, 영화·드라마·애니메이션·게임 등 다양한 문화콘텐츠의 근간이 되고 있다. 또한 공연, 축제, 테마파크 등에서도 스토리텔링의 개념을 쓰고 있고, 그 활용의 범위는 더욱 확장되고 있다. 지역축제의 경우 역시 고유하고 독창적인 스토리를 통해서 축제의 차별화를 꾀하고, 방문하고 싶은 호기심을 불러일으켜야 한다.

참고문헌

류정아, 2012, 『한국축제와 지역문화콘텐츠』, 커뮤니케이션북스

류정아, 2012, 『축제의 원칙』, 커뮤니케이션북스

지진호, 2019, 『대한민국 베스트 축제여행』, 상상출판

김희진, 2016, 『일본 전통축제 마츠리의 이해와 사례』, 한울

이 훈·김지선, 2013, 『지역관광 활성화를 위한 축제활용 신규정책사업 발굴』, 한국관광공사

이정진·김창수·김정환, 2013, 『한국축제 50선』, 대왕사

양정숙, 2010, 『진주 남강유등축제의 개선방안에 관한 연구』, 진주산업대학교 벤처창업대학원

정강환 외, 2006, 『문화관광축제 변화와 성과(1996~2005)』, 문화관광부

석장호, 2016, 『축제유료화가 개최지역에 미치는 영향분석과 축제유료화상황에서 방문객들의 방문동기에 따른 시장세분화연구 – 진주남강유등축제를 주임으로』, 배제대학교 대학원

김화경·최화열, 2015, 『진주남강유등축제의 문화관광이벤트의 이해』, 한국사진지리학회

이 전·최진희·이종호, 2010, 『진주남강유등축제의 발전과정과 지역화 특성』, 한국사진지리학회

최진희, 2010, 『지역축제로서 진주남강유등축제의 발전과정 및 평가』, 경상대학교 교육대학원

차정현, 2013, 『축제콘텐츠 성공요인과 발전방향에 관한 연구』, 건국대학교 대학원

한명희, 2015, 『진주남강유등축제와 대만등불축제의 비교』, 글로벌문화콘텐츠

김태영, 2011, 『진주남강유등축제 국제화 방안』, 경남발전연구원

오훈성, 2013, 『문화관광 축제 선정의 일몰제 적용에 따른 제도 운영 개선방안 연구』, 한국문화관광연구원

최희선, 2015, 『지역축제 활성화를 위한 전통문화 기반 스토리텔링 활용방안』, 이화여자대학교 정책과학대학원

박종운, 2017, 『유료화 3년만에 흑자달성… 진주남강유등축제의 비결』, 시사저널

이동렬, 2019, 『이전에 없었던 새로운 감동… 진주남강유등축제 개막』, 한국일보

박성민, 2019, 『개천예술제의 어제와 오늘』, 경남일보

김형우, 2016, 『김형우 기자의 축제프리즘 ③진주남강유등축제』, 조선일보

권순기, 2013, 『진주남강유등축제의 성과와 위기』, 경남일보

한송학, 2017, 『진주유등축제 이제는 세계로 뻗어나간다』, 경남도민신문

김인수, 2016, 『자립준비인가 장삿속인가… 진주남강유등축제의 딜레마』, 국제신문

김광모, 2014, 『지역축제/진주남강유등축제, 물·불·빛이 만들어낸 아름다운 풍경 속으로』, 한국자치학회

한송학, 2019, 『진주남강유등축제 '유등' 美 텍사스퍼레이드 참가』, 뉴스1

진주남강유등축제 제전위원회, 2017, 『전주의 10월축제 – 종합평가 보고회 자료』

www.yudeung.com

*사진 제공: 진주문화예술재단

하늘과 땅이 만나는 황금빛 들녘에서

지평선 축제는 매년 새로운 프로그램을 신설함과 동시에 기존 체험 프로그램을 보완 강화하여 축제 방문객들에게 프로그램 선택의 폭을 넓혀준다. 프로그램들은 대체로 농경문화와 밀접하게 관련되어 있을 뿐 아니라 축제의 콘셉트와 이미지에 잘 부합하고 있다. 특히 단순한 볼거리에 벗어나 참여하고 체험할 수 있는 프로그램이 강점으로 온가족이 즐기는 '체험왕국'이라 불리운다.

"그 끝이 하늘에 맞닿아 있는 넓다나 넓은 들녘은 어느 누구나 기를 쓰고 걸어도 언제나 제자리에서 헛걸음질을 하고 있는 것 같은 착각에 빠지게 했다. 그 벌판은 '징게 맹갱 외에밋들^{김제 만경 너른들}'이라고 불리는 김제 만경평야로 곧 호남의 일부이며, 호남평야 안에서도 김제 만경 벌은 특히나 막히는 것 없이 탁 트여서 한반도 땅에서는 유일하게 '지평선'을 이루어 내고 있는 곳이다. 눈길이 아스라해지고 숨길이

아득해지도록 넓은 그 벌판이 보기에 너무 지루하고 허허로울까 보아
조물주는 조화를 부린 것일까. 들녘 이곳저곳에 띄엄띄엄 야산들을
앉혀놓고 있었다." – 조정래 소설 '아리랑' 중

　지평선, 하늘과 땅이 만나는 경계. 그 끝이 보이는 것 같지만, 걸어
도 걸어도 언제나 제자리에서 헛걸음질을 하는 듯한 착각에 빠지게
한다. 드넓은 지평선까지의 공간을 채우고 있는 건 생명과 풍요의 상
징인 황금빛 벼였다. 대한민국 대표 곡창지대인 벼 고을 김제는 한민
족의 곡간으로, 국내에서 유일하게 지평선을 볼 수 있는 곳이기도 하
다. 이곳의 지평선은 사람들에게 희망이었으며, 따뜻하고 배부른 밥
이었고, 때로는 역경과 슬픔을 이겨내야 하는 이유가 됐다.

　김제는 1,700여 년 전 백제 비류왕 330년에 만들어진 국내 최고最
古의 수리 시설인 '벽골제'가 있는 곳이다. 우리나라 '도작문화稻作文化'*

의 발생지이며 농경문화를 꽃피워낸 곳이다. 김제에서 언제부터 쌀농사를 짓기 시작했는지 정확히 알기 어렵다. 농사와 관련된 유구들로 미루어 청동기 시대 이전에 이미 상당한 규모의 농업이 시작됐을 것으로 추측할 뿐

* 도작문화
벼농사를 위주로 하는 민족의 생활양식과 사회구조 속에서 이루어진 독특한 고대문화

이다. 김제의 쌀농사 유적 중 가장 중요한 것은 서기 330년에 만든 우리나라에서 가장 오래되고 큰 규모의 저수지인 '벽골제碧骨堤'이다. '벽골'은 백제시대 김제의 지명으로 '벼의 고을'을 음차해 한자로 적은 것이라고 한다.

김제의 쌀 생산량이 우리나라 전체 쌀 생산량의 약 40%에 달한다는 통계를 봐도 김제가 우리나라 농업에서 차지하는 위치를 쉽게 짐작할 수 있다. 오늘날까지도 농업은 김제시 경제의 중요산업이다.

드넓은 호남평야의 하늘과 땅이 만나는 황금들녘의 비경 '지평선'은 축제의 명칭이자, 축제를 탄생시킨 단초가 되었다.

농업의 위기에서 탄생한 축제

김제평야는 한때 호남평야, 만경평야, 금만평야라 불리는 우리나라 최대의 곡창지대였다. 한민족 먹거리의 곳간이자 농경문화의 뿌리를 이어온 고장이다. 그러나 1960년 이후 산업화로 농촌의 젊은 이들이 도시로 이주하면서 인구 감소 및 고령화로 김제시 또한 쇠퇴의 길로 접어들게 되었다. 게다가 FTA와 농산물 수입개방 등 국제적인 정세변화는 지역경제발전에 더 큰 어려움으로 다가왔다. 60% 이상이 농업에 종사하는 김제시 농민들에게는 큰 위기였다. 농업의 위기와 지역을 살리기 위한 몸부림으로 탄생하게 된 것이 바로 '김제지

평선축제^{이하 '지평선축제'}이다. 지평선을 바라보고 자란 이들은 다시 한 번 지평선을 통해 일어설 힘을 얻길 원했다. 축제는 현실의 불안을 희망으로 바꾸기 위한 사람들의 몸짓이었다. 어쩌면 지평선 축제의 탄생은 필연적이었을지 모른다.

농경문화의 전통이 지금까지도 잘 보존되고 있는 김제에서 축제가 태어난 건 1999년이다. 당시는 우리나라 쌀 시장을 개방하는 우루과이라운드가 체결되며 대량화, 기계화된 해외 쌀의 유입으로 농업이 큰 위기를 맞이했던 시절이었다. 김제시는 시름이 깊어진 농민들에게 희망을 주고, 김제의 대표 특산품인 쌀을 홍보하기 위해 '지평선'을 테마로 하는 농경문화축제를 계획하게 됐다. 이는 최대 곡창지대라는 김제의 명성을 널리 알릴 뿐만 아니라, 지역의 고품질 쌀의 경쟁력을 확보하기 위함이었다.

지평선축제는 우리나라 유일의 '지평선'이라는 테마와 우리 전통의 '농경문화'를 축제의 핵심 콘셉트로 삼았다. 여기에서 한발 더 나아가 1차 산업인 농업을 관광산업으로 육성하고자 착안한 것이 '벽골제'였다. 지평선축제 탄생의 근원인 '벽골(문화)제'는 김제문화원

과 김제시가 해마다 10월음력 9월 9일에 여는 향토축제로 1960년부터 시작됐다. 벽골제 행사에는 쌍룡놀이, 단야 아가씨 선발과 풍년 농사를 기약하는 벽골제사가 있었다. 그리고 문화예술인이 참여하는 농악경연, 미술 전시회, 시민 체육대회 등이 있었다.

그 후 1991년 민간 주도의 '벽골제 개발위원회'가 발족되면서 본격적인 움직임이 시작됐다. 당시 국제학술토론회를 통해 벽골제에 관한 자료를 발표했고, 이를 계기로 기존의 '군민의 날'과 벽골제 행사를 개최했다. 1995년 1월 1일 김제시·군이 통·폐합되면서 제1회 '김제시민의 날'음력 9월 9일 행사 때 제35회 벽골제 행사를 함께 개최했다. 1998년에 4월에는 '벽골제 수리민속유물전시관'이 개관했다. 그리고 1999년 10월 8일 드디어 '제1회 김제지평선축제'가 3일간 개최됐다. 제1회 축제부터 슬로건은 '하늘과 땅이 만나는 오직 한 곳, 김제로 오세요!'였다. 2000년 9월 제2회 지평선축제가 개최됐고, 문화체육관광부지정 문화관광축제로 선정됐다. 이 해부터 시민의 날 행사를 통합하여 축제를 개최했으며, 지평선축제 상표특허를 정식 등록했다. 이후 해마다 성장에 성장을 거듭해 현 문화관광축제제도하에서 우수축제 4번, 최우수축제 8번, 대표축제 5번이라는 큰 성과를 거두었다. 2018년에는 대표축제를 명예 졸업한 축제만이 올라갈 수 있는 글로벌 육성축제로의 반열에 올랐다. 이는 우리나라 최대의 호남평야라는 지역특색과 동양최대 수리시설 벽골제, 그리고 차별화한 프로그램을 철저히 살린 덕분이었다. 한편, 지평선축제는 고등학교 교과서에 실리는가 하면, 전라북도 첫 대안학교인 '김제 지평선 중학교' 설립의 토대를 마련하기도 했다. 처음 축제를 시작할 때만 해도 허허벌판이었던 벽골제도 지평선 축제를 통해 김제를 대표하는 관광지로 발전했다.

'벽골제 제사'로 축제 시작

지평선축제의 소재는 크게 '벽골제'와 '지평선'이다. 벽골제는 역사적 사실로서 축제의 존재이유를 설명하는 기제이며, 지평선은 끝없이 펼쳐진 광활한 농경지가 이미지화된 자연적 실재이다. 과거의 역사와 현재의 실재가 도작문화라는 문화적 생산물로 표현되고, 축제를 관통하는 핵심가치로 작용하고 있다.

지평선축제는 벽골제 장생거*에서 '벽골제 제사'를 올린 뒤에 본격적으로 시작된다. 축제의 정체성이 벽골제*에 근간하고 있음을 알 수 있다. 김제시 포교리와 월승리 일대의 저수지를 '벽골제'라고 한다. 백제의 수리시설로, 벼농사와 관련한 토목·측량·석공 등 당시 과학기술의 발달 수준을 살필 수 있는 가장 오래되고 가장 규모가 큰 농업문화유산이다. 벽골제는 우리나라 벼농사 문화의 역사적 중심지로서 상징적 의미가 매우 크다. 역사적 가치를 인정받고 있는 벽골제는 기록상으로 최초라는 점, 규모면에서 최대라는 점, 보전면에서는 비교적 원형보전을 잘하고 있다는 점에서 큰 의의가 있다. 농업 국가로서 일찍부터 농사를 위해 수리 시설을 갖춘 조상의 슬기를 엿볼 수 있다.

벽골제는 생명과 풍요를 가져다준 원천이었음을 축제를 통해 새롭게 환기하고, 과거와 소통하는 중요 장치이다. 현대적 관점에서 벽골제를 지역축제로 재인식하는 것은 문화에 대한 새로운 접근방식이라 할 수 있다. 농업이 기반인 전통사회가 현대화, 산업화를 거치면서 농업

* 벽골제의 수문

벽골제의 수문은 원래 수여거, 장생거, 중심거, 경장거, 유통거 등 5개였다. 그러나 일제강점기에 둑의 한가운데를 파서 수로를 만들면서 둘로 잘렸고, 수문도 사라져 현재는 장생거와 경장거의 돌기둥만 남아 있다. 장생거는 당시에 이미 이러한 저수지 축조가 가능할 정도로 발달된 토목기술을 보유하고 있었음을 입증해 준다는 점에서 우리나라 과학기술사의 획기적인 사실을 제공해 주는 유적이다.

* 벽골제의 연혁

『삼국사기』와 『삼국유사』에는 330년(신라, 흘해왕 21)에 공사를 시작해 790년(신라, 원성왕 6)에 증축했다고 했고, 『동국여지승람』과 『세종실록지리지』에는 고려 현종 및 인종 때와 조선 1415년(태종 15)에 개축했다고 했다. 김제시 부량면 포교리를 기점으로 하여 남쪽으로 월승리에 이르는 평지에 남북으로 일직선을 이루고 약 3㎞에 달하는 제방이 현재 남아 있다. 4세기 삼국사회의 토목, 측량, 석공 등 여러 기술의 발달 수준을 해명할 수 있는 중요한 유적으로 사적 제111호에 지정되었다.

벽골제 전설 쌍룡놀이

기술도 지속적으로 변화하였다. 거대한 농업문화의 유산인 벽골제는 오늘날 농경수로의 기능을 최소한 유지하면서 지역민들에 의해 새롭게 재창조된 것이다.

이처럼 벽골제는 농경문화의 산물임과 동시에 지역민의 문화적 대응력을 보여주는 상징물로 거듭나고 있다. 특히 지역 내 구전되어온 설화와 이를 기반으로 한 '쌍룡놀이'는 김제의 과거와 현재를 연결하여 집단적이고 역동적인 지역축제의 형태로 더욱 확대되고 있다.

쌍룡과 단야설화

'지평선축제'의 주요행사인 '쌍룡놀이'는 '단야설화'를 근거로 지역 민속놀이로 발전한 사례이다. 벽골제라는 유적의 사실성과 흥미

지평선축제, 쌍룡과 블랙이글스

진진한 전설이 얽혀 축제의 스토리라인이 탄생했다.

　단야설화는 김제 태수의 딸인 단야가 벽골제 제방을 마구 무너뜨리는 청룡에게 제물로 바쳐져 벽골제와 백성들을 살려냈다는 인신공희담人身供犧談이다. 현재 벽골제 농경문화박물관 안에는 이 설화에 근거하여 단야각, 단야류, 단야류 연못, 단야로 등이 설치되어 있다. 벽골제 전통설화에 기반한 쌍룡 조형물은 축제장 안의 랜드마크로 자리잡아 방문객들이 사진을 찍는 주요 포토존으로 활용되고 있다.

　이 단야설화를 민속놀이로 발전시킨 벽골제 쌍룡놀이는 현재 지평선축제의 주요 행사다. 농경문화의 전통에서 물의 수호신인 용이 두 마리나 등장하는 전설과 민속놀이는 찾아보기 쉽지 않다. 1975년 전라북도 민속자료로 지정된 쌍룡놀이는 1975년 9월 제16회 전국민속예술경연대회에서 민속놀이 부문 최우수상인 문공부장관상지금의 문화체육관광부장관상을 받아 전통성을 인정받았다.

쌍룡에 관한 전설은 벽골제가 지역 농민들에게 얼마나 소중한 존재였는지를 알 수 있게 해주는 전설이다. 쌍룡놀이는 벽골제를 지키고 풍년과 인간 화합을 위해 목숨을 바치려던 단야낭자의 정신을 기리는 놀이다. 이 놀이는 백룡과 청룡 두 용의 싸움과 이 과정에서 희생된 김제 태수의 딸인 단야의 영혼을 위로하기 위한 것이다. 벽골제의 제방 공사와 용의 이야기, 그리고 연인의 사랑 이야기가 함께 읽히면서 놀이화한 것이라 할 수 있다. 쌍룡놀이는 벽골제 제방공사, 쌍룡의 싸움, 단야의 희생, 단야의 소원무 등으로 구성되어 연행되고 있다.

단야설화는 벽골제가 물을 가두어 놓은 단순한 제방이 아니라 옛 선인들의 얼과 정신이 깃들어 있는 신성한 제방임을 다시 한 번 확인하게 한다. 축제에 참가하는 관람객들에게는 신성한 공간으로의 진입이라는 신성성에 대해 동의하게 만든다. 역사적 사실이 전설이 되고, 전설은 구전되어 사회적 믿음으로 체계화된다. 전설과 실재를 둘러싼 다양한 문화가 창조됨으로써 비로소 역사성은 신화가 되고, 이 신화는 축제의 '제의성'의 훌륭한 기제로 작용하게 된다.

Rest Area

단야낭자의 슬픈사랑 이야기

신라 원성왕 때의 일이다. 신라의 조정에서는 오래된 벽골제를 보수하기 위해 당시 최고의 토목기술자였던 원덕랑을 김제로 파견했다. 원덕랑은 김제 태수와 함께 일을 했다. 태수에게는 미모가 빼어나고 성품 또한 아름다운 딸이 하나 있었는데, 사람들은 그녀를 단야낭자라 불렀다. 단야낭자는 원덕랑을 보자 첫눈에 호감을 느꼈고, 연모의 정은 점점 깊어져 사랑에 빠지게 되었다. 그러나 원덕랑은 벽골제 보수작업에만 열중했다. 원덕랑은 신라에 약혼녀 월래가 있었기에 단야낭자의 마음은 이루어질 수 없는 짝사랑이었다. 벽골제 공사가 끝나갈 무렵, 갑자기 천둥번개가 치고 큰비가 내려 더 이상 공사를 진행할 수가 없었다. 당시 벽골제 인근에는 백룡과 청룡이 살고 있었는데, 심술궂은 청룡이 백룡과의 싸움에서 이기자 더욱 더 심하게 행패를 부렸고, 벽골제의 제방을 무너뜨리려고 했다. 힘들게 보수공사에 참여했던 마을사람들은 청룡의 노여움을 풀어주기 위해 처녀를 제물로 바쳐야 한다고 했다. 이런 와중에 원덕랑을 만나기 위해 신라에서 약혼녀 월래가 왔다. 태수는 자신의 딸 단야가 남몰래 원덕랑을 사모한 것을 알고 있던 터라 월래를 청룡의 제물로 바칠 음모를 꾸몄다. 이러한 아버지의 음모를 알게 된 단야낭자는 양심의 가책을 느꼈고, 오랜 고민 끝에 '나만 희생하면 제방도 완성되고, 원덕랑과 월래도 행복하게 살 수 있을 거야. 더욱이 아버지의 살인까지 막을 수 있게 되는 거니까'라고 생각하며, 스스로 청룡의 제물이 되기로 결심했다. 청룡이 제방을 공격하자 단야는 청룡을 막아서며, "수많은 사람이 지금까지 힘들게 쌓은 제방이니 제발 노여움을 푸시고, 무너뜨리지 말아 주세요."라고 간청한 후 청룡이 사는 못에 몸을 던졌다. 이후 청룡은 단야의 희생으로 노여움을 풀었고, 벽골제의 보수공사는 순조롭게 마무리되었다. 또한 원덕랑은 월래와 함께 신라로 돌아가 결혼했고, 마을사람들은 단야의 효심과 희생정신을 기리기 위해 '단야루'와 '단야각'을 세웠다고 한다.

*출처: 「지역N문화」, 한국문화원연합회

한 공무원의 아이디어와 열정이 '축제의 씨앗'

성공한 지역축제에는 공통점이 하나 있다. 그 축제에는 반드시 누군가의 헌신과 열정이 있다는 것이다. 지평선축제에도 그런 사람이 있다. '제5회 지방행정의 달인'에 선정된 전북 김제시청의 공무원 신형순. 바로 김제지평선축제의 씨앗을 뿌린 산증인이자, 일등공신이라 해도 과언이 아니다. 당시는 농산물 수입개방이 본격화하며 농촌이 존폐의 갈림길에 섰을 때였다. 신 씨는 '농업을 관광 상품화해보자'는 역발상을 했다. '다 죽게 생겼는데 무슨 축제냐?'는 농민과 '전국에 농경문화가 없는 곳이 어디 있느냐?'는 냉소적인 일부 동료를 설득하며 행사의 틀을 짰다.

수많은 노력을 거쳐 1999년 제1회 지평선축제를 개최했으나, 상황은 녹록지 않았다. 방문객도 수천 명에 불과했다. "축제 예산으로 낭비할 재정이 있으면 농로 포장이나 농기계 지원 등, 농민들을 위해 투자해야 한다."는 시민들의 반발도 있었다. 이에 2000년 '김제시민의 날' 행사를 과감히 폐지하고, '김제지평선축제'로 통합하면서 이중으로 소요되는 예산을 절감했다. 그리고 시민이 축제의 주인이 될 수 있도록 주민 참여형 축제로 공감대를 형성하고, 지역발전이라는 응집력을 형성하기 시작했다. 무엇보다 김제 지역민들의 주민참여와 통합력을 구축하게 된 구심점은 축제를 통한 민속놀이의 재발굴이었다.

당시 축제를 기획한 신 씨는 '김제만이 지니는 고유한 문화와 축제 프로그램의 차별성'에 대한 고민을 하였다. 고민 끝에 찾아간 김제문화원에서 책 속에 묻혀 있던 김제만의 고유한 전승민속놀이를 발견하고, 이를 대동성 있는 축제 프로그램으로 발전시켰다. 바로 '쌍룡놀

지평선축제, 입석줄다리기

이', '입석줄다리기', '만경들노래'이다. 이 3개 프로그램은 30여 년 동안 지평선축제의 전통성을 이어오고 있는 킬러콘텐츠이자 대표 프로그램이다. '입석줄다리기'는 200여 명의 지역주민들이 참여하고 있으며, '쌍룡놀이'는 120여 명의 지역주민들이 참여하고 있다.

'지평선'이란 이름을 특허청에 상표 등록한 공로도 빼놓을 수 없다. 지평선 브랜드는 김제의 모든 농산물과 축산물, 심지어는 구멍가게 상표로도 사용될 정도이다. 한 공무원의 번뜩이는 아이디어와 끊임없는 연구, 남다른 열정이 지역경제를 활성화하는 축제의 씨앗을 뿌리고 가꾸어 간 것이다.

Rest Area

지방행정의 달인

2011년부터 한 언론사와 안전행정부가 공동으로 주관하는 '지방행정의 달인' 선정은 각 분야에서 창의적인 아이디어 및 전문적인 지식과 더불어 업무 관행을 개선하는 데 공로를 세운 지방공무원을 대상으로 진행하였다. 지방행정의 달인 선정은 안전행정부 훈령 제195호로 제정돼 이뤄지고 있다. 지방행정의 달인으로 선정되기 위해서는 업무 숙련도와 전문성을 바탕으로 한 아이디어가 본인이 몸담은 지방자치단체는 물론 다른 지자체, 중앙부처, 민간부문에서 어떤 파급효과를 가져왔는지를 평가하게 된다. 단발성 아이디어가 아니라 지속적인 정책으로 자리 잡을 수 있는 가능성과 다른 분야에 적용할 수 있는지 등도 평가 대상이다. 공무원으로서의 품위를 유지하고 우수한 자질로 국가와 지역사회의 발전에 이바지했는지도 주요 잣대다.

지방행정의 달인 선정에선 각 지자체 등의 추천을 받아 후보자를 심사한다. 이들을 대상으로 서면 심사와 현지 실사, 최종 심사 등 3단계를 거쳐 일반행정, 사회·복지, 문화·관광, 지역경제, 지역개발, 주민안전, 정부3.0, 규제개혁 등의 분야에서 달인을 선정한다.

킬러콘텐츠와 프로그램 구성

지평선축제는 매년 프로그램의 특성화를 추구하면서 다양한 변화를 시도해 왔다. 프로그램은 크게 7개 분야文화행사, 전통행사, 체험행사, 부대행사, 상설행사, 야간행사, 시내권 행사70여 개의 다양한 행사로 구성되어 있다.

축제 기간은 처음 개최된 1999년과 그다음 해인 2000년까지 3일간 진행하다가 제3회째인 2001년부터 제7회 축제까지 1일 더 연장하여 4일간 운영했다. 2006년 제8회부터 2018년 제20회까지는 5일간 진행했다. 2019년에는 축제 기간을 5일에서 10일로 대폭 늘렸다.

지평선축제에서는 우리의 전통농경문화를 재구성한 프로그램을 즐길 수 있어 더 흥미롭다. 지평선 축제를 상징하는 대표 프로그램축제 주제와 부합된 핵심 프로그램으로는 벽골제 설화 쌍룡놀이, 민속 대동놀이입석줄다리기 등이 있다. 설화와 민속자료를 토대로 지역주민들이 직접 참여하고, 관광객들과 함께 어우러지는 대동 프로그램이다.

쌍룡놀이나 축제장의 주광장에 세워진 쌍룡조형물은 지평선축제를 단순한 전통문화축제의 범주에서 벗어나게 한다. 역사적 사실만으로는 단조로울 수 있는 요소를 인간의 상상력이 만든 전설로 채우고, 이 흥미진진한 이야기는 관람객들을 전설의 한가운데로 초대한다. 설화에 나오는 청룡과 백룡의 싸움을 놀이로 형상화한 쌍룡놀이는 벽골제의 축조에 대한 역사적 재현을 통한 역사성뿐만 아니라 사실성을 기반으로 스펙터클한 볼거리를 제공하는 축제의 현재적 기능도 담당하고 있다.

민속놀이인 '입석 줄다리기'는 원래 음력 정월 보름에 행해지던 풍년을 기원하는 행사였으나, 지평선축제에 이르러서는 지역주민의 화합과 단결을 보여주는 행사로 전환됐다. 축제장의 주광장인 쌍룡조형물 앞에서 행해지는 입석 줄다리기는 음악과 내레이션을 통해 극적인 요소가 곁들여 있다. 학교·단체 대항전 등 이벤트적 성격이 강화돼 흥미진진하게 펼쳐진다. 또한 농경문화 콘텐츠로 '농악農樂'과 '농주農酒'의 붐 조성을 위해 농악 기획공연 '농악아, 놀자!', '대한민국 막걸리 페스티벌' 등 축제 속의 축제도 있다.

축제의 특성과 문화자원을 활용한 주제 프로그램으로 벽골제 제사, 만경들노래, 인간문화재 공개, 공연행사, 동헌·내아 행사, 손 인형극 단야낭자 이야기 등이 있다. 참여·체험 프로그램으로는 들녘 메뚜기 잡고 곤충 만들기, 허수아비 체험 빌리지, 벼 베어 쌀알 보기, 짚풀 공예체험, 새끼 꼬고 가마니 짜기, 뚝딱뚝딱 만능 대장간, 벼 고을

흙냄새 도예체험, 시골장터 마당놀이, 황금 들녘 우마차 여행, 물 대고 방아찧기, 짚풀 미니 올림픽 등이 있다. 농경생활을 체험해 볼 수 있는 프로그램이 중심을 이루고 있다.

또 시기별로 이슈 메이킹 프로그램도 잘 활용하고 있다. 2009년 지평선 축제는 제11회와 새만금 방조제 33km를 의미하는 1,133개의 연을 동시에 날리는 세계 기네스 기록에 도전, 성공함으로써 유명세를 타기도 했다. 관람객 참여형 프로그램인 이 행사에는 1,133명이 동시에 같은 크기 같은 모양의 연을 날려 벽골제 하늘에 연들의 열병식 같은 장관을 연출하며, 좋은 볼거리를 제공했다. 지평선축제의 경우 '쌍룡놀이'를 통한 농경설화의 재현과 각종 농경문화를 체험해 볼 수 있는 프로그램은 지역의 과거와 현재, 미래를 관통하는 '스토리두잉 Storydoing'*을 효과적으로 보여주는 사례이다.

* 스토리두잉
스토리텔링이 '텔링'에 집중하여 특정한 스토리를 매체의 특성에 맞게 조합 가공하거나 내용을 잘 드러내는 방법론적 측면에 관심을 두는 것과 달리, '스토리두잉'은 스토리가 담고 있는 가치와 정서, 그것을 직접 실천하고 실행하게 하는 직접적인 경험 측면을 더욱 중요하게 다루고 있다. 스토리두잉 중심의 소통 방식은 스토리텔링에서 한 단계 더 발전한 개념으로 축제의 각종 프로그램을 직접 체험하며, 관람객들의 만족도를 높이고 축제 이미지를 각인시키는 방식으로 진화하고 있다.

온 가족이 즐기는 체험 왕국

지평선 축제는 매년 새로운 프로그램을 신설함과 동시에 기존 체험 프로그램을 보완 강화하여 축제 방문객들에게 프로그램 선택의 폭을 넓혀준다. 평소 일상생활에서는 접하기 어려운 '농경문화'라는 독특한 체험의 기회를 제공하기 때문에 방문객들은 '체험프로그램'에 대한 만족도가 높다.

지평선 축제는 여타 지역축제의 관행인 스타를 활용한 행사를 진행하지 않는다. 그 비용 대신 관광객의 만족도를 높일 수 있는 프로그램

지평선축제의 체험프로그램들

을 개발하여 축제를 업그레이드하고, 관광객 편의시설을 늘리는 방
안을 선택했다. 또 매년 고정적으로 시행되는 프로그램을 제외하고
절반가량은 해마다 새롭게 준비한다.

'가마솥에 누룽지! 아궁이 쌀밥 체험', '뒤뚱뒤뚱 아기동물 레이
스', '황금들녘 자전거 여행', '사랑을 밝히는 지평선 등불', '출발! 지
평선 드림팀! 짚 놀이마당', '도롱이 워터터널' 등은 연일 많은 관람
객들의 참여 속에 독특한 재미와 즐거움을 선사한다.

축제에서는 주요 프로그램을 연령대 및 계층별로 구분하여 프로그
램을 추천하기도 한다. 모든 계층을 아우를 수 있는 프로그램이 풍성
하고 다양하게 준비되어 있다. 10·20대와, 청소년·연인을 위한 프로
그램은 지평선 등불, 희망 LED풍선 날리기, 벽골제 소원 한지등, 코
스모스 산책길, 전통한복 체험, 지평선 패밀리 팜, 도전 2033 글로벌
제기차기 등이 있다. 30·40대 가족 추천 프로그램으로는 모락모락!
아궁이 쌀밥 짓기, 가족대항 행복한 우리 초가집 만들기, 김제 사금이
야기, 친환경 보트체험, 지평선 청년농장, 지평선 목장 나들이, 지평

선 깡통열차, 벼고을, 용두레 맞두레 농기구 체험 등이 있다. 50대와 단체추천 프로그램은 벽골제 전설 쌍룡놀이, 풍년 기원 입석 줄다리기, 벽골제 쌍룡 횃불 퍼레이드 등을 추천하고 있다.

지평선축제의 프로그램 또한 도작문화라는 일관된 콘셉트를 유지하고 있다는 점에서 축제 참가자들의 기대감을 지속적으로 높이는 효과가 있다. 농경문화를 주제로 한 다양한 체험프로그램은 높은 교육성을 확보하고 있어 자녀를 동반한 가족 단위 방문객들에게 매력적이다. 허수아비 만들기, 무자위·용두레·맞두레 체험, 가마니 짜기와 새끼 꼬기 등 각각의 프로그램들은 나이 드신 분들께는 잊혀져 가는 과거에 대한 향수를, 젊은 사람과 아이들에게는 전통에 대한 재발견을 통해 조상들의 농경문화에 대한 이해를 높이는 기능을 한다. 특히 지금은 거의 사라져 버린 논에서 메뚜기 잡기 체험과 황금 들녘을 달리는 우마차 여행은 농경문화라는 일관된 콘셉트를 현실적으로 구현함으로써 일상으로부터의 일탈이라는 축제성을 분명하게 체험할 수 있는 프로그램으로 자리잡고 있다.

이러한 노력의 결과로 2017년 702개의 지역축제 가운데 관광객이 선정한 만족도 1위라는 성과를 거두었다. 2016문화관광축제 종합평가_{문화체육관광부. 6점 척도 기준}에서도 '축제재미'^{5.70}, '축제 프로그램 좋음'^{5.70}, '축제를 통한 지역문화 이해'^{5.60}, '재방문 및 타인방문유도 의사'^{5.70}도 매우 높게 나타났다.

이렇듯 지평선 축제는 일회성 행사에 예산을 낭비하지 않고, 주어진 예산으로 축제 프로그램을 업그레이드하고 관광객들에게 보고, 만지고, 즐길 수 있는 풍성한 프로그램을 제공한다. 이런 이유로 지평선축제는 온 가족이 즐기는 체험 왕국이라는 명성을 얻었다.

지평선축제, 목장 나들이

지속 가능한 축제를 위한 체류형 프로그램

지평선축제는 지속 가능한 축제로의 전환을 위해 지역문화-관광 자원을 활용한 다양한 프로그램을 운영한다. 단순히 당일 하루 동안 축제를 즐기는 것에서 더 나아가 하룻밤 머물면서 재미있고 깊이 있게 한국적인 농경문화 콘텐츠를 체험할 수 있도록 하기 위한 것이다.

우선 농촌마을 체험과 숙박이 어우러진 '농촌에서의 하루'는 1박 2일 가족단위 여행으로 제격이다. 지평선축제장으로부터 20~30분 거리에 있는 농장 등에서 농산물 수확 및 가공잼, 우리밀쿠키, 쌀피자 등 등 농촌 체험활동을 만끽할 수 있다.

지역 마을회관 38개소를 활용한 '지평선 팜스테이'에 참가하면, 축제 기간 황금물결 넘실대는 김제평야의 전원 풍경을 직접 느낄 수 있다. 게다가 1박 기준에 5만 원2017년 기준에 취사가 가능하며, 1개소당 5~10명 정도를 수용할 수 있어 저렴한 비용으로 즐길 수 있다.

고즈넉한 산사에서의 하룻밤을 원한다면 '금산사 템플스테이'에 참가하는 것도 좋다. 1,400년 미륵신앙의 성지인 금산사에서 한국 고유의 정신문화체험과 치유의 시간을 가져볼 수 있다. 또 유불^{儒佛}문화를 통한 정신수양을 위해 '학성강당[*] 예절교육'도 운영한다.

주재관 옆 농지에는 유색 벼를 활용한 대지아트도 조성했다. 축제장 곳곳에 대형 짚 조형물과 윈드 배너, 토피어리 조형물을 설치해서 보는 즐거움도 더했다. 또한 시골 전체에 황금벼 이삭과 너무도 잘 어우러진 향기 가득한 코스모스 꽃길과 테마가 있는 허수아비는 절로 아련한 추억에 빠지게 한다.

지평선축제는 그동안 풍성한 주간 프로그램에 비해 야간 프로그램이 부족했다는 평가를 받았다. 야간 프로그램은 보통 개최지역의 경제활성화와 프로그램 몰입도를 높여 관광객들의 만족도를 제고시킬 수 있는 콘텐츠가 될 수 있다. 지평선축제는 이에 야간 프로그램을 강화해 방문형 축제에서 체험형 축제로 변신을 시도했다. '김제벽골제야행^{夜行}'이라는 주제로 야경^{夜景}, 야사^{夜史}, 야화^{夜華}, 야로^{夜路}의 4가지 볼거리를 마련해 축제 기간 선보였다. 아울러 지평선축제의 주무대인 벽골제가 수리시설임에 착안해, 2014년

지평선축제, 대지아트

부터 수상마당의 프로그램을 늘리고, 주·야간 상시적 운영을 위한 야간 경관조명도 확대 설치했다. 야경^{야간경관}은 저수지 인공섬과 벽골제 담장 일대를 새롭게 단장해 가을밤을 밝히는 오색 불빛의 향연이 펼쳐졌다. 야설 공연은 지평선 레이저쇼와 대평 멀티미디어 불꽃 연출, 야화 체험인 풍등 날리기와 등불체험, 야로^{걷고 싶은 거리}는 벽골제 정문과 구정문 사이에서 펼쳐졌다.

축제장에 조명을 달아 야간경관을 통해 관람객을 불러 모으고, LED등에 소원을 적어 밝히는 지평선 사랑 소원 등을 통해 방문객들이 야간에도 축제장에 머무를 수 있도록 했다. 또한 조명과 음악이 아름다운 하모니를 이루는 지평선 불꽃 레이저 뉴 판타지 쇼를 펼치기도 했다.

야간 프로그램 활성화를 위해 행사장 내 각종 상설 체험 운영시간을 저녁 6시에서 9시까지 연장하여 불깡통 놀이, 횃불 만들기, 풍등 만들어 날리기, 야광 연날리기 등 야간 놀이마당과 쌍룡 조형물, 테마 연못, 생태 숲 등 야간경관을 확대했다. 이런 야간 프로그램은 오후 늦게 입장하는 방문객 분산 효과도 있으며, 체류시간을 연장해 지역경제를 활성화하는 효과가 있다.

야간 프로그램 중 가장 인상 깊은 프로그램은 쌍룡 횃불 퍼레이드다. 2012년 제14회 지평선축제의 이슈메이킹^{Issue Making} 프로그램으로 '도전 2012! 지평선을 밝히는 벽골제 횃불놀이'라는 명칭으로 시작했다. 횃불놀이는 한국 기네스에 도전하며 2천12명이라는 많은 인원이 참가해 가을밤에 화려하게 펼쳐진 횃불은 장관을 연출하며 특별한 감동을 선사했다. 벽골제 제방에서 출발하는 횃불 퍼레이드는 직접 참석하거나, 혹은 수많은 사람이 횃불을 들고 행진하는 웅장한 모습을 목격한 사람만이 느낄 수 있는 감동과 웅장함을 전달해 주기에

벽골제 쌍룡 횃불 퍼레이드

충분하다.

행사장 다원화로 축제의 파급효과 확산

우리나라 대부분의 축제는 상당수가 축제장을 벗어나지 못한다. 축제장이라는 물리적 한계가 아니라 축제의 역할과 성과가 축제장 안에 머무는 경향이 많다는 의미이다.

김제 축제 위원회는 축제의 파급효과를 확대하기 위해 주행사장인 벽골제 일원을 비롯해 시내의 전통시장과 김제 향교와 동헌, 내아를 축제와 연계했다. 이곳에서는 '지평선 청소년 가요제', '전국 실버 장기자랑 경연대회', '지평선 초·중·고 백일장 대회', '지평선 트로트 페스티벌' 등의 프로그램을 진행한다. 또한 김제역과 400리 코스모스 꽃길, 낙조가 일품인 망해사 등으로 축제공간을 다원화함으로써 주변 상가 활성화와 시민 참여 분위기를 고조시키고 있다.

하나의 축제가 지역과 함께 오래 공존하려면 지역 주민의 참여와 긍정적인 지지는 필수적이다. 지평선축제는 시민들이 마을마다 자신의 특산품을 소개하는 코너가 주요 프로그램 중 하나로 정착되어 있다. 축제장 입구엔 읍·면·동별로 특화음식을 선보인다. 전라도 전통방식인 새알 팥죽부터 직접 재배한 작물로 만든 수수부꾸미, 보리국수, 치즈감자전, 쌀밥과 연잎밥, 모듬전까지 전라도 음식을 맛볼 수 있다. 또 해당 지역의 특산품인 쌀 소비를 증진시키기 위한 노력을 기울이고 있다. CU편의점 브랜드와 공동으로 브랜드 홍보 및 제품을 생산하고, 김제의 쌀을 납품하는 방식으로 지역 농가의 소득을 높이고 있다.

축제 자체로 흑자를 기록하는 것보다 축제를 통해 지역의 경제가 살아나고, 축제를 통해 1차 산업이 6차 산업*으로 변신해 더욱 부가가치를 높이는 것이 지역 특산물 축제의 중요한 목표가 되어야 한다. 이런 의미에서 김제 지평선축제는 지역 특산물을 주제로 한 다른 축제들이 나아가야 할 방향을 제시하고 있다.

* 6차 산업
1차 산업인 농업을 2차 가공산업 및 3차 서비스업과 융합하여 농촌에 새로운 가치와 일자리를 창출하는 산업이다. 농업의 종합산업화(1차×2차×3차=6차)를 지향하는 확장된 개념이다.

지평선 브랜드의 가치

1999년 지평선축제의 시작과 함께 탄생한 김제 농산물 공동브랜드 '지평선'은 2000년 특허청 상표등록을 하고, 김제를 대표하는 브랜드로 자리매김했다. 김제지역 내 150여 개의 업체와 상가에서 지평선 명칭을 사용하고 있으며, 김제 하면 '지평선'이라는 브랜드를 연상하게 된다. 축제와 지역 특산물, 그리고 지역 상가 등에서 '지평선'이라는 브랜드를 만들고 공유하고 있다. 지평선이라는 브랜드는 지역민들이 자발적으로 사용하기 시작하면서 더 확산되었다. 지평선 종합약국, 지평선 라이온스 클럽, 지평선 산악회, 지평선 고속관광, 지평선 홍보클럽, 지평선 횟집, 지평선 자원봉사단, 지평선 주유소, 지평선 소식지 등 '지평선' 상호는 지역 곳곳에서 사용되고 있다. 지역민들의 지평선에 대한 애착심과 자긍심이 높다는 것을 알 수 있다. 이는 지평선 농산물의 공동브랜드화라는 수확으로 이어졌다. 지평선 농산물의 공동브랜드는 지평선 쌀, 지평선 한우, 지평선 파프리카, 지평선 배, 지평선 감자, 지평선 포도, 지평선 한 돈 등이 있다. 축제를 통해 김제지역의 농산물 마케팅이 강화되고 지역경제 활성화에 큰 영향을 미치고 있음을 알 수 있다.

제20회를 맞이한 2018년의 새로운 시도는 기업과의 상생을 통한 지역경제 활성화였다. 이 해 가장 큰 성과는 대기업 CU와의 협약체결이었다. 2018년 8월 29일 김제 쌀로 만든 김제 도시락과 김밥이 전국 CU편의점을 통해 처음으로 출시되었다. 연간 250억 원의 김제 쌀을 CU에 판매하고 있고, 하루에 40만 개의 김제 도시락이 CU편의점을 통해 출시되었다. 또한 김제의 특산품인 고구마도 60억 원을 구매하기로 결정했다. 이는 축제에 대한 기업체의 단순 후원을 넘어 기업과 지자체가 축제를 함께 만들고, 서로 상생·협력해 나가는 좋은 선례가 되었다.

대중에게 한번 각인된 브랜드는 소비자의 선택에 높은 우선순위를 가진다. 뿐만 아니라 업계에 악재가 있을 때에도 소비자가 나서서 보호해주는 경향이 있다. 그리고 이 브랜드 가치의 힘은 한 번의 축제나 특산물 구입에 그치는 게 아니라, 지속적이고 더 많은 유·무형의 파급효과를 유발할 수 있다. 지역 농산물의 브랜드화는 농촌지역 경제 활성화를 위해 매우 필요하고 중요한 부분이다.

축제 인력의 전문화, 조직의 상설화 과제

대부분의 지역축제가 전문성이 부족한 공무원이나 주관단체 담당자들에 의해 주도되고 있는 실정이다. 지평선축제의 컨트롤타워도 '축제제전위원회'라기보다는 김제시 문화홍보실 축제팀이라고 해도 무방하다. 지평선축제는 (사)김제시지평선축제제전위원회[이하 제전위]에서 주관하고 있지만, 축제 기획부터 프로그램 개발 및 운영 등 모든 과정은 김제시가 도맡아 진행하는 사실상 관 주도의 축제다. 그렇다 보니 실제 지휘봉은 축제 제전위원장보다 김제시장이 쥐고 있다. 관의 역할도 필요하지만, 전문성과 지속성 관점에서 한계가 있을 수 있다.

이 축제의 자문위원으로 활동한 최영기[전주대학교] 교수는 한 언론사의 인터뷰에서 "관 주도 방식에는 기업체 후원이 어렵고, 공무원의 적극적 관여에 한계가 있다. 축제 전문 인력 확충으로 지속 가능한 축제 업무수행과 축제 운영 및 관리 체계의 정교화, 축제 노하우 축적, 수익사업을 통한 재정확보, 직영체계를 통한 운영예산 절감 등을 위해 재단 설립의 필요성이 있다."고 주장했다.

지평선 축제가 성장기를 넘어 성숙기로 접어든 지금 시점에서 축제의 질적 관리가 필요하다. 그러기 위해서는 축제의 장기적 비전을 수립하고 프로그램에 대한 업그레이드와 세심한 운영을 할 전문가 영입, 축제 규모와 시스템에 적합한 기구를 상설화해야 한다. 그래야만 1년 내내 축제를 준비하고 기획해야 지속적인 품질관리와 업그레이드를 수행할 수 있다.

체험프로그램, 재방문율 높이는 효과

현대관광의 트렌드 변화는 축제에도 매우 중요한 의미가 있다. 즉, 과거의 관광은 정적이며 비활동성의 소극적 형태였지만 현대의 관광은 동적이며 참여형의 적극적인 형태를 띠고 있다. 이러한 관광패턴의 변화는 현대인들이 즐기는 문화관광상품으로서의 축제에도 반영된다. 대부분의 축제 참가자들은 축제장에서 직접적인 경험을 통하여 만족을 느끼고자 하는 욕구와 호기심을 가지고 있다. 새로운 경험을 통하여 흥미를 느끼고, 이러한 흥미는 축제 참가자의 만족도와 재방문율에도 상당한 영향을 미치게 된다. 다시 말해 축제의 체험으로 참가자는 해당 지역에 대한 친밀감을 형성하게 되고, 그에 따른 만족도가 높아짐으로써 축제를 다시 찾게 된다.

지평선축제 프로그램들은 대체로 농경문화와 밀접하게 관련되어 있을 뿐만 아니라 축제의 콘셉트와 이미지에 잘 부합하고 있다. 또 단순한 볼거리에서 벗어나 참여하고, 체험할 수 있는 차별화된 프로그램으로 새롭고 참신한 체험행사 비중이 높다. 특히 농경문화 체험 프로그램이 강점이다. '체험 왕국'이라는 수식어가 아깝지 않을 정도다.

지평선축제 재방문 비율의 경우 2002년 46.5%를 차지한 이래, 2003년 50.8%, 2007년 63.8%, 2010년 69.0%로 지속적으로 증가해 왔다. 2011년에는 70.6%의 높은 재방문율을 보였다. 이후에도 매년 70%대 전후의 높은 재방문율을 기록하고 있다. 다음 축제의 재방문율이 높아지게 되면, 자연스럽게 새로운 참가자도 유인할 수 있는 이점이 있다.

축제 방문객들은 프로그램에 참여하여 온몸으로 축제를 공유하고 공감하려 하지만 많은 경우 관찰자^{구경꾼}로 남게 된다. 초기의 축제들이 보여주기식 축제에 머물렀다면 최근의 축제들은 때로는 주객이 전도된 양상을 보이기도 한다. 축제의 공급자와 수요자 간의 역할이 분명하게 나누어져 있던 것과 달리, 수요자의 역할이 커지기 시작했다. 즉, 관객의 참여가 축제 성공의 가장 핵심적인 요소를 넘어, 축제의 존립 자체가 불가능해지는 상황이 된 것이다. 단순한 관람과 관찰, 그리고 참여와 공감이라는 두 가지의 축제 향유방식이 가지는 거리를 좁히려는 끊임없는 노력이 축제 기획의 과제이다.

 ## 생태환경·경관작물 활용한 축제 트렌드

지역축제는 지역의 환경 이미지를 증진시키는 데 효과적인 방법의 하나로 인식되고 있다. 축제 콘텐츠 그 자체가 깨끗하고 아름다운 친환경적인 자원을 이용하고, 여기에 관광과 예술활동이 결합되는 복합적이고 종합적인 지역홍보 활동이기 때문이다. 특히 농촌·산간 지역의 축제 트렌드로 급부상하고 있는 특징 중 하나는 농작물을 이용한 아름다운 자연경관의 연출이다.

깨끗한 자연환경과 문화, 축제와 지역 농특산물을 잘 연계해 지역 활성화를 촉진하고 있는 사례 중 하나가 바로 보성군의 '보성다향제'이다. 보성군은 전국 녹차 생산량의 46.2%를 차지하는 전국 최대 차 주산지로서 전통 차 문화와 수려한 자연경관, 그리고 지역축제와 잘 연계하여 녹차산업을 일약 유망산업으로 발전시킨 대표적인 사례이다. 특히 보성이 녹차의 대명사가 된 것은 보성 녹차밭의 경관적 이미지가 큰 역할을 했다. 다원의 아름다운 경관은 영화와 CF 촬영지로 각광받는 관광명소가 되었고, 이로 인해 보성과 녹차에 대한 관심도 급격히 증가했다.

'효석문화제', '무안 백련대축제', '고창 청보리밭축제', '청원생명축제구 청원생명쌀유채꽃축제'도 있다. 이러한 경관작물*을 이용한 축제의 장점은 우선 사라져가는 농작물의 복원을 통해 농촌 전원의 풍경을 되살리고 방문객들에게 향수를 자극할 수 있다는 점, 아늑하고 편안한 분위기에서 오랫동안 축제 개최가 가능하다는 점이다. 고창군의 경우 2004년도 제1회 청보리밭축제를 4월 4일에서 5월 16일까지 43일간 개최하기도 했다. 이밖에도 관광객을 꾸준히 유치할 수 있다는 점, 축제를 준비하기 위해 과도한 비용을 줄일 수 있다는 점, 그리고 무엇보다 환경적으로 아름다운 이미지를 각인시켜 준다는 점이다유승우·박경철, 2004. 이처럼 경관작물은 논밭을 관리하면서 농촌 경관을 더욱 아름답게 조성해 관광에도 도움을 받을 수 있어 많은 지자체에서도 경관작물 재배를 시도하고 있다.

또한 환경오염 및 도시 과밀에 따른 피로감은 때 묻지 않은 농어촌에서 즐기는 생태관광 및 녹색관광에 대한 수요 증가로 이어지고 있다. '함평 나비축제'와 '무주 반딧불이축제'가 대표적인 사례다. 이들은 낙후된 지역이지만 생태적으로 깨끗한 지역 이미지로 인식돼 지역경제 활성화에 큰 효과를 거두고 있다. 이처럼 농촌·산간 지역의 경우 특색있는 경관작물 재배와 생태보전활동을 통해 지역경관을 아름답게 가꾸어 간다면 농산물 홍보와 소비촉진은 물론, 농촌관광 및 지역축제 활성화를 도모할 수 있을 것이다.

> *** 경관작물**
> 농경지, 하천부지, 휴경지 등에 씨앗을 뿌려 주변 경관을 아름답게 꾸며주는 식물로, 유채꽃, 메밀, 코스모스, 백일홍, 해바라기 등을 말한다. 경관을 조성해줄 뿐만 아니라, 토양 표면을 덮어 잡초 발생을 억제하는 효과가 있다.

참고문헌

지진호, 2019, 『대한민국 베스트 축제여행』, 상상출판

류정아, 2012, 『축제의 원칙』, 커뮤니케이션북스

윤임모, 2010, 『지역축제의 성공요인에 관한 연구 – 김제지평선축제를 중심으로』, 전북대학교 행정대학원

최영기, 2007, 『김제지평선축제의 영속성을 위한 전략적 연구』, 사회과학논총 제23집 제2호

서해숙, 2018, 『김제 벽골제의 역사문화적 전통과 현대적 활용』, 무형유산 제4호

송재영, 2012, 『축제방문객 동기요소에 따른 시장세분화에 관한 연구 – 김제지평선축제를 중심으로』, 배제대학교 대학원

김남희, 2019, 『축제의 전략적 기획과 지역재생의 상관관계연구 – 김제지평선축제를 중심으로』, 한국외국어대학교 대학원

정병현, 2016, 『지역축제의 활성화방안에 관한 연구 – 전북 김제시 지평선축제를 중심으로』, 전북대학교 행정대학원

이정현, 2005, 『축제의 생산과 소비 과정을 통해 본 주민참여 연구 – 김제지평선축제를 중심으로』, 전북대학교 대학원

유승우·박경철, 2004, 『지역축제가 농촌지역 활성화에 비치는 영향』, 한국농촌경제연구원

김형우, 2014, 『결실의 장관이 펼쳐지는 곳, '김제지평선축제'속으로』, 스포츠조선

문화체육관광부, 2016~2017, 『문화관광축제 종합평가 보고서』

정강환 外문부, 2006, 『문화관광축제 변화와 성과』, 문화체육관광부

양민철, 2019, 『'농경문화'의 향연…김제지평선 축제』, 한국농어민신문

최원근, 2012, 『황금빛 지평선에서 가을추억 한가득, 제14회 김제지평선축제』, 대한지방행정공제회

문화부, 2018, 『2017년 문화관광축제 종합평가 보고서』, 문화체육관광부

정성학, 2014, 『김제지평선축제, 생각바꾸면 성공』, 새전북신문

조주연, 2018, 『김제지평선축제 변신추구, 글로벌축제 앞둔 과제』, 세계로컬타임즈

김종원, 2020, 『김종원의 축제이야기 42 – 김제 지평선 축제』, (사)한국축제문화진흥협회

www.gimje.go.kr/festival/

'물'과 '불'의 제전

이색축제

제주들불축제
장흥물축제

새별 오름이 활활~, 강빵읍써!

제주들불축제는 오름 하나를 다 태우는 거대한 축제로 불을 토해내
는 활화산처럼 웅장하고 위엄 있는 모습으로 불의 향연을 펼친다. 제주
의 옛 목축문화인 '방애**불놓기**'를 모티브로 삼아 보름 액막이와 소원빌기
의례를 현대적 감각으로 재해석했다. 핵심 프로그램인 '오름 불놓기'의
경우 지리적 특성**오름**을 살린 공간활용과 불을 연계한 콘텐츠는 글로벌
축제로 성공하기에 충분한 가치를 지니고 있다.

인간이 만물의 영장으로 인정받기 시작한 것은 '불'을 발견한 '호
모에렉투스'로 거슬러 올라간다. 그 전 아득한 신화시대에는 오직 신
만이 '불'을 소유했었다. 불을 훔쳐 인간에게 준 프로메테우스에게 제
우스신은 카프카스 산 절벽에서 날마다 독수리에게 간을 뜯기는 형벌
을 내릴 만큼 불을 중요시했다고 그리스 신화는 전한다. 불은 세상을
환히 밝혀주고 따뜻하게 하지만, 인간에게 필요의 차원을 넘는 신성

한 존재이기도 하다.

불의 시초에 관한 기술은 다소 상이하지만, 동서양의 인식은 크게 다르지 않다. 예로부터 인류는 불이 세상을 정화하고, 되살려주는 힘이 있다고 믿었다. 불을 신성시하고 숭배하는 종교도 있다. 조로아스터교_{동양 아시아에서 배화교(拜火敎)라 부르기도 함}이다. 이 종교의 전통은 오늘날 이란 국민들의 문화와 의식 속에 깊게 스며들어 있다. 이란인들은 매년 처후르 샹베 수리_{chahar shanbe suri}라는 마지막 수요일 불의 축제를 벌인다. 하루 전날인 화요일 밤부터 거리와 광장에 모닥불을 피워놓고, 불 위를 뛰어넘는 행사를 벌인다. 모닥불을 뛰어넘는 것은 일종의 정화 의식으로 불을 신성시하는 조로아스터교의 흔적이다.

이런 불의 축제는 중앙아시아를 넘어 중국 서역의 소수민족 축제에도 널리 퍼져 있는 새해 행사 중의 하나다. 중국 윈난성 홍완춘^{洪萬村}에 불을 최초로 발견한 인류의 후손이라 불리는 아시족阿細族이 있다. 이들의 조상은 불이 없던 시절, 동물의 습격을 피하려고 나뭇가지로 마찰열을 일으켜 불씨를 만들었다. 이렇게 아시족의 불의 역사가 시작되었다. 아시족은 마을을 지켜온 불을 숭배하며, 조상들의 지혜를 기리기 위해 그들만의 성대한 축제를 연다. 그 축제는 '제화절祭火節'이다. 제화절이 되면 아시족 사람들은 뜨거운 불꽃처럼 온몸에 화려한 칠을 한다. 그리고 원시 그대로의 모습으로 돌아가 조상들이 불을 처음 발견했던 그 기쁨의 순간을 노래하며 춤춘다. 그들은 불이 마을을 악귀로부터 지켜준다는 믿음으로 뜨거운 불더미 위를 뛰어넘는다. 아시족에게 불은 신성한 존재이며, 제화절은 그들의 고유한 문화가 되었다.

우리나라 신화에도 불에 대한 내용이 등장한다. 단군의 셋째 아들 부소夫蘇가 해충과 병이 돌아 목숨을 잃는 자가 속출하자 부싯돌을 만들고 그것을 이용해 불로써 해충을 태워 역병을 물리쳤다고 한다. 몇십 년 전만 해도 지방 곳곳에서 부엌을 관장하는 '조왕신'을 모시거나, 이사할 때 부녀자들이 연탄불의 불씨를 살려가거나, 초를 선물하는 것은 고대로부터 전해진 불의 신성성神聖性을 받아들인 풍속이었다.

근대에도 불의 신성함은 유지된다. 올림픽에서도 불성화이 등장한다. 1936년 제11회 베를린대회 때부터였다. 이때 그리스에서 베를린까지 국경을 넘어 봉송하는 의식이 거행됐다.

이처럼 불은 인간의 삶에서 중요한 실용적인 도구이지만, 종교적인 측면에서는 경계의 대상이면서 정화의 수단으로 활용된다. 불의 원초적 체험 기반은 태우기이다. 태우기를 통해서 체험할 수 있는 것이 연기, 빛, 열이었다. 열을 이용하는 과정에서 연기와 빛의 경험을 하게 된 것이다. 여기서 열은 실용적 경험으로 인식되어 온 반면, 연기와 빛은 실용적인 경험을 토대로 신성성의 도구로 확장되어왔다. 불로 인한 재앙을 물리치기 위해 불막이제, 도깨비제, 소금단지와 같은 화재막이를 한 것이나, 액을 물리치기 위해 불 밝히기, 액막이 불놓기, 달집태우기, 횃불싸움, 낙화놀이와 같은 정화적인 행사를 한 것은 불의 양면성을 잘 보여주고 있다^{표인주, 2016}. 이처럼 불과 관련된 세시풍속은 마을과 가정의 액을 막아 안녕을 기원하는 정화^{신성}의 수단이자 생산과 풍요를 기원하기 위함이었다.

'제주들불축제'의 유래, 오름 불 놓기

'제주들불축제'는 제주의 목축문화와 정월대보름 세시풍속을 현대적 감각에 맞게 재현한 전통역사형 문화관광축제이다. 예전의 제주 농업은 화산회토로 토질이 척박하고, 물을 가두어 농사에 활용하기가 어려워 보리, 콩, 조, 메밀 등 척박한 토양에서도 키울 수 있는 작물들을 재배하였다. 고려시대 이후에는 우경^{牛耕}이 점차 확산되면서 목축산업이 발달하기 시작하였다. 경운기 등 농기계가 보급되기 전인 1970년대 후반까지만 해도 농가마다 소 1마리 이상을 키웠다. 소를 이용해 밭을 갈았고, 수확한 농작물을 밭에서 집으로 또는 시장으로 운반하는 등 소는 제주농업의 역사와 맥을 함께해온 중요한 존재였다. 농한기에는 마을마다 양축농가들이 번갈아 가며 중산간^{해발 100~300미터의 고지대} 초지를 찾아다니며 방목 관리하던 풍습이 있었다. 방목을 맡았던 목동^{쉐테우리}들은 중산간 목야지에서 양질의 목초를 찾아다니며 풀을 먹였다. 농한기인 여름에는 소들을 중산간 들녘 초지에 방목하고, 가을이 되면 다시 소를 집으로 데려왔다. 그리고 겨울이 들기 전에 목초지대에서 겨울철 소의 양식인 꼴을 베어 사료로 활용하였다. 이때 초지에는 진드기 등 각종 병해충, 초지 작물 이외의 잡풀 등이 남아 있어 이를 없애고, 이듬해 봄에 좋은 새 풀이 돋아나도록 중산간 목초지인 들녘에 불놓기_{방애-액을 막는 행위의 제주말}를 했다. 불에 탄 재는 새로 솟아나는 사료 작물들이 잘 자랄 수 있게 하는 천연 비료 역할을 했다. 자연과 더불어 살아온 조상들의 지혜였다.

불놓기를 하는 동안 제주의 중산간 일대는 마치 들불이 난 것 같은 착각이 일 정도로 장관을 이루었다. 이러한 제주 선인들의 옛 목축문화를 현대적 감각에 맞게 승화 발전시킨 축제가 바로 '제주들불축제'이다. 제주의 옛 목축문화인  하였으며, 정월대보름 액막이와 소원 빌기 의례를 현대적 감각으로 재해석하였다. '제주들불축제'는 오름 하나를 다 태우는 거대한 축제로, 불을 토해내는 활화산처럼 웅장하고 위엄 있는 모습으로 불의 향연을 펼친다. 불^火과 삼다^{三多}의 향토적 자원을 활용하여 축제의 이미지를 부각하며, 불을 소재로 한 국내 유일의 축제로 큰 인기를 얻고 있다.

Rest Area

'말 테우리'와 '마조제(馬祖祭)'

소와 말을 비롯한 가축은 여름철 풀과 나뭇잎이 싹트는 행로를 따라 아래에서 올라가다가 가을이 오면 식물들이 시드는 행로를 따라서 하산한다. 가축을 잘 돌보기 위해서는 이러한 자연의 순환에 도가 튼 전문적인 목축 기술자가 필요했다. 제주에서는 이 목동을 '테우리'라 불렀다. '모으다'라는 뜻을 가진 중세 몽골어 'Teuri'에서 유래했다고 전해진다.

제주의 말 테우리는 자기 소유의 말뿐 아니라 동네 사람들이 맡긴 말을 대신 돌보았다. 제주에는 말과 관련된 의례가 많다. 말의 돌림병을 예방하기 위해 말의 수호신이자 조상신인 '천사성天駟星'에게 제사를 드리는 '마조제馬祖祭', 칠월 백중에 지내는 '백중제百中祭' 등이 대표적이다. 백중제를 지내는 '백중날음력 7월 15일'과 관련해서는 여러 가지 이야기가 전해 내려온다. 그 첫 번째 이야기가 옥황상제의 뜻을 거스르고 농민들의 풍작을 도와준 고마운 목동 '백중'에 대한 전설이다. 사람들은 '백중'이 죽은 날을 기려 제사를 지냈다고 한다. 두 번째 이야기는 농경과 관련되어 있다. 7월 중순 무렵 과실·야채가 많이 나와 백 가지 곡식의 종자를 갖추었다고 백중이라 했다고 한다. 제주서는 '백중제'를 '쉐명절소명절'이라고도 한다. 이외에 '선목제처음으로 사람에게 말 방목을 가르친 신', '마사제마구간의 신', '마보제말을 해치는 재앙의 신'도 있다. 제주는 조선시대 유일하게 마조제를 지낸 곳으로 제사를 지낸 마조단은 광양 지역에 위치해 있다. 마조단은 1908년 7월에 일제의 제사 철폐령으로 폐지되었으며, 현재는 제주시 칼호텔 입구에 표지석만 남아 있다.

1997년, '정월대보름들불축제'로 시작

* 전염병과 축제

다른 지역에서 발생한 구제역으로 인해 바이러스의 제주 유입을 미리 차단하는 차원에서 들불축제 행사 자체를 취소했다. 2020년 축제도 코로나19로 인해 취소되었으나, 본고는 2019년까지를 기준으로 정리했다.

제주들불축제는 1997년 '정월대보름들불축제'로 처음 개최하기 시작해 2019년 22회째 개최되었다. 정월대보름을 전후해 개최되어 온 들불축제는 2011년 구제역이 전국을 강타했던 해를 제외하고 매년 개최되고 있다.* 들불축제 장소는 초기에는 애월읍 납읍리와 구좌

새별오름

읍 덕천리 중산간을 오가며 개최하다가 2000년부터 축제장을 지금
의 새별오름으로 고정했다. 축제장이 고정되면서 축제광장 및 주차
시설을 위해 주변 초지를 매입하여 오늘에 이르고 있다.

정부의 산림보호정책에 따라 1970년부터 목야지 불 놓기^{방애}는 금
지되어왔다. 같은 해 한라산이 국립공원으로 지정되었다. 제주인들
의 오랜 풍속인 '방애'라는 화입행위를 원칙적으로 금함으로써 집집
마다 주노동력으로 길러온 소와 말의 방목요건이 제약을 받게 되었
다. 그러자 몰래 불을 지르다 도리어 산불을 내어 본의 아니게 범죄자
가 되는 등 주민생활의 어려움으로 다가오기도 했다. 이를 해소하기
위해 민선 1~3기 군수를 지낸 故 신철주 북제주군수는 1995년 민선
군수 공약사항으로 전국에서 처음으로 목야지에 불 놓기를 과감히 허
용했다.

사실상 신 군수에 의해 들불축제가 탄생되었다고 해도 과언이 아니

다. 그 뜻을 기리고 널리 알리기 위해 2018년 3월 제주들불축제 유래와 역사를 담은 유래비 제막식을 가졌다. 유래비는 자연과 조화로운 삶을 이어온 제주사람들의 정체성이 녹아든 방애(들불)문화와 故 신철주 군수의 높은 뜻을 기리고 있다. 또한 대한민국을 넘어 글로벌 축제로 거듭날 제주들불축제의 염원을 담았으며, 글로벌 시대에 맞추어 4개 국어한국어·영어·중국어·일본어로 제작되었다. 유래비는 주변 경관과 조화를 이룬 디자인으로 새별오름을 형상화했다. 축제장을 찾는 관광객의 주요동선을 고려해 오름을 배경으로 자연스럽게 기념촬영이 가능하게 오름 서쪽 등반로 입구에 설치했다.

축제장은 찾기 쉽고, 테마가 있는 공간으로 구성되어 있다. 3길소원길, 말테우리길, 불테우리길, 6마당잔치마당, 달집마당, 새별오름, 화희마당, 화심마당, 제주마당으로 축제공간을 구성하여 프로그램을 운영하고 방문객들의 편의를 높이고 있다.

Rest Area

새별오름

축제장소인 새별오름은 제주특별자치도 애월읍 봉성리 산59-8번지에 위치해 있으며, 표고 519.3m, 지상높이 119m, 둘레 2,713m로 면적은 522,216㎡에 이른다. 제주도 360여개 오름 중 중간 크기에 속하는 새별오름엔 여러 의미가 담겨있다. '초저녁에 뜨는 샛별금성같이 빛난다', '밤하늘의 샛별과 같이 드넓은 들판에 외롭게 서서 빛난다', 부근의 이달봉에서 바라보면 '5개의 봉우리가 별모양 같다'고 해서 이름이 붙여졌다. 효성악曉星岳 또는 신성악晨星岳이라 표기하기도 하며, 민간에서는

'새별오름'이라 부르기도 한다. 새별오름은 역사적으로 고려시대 최영 장군이 목호 牧胡: 13세기 원나라가 제주도에 설치한 목장의 관리를 위해 파견된 몽골인를 무찌른 전적지로 유서 깊은 곳이기도 하다. 제주 시가지와 서부권을 연결하는 기간도로인 평화로에 인접해 있어 교통이 편리하다. 게다가 나무가 없는 풀밭으로 된 오름 한라산 화산폭발로 생선된 기생화산으로 불을 태워도 별다른 환경파괴가 없는 것으로 조사돼 들불축제의 최적의 장소로 평가된다.

축제시기, 대보름서 경칩주간으로 변경

제1회 제주들불축제는 1997년 2월 22일 음력 1월 15일 애월읍 어음리 서부산업 도로변 10만여 평 목야지를 배경으로 치러졌다. 시작부터 반응이 좋아 연례적인 축제로 꾸준히 이어지면서 축제 기간도 하루에서 4일로 늘어났고, 매회 관람객이 30만 명에 달할 정도로 급성장했다. 관광객들의 욕구에 부응해 볼거리, 먹거리, 즐길거리 등 프로그램을 더욱 다양화했다.

2000년부터는 개최장소가 새별오름 일대로 고정되었다. 개최 시기도 당초 정월대보름을 전후해 개최하였으나, 새봄이 움트는 경칩을 맞는 날의 주말로 옮겼다. 대보름 기간인 2월에는 강풍과 추위, 눈과 비 등 악천후로 오름불 놓기 행사에 적지 않은 어려움이 해마다 반복됐고, 축제장을 찾은 관광객들의 불편이 이어졌기 때문이었다. 불가피하게 행사 시기를 3월로 옮기게 됐지만, 득得만 있는 건 아니었다. 실失 또한 감내해야만 했다. 특히 정월대보름이라는 세시풍속의 맥락을 포기한 결정은 아쉬운 점이다. 들불축제를 대보름에 개최하였을 때는 전국적으로 2월에 개최하는 인지도 높은 겨울축제가 사실상 거의 없어 틈새축제로서 성장 가능성이 높았다. 게다가 당시 제주의 겨울철은 이렇다 할 관광상품이 없었기에 '불구경'을 할 수 있는 축제가 생김으로써 관광비수기를 타개할 관광마케팅의 일환으로 활용할 수 있는 장점이 있다. '축제에 참가하는 관광객들은 일반 관광객들에 비해 숙박여행과 체제일수가 길어지는 효과가 있다'고 알려져 있는 만큼 제주의 관광·숙박산업에도 긍정적인 상호작용을 일으킬 수 있다.

2013년 제16회부터는 명칭도 '정월대보름들불축제'에서 '제주들불축제'로 변경하였다. 2015년부터는 기존 3일에서 4일로 일정을 늘렸다. 또한 2015년과 2016년에는 2년 연속 문화체육관광부 지정 우수축제로 선정되면서 정부로부터 매년 1억 원가량을 지원받고 있다. 또 축제전문잡지 참살이가 주관하는 전국 가볼 만한 관광축제 분야에 2012년부터 3년 연속 1위, 한국축제 50선, 2015 올해의 히트상품 대상, 2016 제주특별자치도 최우수축제, 제주인이 자랑하고 싶은 문화자원 1위에 오르는 등 대한민국 대표축제로 꼽히고 있다.

제주들불축제는 제주시가 주최하는 행사이지만 제주도민 전체의 행사로 확대됐다. 기존 제주시 읍면동 단위의 경연프로그램에서 벗어나 집불 놓기, 듬돌들기, 넉둥베기 등 서귀포시민과 관광객들이 쉽게 참여할 수 있도록 체험전, 특별전 등을 다채롭게 준비했다. 더불어 축제와 연계한 관광지 할인[20개소]과 축제 관련 관광상품도 늘렸다. 들불축제에서는 외국인도 쉽게 눈에 띈다. 제주전통민속놀이와 횃불대행진 등 제주문화의 독특함은 외국인 관광객의 많은 관심을 끌기 때문이다.

제주들불축제는 1997년 첫 개최 이래 지속적인 양적·질적 성장을 이루고 있다. 1997년과 2017년을 상대 비교하면 개최 기간은 1일에

서 4일로 늘었고, 예산규모도 1997년 5천4백만 원에서 2017년 11억여 원으로 20배가량 증가했다. 참가인원도 13,000명에서 365,600명으로 28배나 증가했다. 지역경제 파급효과는 2002년 96억 원에서 2017년 392억 원으로 증가했다. 2018년에는 494억 원으로 2017년 대비 100억 원의 파급효과가 증가한 것으로 나타났다.[2018 제주들불축제종합평가, (사)창의연구소]

제주들불 신화 스토리텔링

아주 먼 옛날, 세상에서 가장 키가 크고 힘이 센 설문대할망이 섬^{제주}도 하나를 만들어 한가운데 있는 한라산 북녘기슭 삼성혈에서 섬을 지킬 삼신인이 솟아나도록 하였다. 고을라, 양을라, 부을라, 세 선인은 오곡의 씨앗과 함께 목함을 타고 온 동해 벽랑국의 세 공주와 가정을 이루어 풍족하고 행복하게 살았다. 하지만 모자람이 없으니 게을러졌고, 겨울이 되어 식량이 부족해지자 잘못을 뉘우치려 신에게 고사를 지내기로 하였다. 삼신인은 삼성혈에서 가져온 불씨를 피우고 간절히 기원하는데, 그만 큰 바람이 일어 들판과 땅을 태우고 말았다. 봄이 되자 불태워진 곳에서의 곡식들이 아무런 병충해 없이 무럭무럭 자랐음을 알게 되면서, 해마다 고사를 지내고 농사짓는 땅과 들판에 불을 놓으며 부지런히 일했다. 덕분에 섬은 오래도록 평안했다. 후손들은 선조들의 뜻을 이어받아 봄이 되면 무사안녕과 소원성취를 비는 기원제와 함께 들판 이곳 저곳, 이 오름 저 오름에 불을 놓았고, 그렇게 대대로 내려오던 풍습이 축제로 승화되어 오늘날에 이르고 있다.

*출처: 제주들불축제의 기원을 삼성신화와 연계해 이야기화한 스토리텔링북
'불타는 섬' 일부분 요약·발췌

기승전결 방식의 프로그램 구성

제주들불축제 프로그램은 일자별로 기승전결 방식의 스토리로 구성되어 있다. 축제의 내용을 하나의 드라마로 연결하여 축제의 가치

와 의미를 높이려는 시도이다. 축제의 스토리를 강조하기 위해 그해의 주제 및 슬로건을 정하고 있다. 그 주제는 해마다 바뀌기도 하고, 또는 2회나 3회 이상 지속해서 주제를 사용하고 있기도 하다.

[표] 연도별 축제주제

연도	주제
2020(제23회)	들불, 소망을 품고 피어올라!
2019	들불, 꿈을 싣고 세계를 밝히다
2018	들불의 소원, 하늘에 오르다
2015~2017	들불의 희망, 세계로 번지다
2013~2014	무사안녕, Healing in Jeju
2008~2012	평화와 번영의 제주, 무사안녕과 행복기원
1998~2007	무사안녕과 풍년기원, 인간과 자연의 조화
1997(제1회)	풍년농사와 무재해 기원

2015년부터 2017년까지 주제는 '들불의 희망, 세계로 번지다'였다. 이 주제 하에 첫째 날은 '희망이 샘솟는 날', 둘째 날은 '희망이 영그는 달', 셋째 날은 '희망이 번지는 날', 넷째 날은 '희망을 나누는 날' 테마로 나누어 총 68개의 프로그램이 진행됐다.

2018년과 2019년의 주제는 각각 '들불의 소원, 하늘에 오르다'와 '들불, 꿈을 싣고 세계를 밝히다'로 달랐지만, 첫째 날부터 넷째 날까지의 테마는 동일했다. 첫째 날은 '소원의 불씨, 마중하는 날'이다. 제주들불축제의 서막은 제주시청과 삼성혈 일대에서 열린다. 축제는 탐라국 개국신화가 어린 제주시 삼성혈에서 불씨를 채화하는 것으로 시작된다. 불씨 채화 제례행사는 제주 삼성에서 시작된 불꽃이 칠선녀에게 전해지고, 이를 제주의 불을 관장하는 영감신에게 전달되는 이야기로 구성됐다. 제관들은 삼성혈에서 제례를 지낸 후 불씨를 채화해 신화 속 선녀 복장을 한 이들에게 불씨를 옮긴다. 불씨를 받은 선녀들은 불을 관장하는 영감신^{令監神} 분장을 한 이들에게 다시 옮기고, 영감신은 불씨를 들고 제주시청까지 퍼레이드를 가진다. 제주시청에 도착한 불씨는 제주시장에게 옮겨지고, 시장은 이를 성화대에 안치한다. 이렇게 퍼레이드로 봉송된 불씨를 시청광장 안치대에 모시고 난 후에는 26개 읍면동으로 각각 불씨를 나눈다. 이는 축제를 제주도 전체의 행사로 확산시키는 의미를 지니고 있다.^{2017년 봉송퍼레이드는 제주 4.3 항쟁 70주년을 의미하는 시민 70명의 손을 거쳐 '삼성혈-자연사박물관-신산공원-문예회관-동광로-제주시청' 구간에서 이뤄졌다.}

둘째 날은 '들불의 소원, 꿈꾸는 날'이다. 이날 오전에는 10시부터 12시까지 새별오름 목장길 걷기가 있다. 새별오름 주변을 전문해설사와 함께 걸으며 제주의 기원^{목축문화, 들불의 기원}에 대해 알아보는 시간을 갖는다. 그리고 첫 문을 여는 행사로 축제의 성공 및 제주의 풍요와 발전을 염원하는 기원제가 진행된다. 아울러 새별오름 축제장 부근에서는 다양한 부대행사와 체험프로그램이 진행된다.

셋째 날은 '들불의 꿈, 행복을 밝히는 날'이다. 축제의 절정인 '오름 불놓기'가 있는 날이다. 오전에는 새별오름 목장길 걷기, 도민화합 줄다리기^{예선}, 특성화 체험프로그램^{꼬마달집, 소원 북 올리기, 제주 전통 혼례 체험, 제주전통문화체험, 소원 연날리기 체험 등} 등이 열린다. 그리고 주무대에서는 오후에 마조제^{馬祖祭}가 열린다. 마조제는 고려시대부터 말의 질병을 예방하기 위해 말의 조상인 천사성^{天駟星}에게 지냈던 유교 의례다. 한국세시풍속사전에 따르면 고려 정종 12년, 서기 1046년 2월 돼지 한 마리를 제단에 바쳐 마조제를 지냈다고 한다. 조선시대에도 1908년 폐지 전까지 부침을 겪으며 마조제가 봉행됐던 것으로 기록이 남아 있다. 제주 목축문화

제주들불축제, 마상마예 공연

의 정체성 강화를 위해 봉행되는 마조제는 목축문화, 특히 중산간 초
지의 해묵은 풀과 해충을 없애기 위해 불을 놓는 '방애' 풍습을 현대
적으로 재해석해, 들불축제의 의미를 한층 강화하고자 마련된 프로
그램이다. 목축문화와 관련해서는 밭 갈기, 밭 밟기, 우
마차, 테우리코시[*] 등이 있다. 마상마예 공연, 승마체험
등도 흥미진진한 볼거리를 제공하지만, 목축과 관련한
전통과는 거리감이 있다. 방목과 관련해서는 '상산에 말
올리기' 등이 있다. 전통 테우리 복장을 한 목동이 10여

* 테우리코시

목축의 신에게 제사를 지내며 우
마가 병에 걸리지 않고 번성하게
해 주십사 비는 고사다. '테우리'
는 목동을, '코시(혹은 코사)'는
고사를 이르는 제주 말이다.

마리의 말을 끌고 가는 모습을 재현한다면 그 자체가 볼거리이고, 옛
전통을 이해시키는 효과를 낼 수 있을 것이라는 생각이 든다.

　저녁, 오름불 놓기 전에는 주제공연인 미디어아트 퍼포먼스가 펼
쳐진다. 2018년 제21회 축제에서는 탐라국 탄생 설화를 시작으로 설
문대할망 신화를 연계하여 제주의 고난과 화해의 스토리를 담아 미
디어파사드 쇼를 펼쳤다. 그리고 2천발의 불꽃을 터트리는 '화산분출
쇼'는 마치 한라산이 화산 폭발하는 듯한 모습을 연출해 많은 호응을

오름불놓기, 삼성혈에서 불씨채하 및 불꽃 전달식

얻었다. 그리고 들불축제 최고의 하이라이트인 '오름불놓기'가 진행
된다. 오름불놓기는 제주시장의 '제주들불축제 희망기원 메시지'가
울려 퍼지고, 점화된 횃불을 100인이 들고 행진을 하면서 달집과 오
름에 불을 놓는 의식을 치른다. 소망지가 걸려있던 달집도 활활 타오
르고, 불길을 바라보는 사람들은 저마다 가족들의 무사안녕과 소원
을 빈다. 무사안녕을 기원하며, 오름 하나를 통째로 태우는 모습은 세
계 어디에서도 보기 힘든 멋진 풍경임이 틀림없다.

마지막 넷째 날에는 '들불의 행복, 함께하는 날'이다. 이날은 도민
화합 줄다리기, 새봄의 희망을 염원하는 묘목과 야생화를 도민과 관
광객에게 나눠주는 행사, 체험 및 부대행사와 음악회 등으로 축제를
마무리한다.

제주들불축제의 행사 구성을 내용적 요소로서의 기복祈福과 형식적
요소로서의 오름불놓기라는 스펙터클로 구분하는 학자도 있다김의근·강
숙영, 2010.

내용적 요소로서의 기복은 한민족 고유 행사인 정월대보름 기복祈福
행사에 근거하는 것으로 한 해 동안의 무사안녕과 풍년기원을 바라는
것이다. 축제의 기원이 과거에서부터 행해져 오던 의례적 행사에 있

오름불놓기 전 달집 앞에서 소원을 빌기

다는 점을 볼 때 들불축제에 참가한 사람들이 불타는 오름을 바라보면서 자신의 건강과 가족의 안녕을 기원하는 현상은 원초적인 인간의 주술적 행동 중 하나로 설명할 수 있다.

형식적 요소로서의 오름들불놓기 스펙터클은 대보름달처럼 밝은 불을 지상에 밝히는 점화 행사이다. 모든 점화가 끝나면 새별오름 전체가 마치 하나의 활화산처럼 역동적인 불의 장관을 연출하게 된다. 이런 장관은 참가한 모든 국내외 관람객들에게 매우 인상적인 경험과 감동을 선사한다.

킬러콘텐츠의 '시간적 한계' 극복 필요

제주들불축제는 오름 하나를 다 태우는 거대한 축제로 불을 토해내는 활화산처럼 웅장하고 위엄 있는 모습으로 불의 향연을 펼친다. 주요 프로그램인 오름불놓기의 더 큰 감동을 위해 지름 8미터 크기의 대형 달집 설치와 함께 오름 전역에 43개의 달집을 설치함으로써 동시에 불을 놓으며 장엄한 불 놓기의 장관을 선사한다.

제주들불축제 마스코트
부리부리 (Buri Buri)

마스코트 이름 **"부리부리"** 는
원초적인 이미지인 **"불"** 을
심플하면서 연상하기 쉽도록 표현한 것임

　제주들불축제 주요콘텐츠인 오름불놓기 등의 프로그램이 야간시간대에 매력적인 강점이 있지만, 상대적으로 주간 프로그램이 빈약하다는 지적이 있다. 사실상 관광객들은 셋째날 들불 놓는 시간대에 몰리는 경향이 있기 때문이다. 게다가 들불을 태우는 시간은 실질적으로 길어야 1시간 정도이다. 이 시간에 축제장을 방문하지 못할 경우, 들불축제의 킬러콘텐츠를 관람할 수 없다는 약점을 가지고 있다. 이 때문에 킬러콘텐츠인 오름불놓기에만 편중된 관광객의 분산을 위한 서브 콘텐츠 프로그램 보강이 필요하다는 지적이 나온다. 우리나라 글로벌 축제, 최우수 축제의 공통점을 보면 각 축제마다 킬러콘텐츠라고 하는 주제를 관람객이 어느 시간에 방문하더라도 즐길 수 있는 여건이 마련되어 있다. 진주남강유등축제는 축제장을 방문하면 어느 시간대에 방문하더라도 유등의 화려한 모습을 관람할 수 있으며 유등 만들기 등 다양한 형태의 체험을 할 수 있다. 보령머드축제의 경우에도 어느 시간대에 방문하더라도 관람객이 직접 머드를 체험하고 즐길 수 있는 프로그램이 운영된다. 화천 산천어축제도 역시 연인, 친구, 가족끼리 낚시를 하고 먹을거리를 즐길 수 있는 테마를 가지고 있고, 자라섬재즈페스티벌의 경우에도 방문객이 재즈를 즐길 수 있는 프로그램이 지속적으로 연계되어 있다. 제주들불축제 역시 국내 대표적인 축제로 부상한 만큼 축제 기간 언제 방문하더라도 축제를 즐길 수 있도록 서브콘텐츠의 보강이 필요하다.

축제 기간 내 '불'을 주제로 한 체험과 문화프로그램 운영의 연계성이 마련되지 않은 한 킬러콘텐츠인 '들불'이 가지고 한계성을 극복하기가 쉽지는 않다. 이에 대한 보완책으로 '불' 콘텐츠 강화 및 생태축제로의 확장이 대안으로 제시되고 있다. 불은 태운다는 이미지와 함께 태우고 나서는 새로운 생명을 잉태시키는 이미도 함께 가지고 있어 생명 기원과 재생再生을 이루는 불에 대한 이미지 강화의 필요성도 제기된다. 아울러 불+물+돌의 자연 기반 소재를 통해 축제 내용의 다양화를 꾀하고, 생태축제로서의 가치성을 높이는 방안을 강구해야 한다는 목소리도 있다. 구체적인 대안의 하나로 방애재* 판매뿐만 아니라 방애재에서 다시 생명이 솟아날 수 있는 기념품 제작이 제시되기도 한다김의근, 2018.

> *** 방애재**
> 악귀와 악취, 각종 병균을 쫓는 정화의 의미가 있어 이를 용기에 담아 기념품으로 판매하고 있다.

제주국제대학교 관광경영학과 김의근 교수는 "축제의 정체성과 관계없거나 여느 축제에서나 볼 수 있는 프로그램에 대한 재고가 필요하다. 또한 축제의 주요 아이템인 들불의 의미를 살려내지 못하고 있다. 들불축제가 가지는 제의적 의미를 전달하면서도 관광객들에게 즐거움과 체험성을 제공할 수 있는 프로그램 강화가 필요하다"고 말한다. 또한 관광객들에게 볼거리를 제공할 뿐만 아니라, 지역주민들의 참여도를 높일 수 있는 주간 프로그램에 대한 모색이 필요하다.

축제 조직의 상설화 과제

제주들불축제의 성공적인 개최와 규모에 비해 운영 조직은 매우 열악한 상황이다. 제주시가 주최하고 제주시관광축제추진협의회가 주관하고 있고, 독립된 조직위원회나 사무국을 두고 있지 않은 상황이다. 세부적으로는 제주시 관광진흥과가 주무부서로서 축제의 총괄기획 및 운영을 담당하고 있으며, 제주시청 내 관계 부서들이 축제의 각 부분을 지원하고 있다. 또한 제주도내 축제전문가 및 민간단체 대표들로 구성된 '제주시관광축제추진협의회'가 축제의 심의·의결 및 자문역할을 수행하고 있다.

향후 축제를 총괄하는 기능을 가진 사무국과 전문가의 채용을 통해 축제의 효율적인 운영과 차별성 있는 기획을 모색할 필요성이 있다. 문화체육관광부의 축제 평가보고서에서도 "들불축제가 지속적으로 성장하고 발전하기 위해서는 제주시 주도의 축제 기획·운영에서 탈피해 민간이 주도하는 축제의 전환이 필요하다"고 지적한다. 한양대학교 관광학부 이훈 교수도 "1년 내내 축제를 고민하는 주체가 독자적 체계를 갖추고 상설화되어야 하며, 운영주체[사무국]의 독립적 지속성이 필요하다"고 강조한다.

대다수 지역축제의 경우 행정기관이 주체가 되어 시작한 경우가 많지만, 장기적으로는 지역주민과 전문가 축제위원회를 통해 운영주체가 될 수 있도록 교육되고 훈련되어야 한다. 축제의 성공과 지속성을 유지하기 위해서는 민간 전문가를 활용한 전문성을 갖추고, 축제조직을 상설화함으로써 보다 안정적이고 체계적인 축제육성을 꾀할 수 있다.

 축제 소재의 차별성과 정체성

제주를 지칭하는 용어로 '신들의 고향', '민속의 보고' 등 다양한 표현이 있다. 그만큼 제주문화는 독특함과 다양성을 자랑한다. 들불축제의 경우, '방애'라는 제주 전통의 문화적 자원과 천혜의 자연환경을 결합한 형태로 제주의 정체성을 잘 살리고 있다. 들불축제는 지역의 단순 관광상품이 아니라 지역의 정체성을 확립하고 지역민들의 화합을 다지는 계기가 될 뿐만 아니라 관광객에게는 매력적인 지역기반의 문화자원이다. 특히 축제 소재의 차별성이 높고, 모방 가능성이 낮을 뿐만 아니라 지역의 정체성과도 잘 부합한다. 메인 프로그램인 '오름불놓기'의 경우 지리적 특성ᵒ를을 살린 제주만의 공간 활용과 불을 연계한 콘텐츠는 글로벌 축제로 성공하기에 충분한 가치를 지니고 있다.

최근 많은 도시들이 지역의 특색을 담은 다양한 축제를 개최하고 있다. 특색있는 축제를 만들기 위해 꽃, 불꽃, 빛, 음식, 물 등 다양한 소재가 활용되고 있다. 그 와중에도 차별화를 넘어 독특한 아이디어와 콘셉트를 내세운 이색축제들이 등장하기 시작했다. 복잡다단한 현대사회만큼 이색축제 또한 국내외를 막론하고 그 영역과 소재를 범주화하기 어려울 정도로 다양하다. 물총, 토마토와 같은 소소한 사물, 달리기, 걷기와 같은 일상에서 마주하는 몸의 움직임을 소재한 한 축제부터, 반려동물 소재, 싱글 남녀를 위한 매칭 서비스의 축제도 눈길을 끈다. 여기에 여름이면 극장가에 등장하는 '호러'가 축제 콘셉트가 되기도 한다.

지역의 경우 축제를 잘 활용하면 지역민들의 화합은 물론, 관광객 유치 등의 경제적 효과를 기대할 수 있다. 축제 소재의 발굴과 특성화를 위해서 지역자원을 조사·분석함에 있어 중요한 착안점으로 상식을 뛰어넘는 방법, 즉 발상의 전환이 필요하다. 축제는 근본적으로 창조적인 사고를 요구한다. 잘 알려진 지역의 유무형의 자산도 중요하지만, 때론 지역의 약점과 제약조건 또는 지역 내에 존재하면서도 전혀 이용되지 않고 방치되고 있는 것을 탐색할 필요성이 있다. 평범하고 일상적인 소재라 하더라도 새롭고 낯선 시각으로 재해석한다면 그 지역만의 고유한 특성이 담긴 고유한 문화와 축제자산으로 발전시켜 나갈 수 있을 것이다.

 ## 축제 프로그램, '선택과 집중' 필요

제주들불축제의 평가·자문회의에서 나오는 이야기 중의 단골 레퍼토리로 연령대별 볼거리, 즐길거리, 체험거리가 풍성한 프로그램을 개발해야 한다는 이야기가 빠지지 않고 있다. 그러나 '다다익선'의 전략이 축제에 꼭 도움이 되지는 않는다. 너무 많은 볼거리를 추가하다 보면, 정작 가장 핵심이 되는 것을 놓치거나 흐려지게 된다. 단순 볼거리 중심의 축제는 생명력이 약할 수밖에 없다. 잘 차려진 한정식이나 뷔페보다는 단품^{대표음식} 맛집이 기억에 남고 인기를 끌듯이 차별화된 핵심 킬러콘텐츠가 축제의 성패를 좌우하게 된다.

한양대학교 관광학부 이훈 교수는 "들불이 가진 '신성성'을 더 큰 가치로 콘텐츠화해야 한다"고 강조한다. 방문객은 거대한 오름이 불길에 휩싸이는 때 '신성한 순간'을 느끼고 지난해를 돌아보고 소원을 빌고자 한다. 이런 신성한 순간을 지원하는 프로그램은 '시간의 멈춤, 세상의 멈춤'이 있어야 한다. 예로 전체 조명과 소리를 끄고 5분간 '불과 자신만의 만남'을 갖게 하는 것도 차별화된 콘텐츠가 될 수 있다는 것이다.

제주들불축제는 한국에서 유일하게 '불'을 소재로 한 축제로서, 제주에서만 체험 가능한 킬러콘텐츠를 개발해나가는 전략이 필요하다. 축제에서 그 원형과 역사성은 매우 중요한 요소이다. 들불축제의 경우 주제어를 꼽는다면 불, 목축, 오름, 기원 등이 대표적이다. 제주들불축제가 대한민국의 대표축제를 넘어 글로벌 축제로 성장하기 위해서는 축제의 핵심 소재인 오름, 말, 불 등과 관련된 콘텐츠를 더욱 강화하면서 핵심 콘텐츠에 대한 '선택과 집중'을 통해 프로그램의 완성도를 높여야 한다. 너무나 복잡하고 다양한 현대사회에서 축제에도 때론 절제의 미학인 '미니멀리즘'이 필요하다.

참고문헌

류정아, 2012, 『한국축제와 지역문화 콘텐츠』, 커뮤니케이션북스

이정진·김창수·김정환, 2013, 『한국축제 50선』, 대왕사

제주시관광축제추진협의회, 2019, 『글로벌 축제 도약을 위한 제주들불축제 발전전략 포
　　럼』, 제주시

김의근 外, 2018, 『2018 제주들불축제 종합평가보고서』, 제주시관광축제추진협의회

김창수·김의근·강숙영·임선아, 2017, 『제주들불축제 대표축제 육성 중장기 계획수립 보
　　고서』, 제주시

문화체육관광부, 2016~2017, 『문화관광축제 종합평가 보고서』

우기남, 2010, 『제주정월대보름 들불축제 발전방안 – 2010 축제를 중심으로』, 제주관광학
　　연구 제14집

김의근, 2017, 『지역축제의 특성화 발전방안 연구 – 제주들불축제를 중심으로』, 제주관광
　　학연구 제21집

정순여·김대훈·양인하, 2018, 『제주도 들불축제에 대한 소셜미디어 사용자들의 인식에 관
　　한 연구: 빅데이터 분석을 통한 접근』, 탐라문화 59호

김의근·강숙영, 2010, 『지역축제·이벤트 영향인식이 참가자 만족에 미치는 영향 연구: 제
　　주정월대보름들불축제를 중심으로』, 탐라문화 37호

조승연, 2007, 『불을 신성시하고 숭배하는 종교, 조로아스터교』, 방재와 보험

표인주, 2016, 『민속에 나타난 불(火)의 물리적 경험과 기호적 의미』, 비교민속학

고동명, 2019, 『오름이 '활활' 22회 제주들불축제 3월 7~10일 개최』, 뉴스1

이문일, 2013, 『조우성의 미추홀 – 미추홀 성화(聖火)』, 인천일보

신관호, 2016, 『들불의 희망, 세계로 번지다 2016 제주들불축제』, 제주신문

조문욱, 2018, 『'들불'의 소원, 하늘에 오르다』, 제주일보

오미란, 2017, 『제주 축제 '거기서 거기'…"이젠 선택과 집중할 때"』, 뉴스1

좌승훈, 2018, 『제주들불축제 유래비 제막…故 신철주 군수 뜻 기려』, 파이낸셜뉴스

우장호, 2017, 『제주들불축제 20년…새별오름 들불놓기 장관 펼쳐져』, 뉴시스

임성준, 2017, 『액운 다 태우고…'희망의 들불' 솟아라』, 세계일보

www.buriburi.go.kr

정남진 장흥 물축제
Jengnamjin Jangheung Aqua Festival

SUMMER 23℃ 정남진 장흥으로~

2008년부터 시작된 '정남진장흥물축제'는 탐진강, 장흥댐, 득량만의 수자원을 주제로 하는 축제, 즉 물을 주제로 하는 축제로서 한국을 대표하는 여름축제 중 하나로 자리매김하였다. 이런 선점 이미지를 지속적으로 확대해나가야 하고, 야간 프로그램 개발 등을 통해 축제의 차별화도 가능할 것으로 보인다. 해를 거듭할수록 외국인 관광객의 참여가 높아지는 점 또한 축제의 지속적인 발전 측면에서 매우 고무적인 현상이다.

지구의 3분의 2를 차지하는 물은 모든 생명의 근원이자 세상을 움직이는 동력 에너지라고 해도 과언이 아니다. 물은 약 46억 년 전 지구 탄생의 역사에서 결정적인 역할을 하였다. 산이 깎여 평야가 되었다가^{삭마작용} 평야가 다시 바다로 씻겨 들어가는 침식작용을 되풀이한 것이 바로 '물'이었다. 바다가 만들어지고 여기서 유기물이 생성되면

서 최초의 생명체들도 생겨나기 시작했다. 이 역시 물이 없었더라면 불가능했다. 생명체를 잉태한 어머니의 양수도, 모든 생물을 낳고 기르는 생명의 젖줄도 바로 물이었다. 인간의 4대 문명 발상지도 물과 함께 피어났다.

물은 이처럼 인간과 떼어놓을 수 없는 존재이기에 다양한 상징과 의미가 담겨있다. 동서양을 막론하고 물과 관련된 신화나 종교와 관련된 이야기는 매우 많으며, 그 안에서 물은 신과 인간을 연결하는 매개체로 여겨졌다.

우리나라 고대 신화나 설화에 등장하는 물의 상징과 의미도 '창조의 원천', '풍요의 원천'으로 여겨졌다. 제주도 신화 천지왕 본풀이에는 '태초에 천지가 하나인 혼돈의 상태에서 하늘의 청이슬과 땅의 물이슬이 합수合水한 후에 천지가 창조되었다'고 전해진다. 건국신화인 동명왕 설화에서 주몽의 모친 유화는 물의 신인 하백의 딸이다. 그리고 가야 김수로왕과 결합하는 허황후는 바다에서 왔다. 또 박혁거세는 우물 옆의 계정鷄井에서 태어났으며, 그의 부인 알영정은 우물에서 태어난다. 이처럼 물은 창조력의 원천으로 여성의 생산원리를 상징한다.

또, 물은 재생의 원천이기도 하다. 바리공주 신화에서 공주가 7번째 딸이라는 이유로 버림을 받지만, 그는 위중한 부모를 구하기 위해 온갖 위험을 무릅쓰고 서천서역국에 가서 생명수를 구해와 죽은 부모를 살려낸다. 여기서 물은 생명의 근원이며, 재생을 상징한다. 재생은 생명력과 정화력淨化力, 부정을 물리치는 힘을 내포하고 있다. 과거 우리 조상들은 수시로 깨끗한 물 한 그릇을 떠서 천지신명께 비는 풍습이 있었다. 예전의 우리 어머니, 할머니들은 치성을 올릴 때면 어김없이 '정화수井華水'를 떠놓고 기도드렸다. 정화수는 물 자체가 지닌 정화력을 발휘하는 주술 구실을 한다. 이런 물의 정화력은 성수聖水로 세례를 주는 종교의식과 같다고도 볼 수 있다. 마을제의에서 제관이 목욕 제례하는 경우도 신께 가까이 가기 위해 몸과 마음을 정화해서 마을의 평안과 풍요를 신에게 비는 의미를 지닌다. 이같이 물로 몸을 씻는다는 것은 정화력을 상징한다. 물이 생명력과 정화력 등 믿음의 대상이 된 것은 기독교와 천주교 등 여타 종교에서도 거의 유사하다. 물이 없는 종교적 행위의 예식은 없다고 봐도 과언이 아니다. 이렇듯 물은 예나 지금이나 지구와 인류의 삶에 꼭 필요한 요소이자, 많은 의미를 지니고 있다. 그리고 세계 각지에서는 오래 전부터 강과 물을 이용한 축제가 열려왔다.

물 맑고 풍부하기로 소문난 고장

'서울의 한복판 광화문을 중심으로 정남쪽에 위치해 있다'고 하여 붙여진 이름 정남진正南津 장흥. 사람 살기 좋은 곳이라고 하지만 경제 자립도가 열악한 농어촌지역이다. 인구도 점점 감소하는 문제점을 안고 있었다. 하지만 장흥은 물이 맑고 풍부하기로 소문난 고장이다. 남해로 흘러들어가는 탐진강뿐만 아니라 곳곳에 맑은 샘도 많다. 장흥은 풍부한 수자원을 바탕으로 편백숲 우드랜드, 유치자연휴양림과 장천재 계곡, 수문해수욕장 등 여름을 만끽할 수 있는 관광지가 가득해 여름에 찾아가기 딱 좋은 여행지다.

전라남도 3대 강의 하나인 탐진강은 장흥군 유치면 국사봉[613m]에서 발원해 장흥·강진 등 남도의 들녘을 적시며 남해로 흘러드는 51.5㎞ 길이의 강이다. 예전에는 비가 오면 물이 범람하고 풀밭에 기반한 버려진 곳이었으나, 1997년 장흥댐이 상류에 축조되면서 홍수조절기능이 생겼다. 상류 지역인 장흥군 부산면 지천리에 저수량 1억 9,100만㎥ 규모의 장흥댐이 건설돼 있다. 바로 이곳을 중심으로 한여름 더위를 물러가게 할 국내 최대의 물놀이 축제가 펼쳐진다. 강 유역에는 용반, 부산, 한들 등의 비옥한 평야가 펼쳐져 있어 농산물이 풍부하다. 예로부터 임금님께 진상되는 1급수에만 사는 은어가 나는 곳으로도 유명하다. 그만큼 물이 맑고 깨끗하다는 것을 알 수 있다.

또 장흥은 고택과 정자의 고장이다. 그중 '용호정'은 느티나무 목재로 만든 8개의 원형기둥을 세우고 밤나무와 느티나무 목재만을 사용해 지은 목조 기와집이다. '동백정'도 빼놓을 수 없다. 세조 4년[1458] 의정부 좌찬성 동촌 김린이 관직에서 은퇴한 후 기거하기 위해 가정사를 건립했는데 선조 17년[1584] 후손인 운암 김성장에 의해 중

건됐다. 이때 심어놓았던 동백이 울창했기 때문에 정자의 이름을 '동백정'이라고 명명했다. 장흥위씨 집성촌인 '방촌마을'에 자리한 '존재고택'은 장흥위씨의 종가집으로 호남실학의 대가 존재 위백규 1727~1798 선생의 생가이다. 주위의 경치가 아름답고 집 뒤로 대나무 숲이 우거져 있어 특히 여름철 시원하게 보내기에 적당하다.

장흥군의 명소 중 하나는 100ha에 이르는 '정남진 편백숲 우드랜드'이다. 통나무주택·황토주택·한옥 등 숲 속에서 건강체험을 할 수 있는 숙박시설과 생태건축을 체험할 수 있는 목재문화체험관, 목공건축체험장, 편백 톱밥 산책로 등이 조성돼 있다.

Rest Area

하나의 강, 두 개의 이름

탐진강 이름의 유래는 탐라국의 '탐'과 강진군의 '진'에서 따왔지만 단순한 지명은 아니다. 통일신라시대에 탐라국의 사신이 신라에 조공하러 올 때에 배를 뒀던 나루터라는 뜻으로 강진 일부 지역에 있었던 현의 이름이기 때문이다. 조선시대까지는 예양강瀨陽江을 비롯해 수령천遂寧川, 놀강艣江 등으로 불렸다. 탐진강은 일제강점기 때부터 불린 명칭이다. 강진군청과 강진의료원이 있는 도로가 탐진로이고, 장흥과 강진쪽의 많은 가게도 탐진을 붙인다.

장흥군에서는 아무래도 탐진이라는 이름이 강진을 뜻하기 때문에 '맑은 물이 흐르는 양지 바른 곳'이라 하여 '예양강瀨陽江'이라는 명칭을 많이 쓴다. 탐진강 바로 옆의 장흥읍 행정복지센터가 위치한 곳이 여기서 따와 예양리이고, 역사 향기 숲 테마공원이 만들어진 공원도 예양공원이다.

물 축제 탄생의 주역, 탐진강과 이명흠 장흥군수

　2008년부터 시작된 '정남진장흥물축제^{이하 '장흥물축제'}는 탐진강, 장흥
댐, 득량만의 수자원을 주제로 하는 축제이다. 장흥군에서 주최하고
'정남진장흥물축제 추진위원회'에서 주관하고 있다. '물'을 이용하는
축제로는 전국에서도 손꼽히는 규모를 자랑하며, 축제 기간 70여개
가 넘는 행사들이 진행된다. 제5회를 맞이한 2012년에 문화체육관광
부 유망축제로 선정되었다. 이후 문화체육관광부 선정 우수축제 및
대한민국 축제 콘텐츠 대상 수상, 11년 연속 전라남도 대표축제에 선
정되는 등 장흥의 대표 브랜드로 자리매김했다. 2008년에는 장흥읍
탐진강변에서 축제가 개최되었으나, 2009년부터 2012년까지는 탐
진강 및 장흥댐 생태공원, 2012년 제5회 때부터 탐진강 및 편백숲 우
드랜드에서 개최되어 현재까지 이어지고 있다.

　장흥물축제는 2005년, 지역대표축제 개발을 위해 실시된 용역에서
"장흥군에는 정남진과 물, 산을 주제로 한 지역 대표축제 개발이 필요
하다"는 의견에서 시작되었다. 그동안 장흥군은 '보림문화제', '제암
철축제', '키조개큰잔치', '천관산억새제', '정남진 갯장어음식축제',
'개메기 축제', '할미꽃축제', '호박축제', '장흥생태체험축제' 등 많
은 축제를 개최해왔다. 그러나 이들 축제 중 그 어느 것도 장흥을 대
표하는 전국적인 축제로 성장하지 못했다. 그 이유를 연구결과에서는
"장흥군의 이미지를 부각할 수 있는 축제가 없었다"고 분석했다.

　2005년 목포대 문화관광산업연구소 이장주 교수가 보고서로 제출
한 '정남진 장흥 건강관련 축제 등 대표축제 개발' 자료에 따르면 장
흥군이 갖고 있는 축제 이미지는 '정남진', '물', '산'이 가장 적합한
것으로 나타났다. 특히 차별성과 경제성·접근성·환경성 여론평가를

정남진장흥물축제, 축제장 전경

점수로 환산한 결과 가칭 '정남진물축제'가 344점으로 가장 높은 점수를 받았다. 정남진의 지리적 이미지를 주제로 물, 건강, 자연의 관광요소를 기존 장흥이 갖고 있는 각종 축제와 함께 연계해 개발하는 방안이었다. 특히 장흥군에는 바다와 자연수인 탐진강과 인공수인 장흥댐이 있어 이를 잘 활용하면 물, 건강, 자연 등의 요소를 웰빙벨트로 조성해 축제의 장으로 활용할 수 있다고 내다봤다.

다음으로는 산을 주제로 한 '천관산 문학축제'가 336점으로 2위를, 정남진 어류 체험을 테마로 한 '정남진 푸른바다 축제'가 316점으로 3위를 차지했다. 또한 이 보고서에서는 "그동안 장흥은 지역 정체성을 바로 떠올릴 수 있는 축제가 없었다. 보성녹차처럼 지역 이미지를 공동브랜드화해 지역 지명도를 잠재 관광객들에게 알릴 수 있는 축제 개발이 시급하다"고 지적했다. 그러면서 장흥이 갖는 이미지와 개발 가능성을 토대로 연구한 결과 '정남진과 바다가 장흥을 대표할 수 있는 축제의 주제로 가장 타당한 것'으로 나타났다고 밝혔다. 이 보고서에서 제시한 축제 명칭^{가칭}은 '정남진 물체험 건강대축제', '정남진 물의 향연', '정남진 Water Festival' 3개였다.

이 연구 결과가 실행으로 이어질 수 있었던 직접적인 동력에는 이

명흠 전 장흥군수2007~2014의 공을 빼놓을 수 없다. 군수가 되기 전부터 그는 물을 이용한 축제 개발에 대해 의지를 드러냈었다. 2007년 12월 보궐선거를 통해 장흥군수에 취임한 그는 그동안 '장흥물축제'를 전국 최고 축제 반열에 올려놓았다. "장흥도 이젠 대표축제로 지역 브랜드를 높이고 지역경제 활성화에 기여할 수 있도록 해야 한다. 다행히 대표축제 용역이 실시중이다. 표고버섯 축제를 거론하지만 나는 '물 주제'의 대표축제가 가장 낫다고 생각한다. 장흥의 얼굴이나 다름없는 탐진강에, 탐진호장흥댐, 청정한 득량 앞바다 등 물이 풍부한 고장이다. 장흥 축제는 물로 가야 한다. 물은 무궁무진하다. 장흥이 지명처럼 길게 흥하는 길은 물 산업, 물 축제에 있다고 확신한다." 2005년 1월 21일 장흥 부군수로 취임한 후 6개월이 지난 7월 28일에 보도된 한 언론사의 인터뷰 내용이다.

대표축제 개발용역은 그로부터 1개월이 지난 8월 6일 최종 발표되었다. 이후 2007년부터 80여억 원을 들여 소도시 가꾸기 사업으로 추진되어 오던 탐진강 정비사업이 탄력을 받으며 생태·유휴공간으로 새롭게 탈바꿈하였다. 그렇게 단장한 탐진강변에서 2008년 7월 28일 '제1회 정남진 물축제'가 개최되었다. 제1회 장흥물축제는 축제기간 동안 관람객 30만 명이 찾는 큰 성공을 거두며 안정적인 발판을 마련했다.

이렇게 장흥물축제가 성공하기 전까지는 반발도 만만치 않았다. 이 군수가 지역을 대표하는 물 축제를 만들어 보자고 아이디어를 냈지만 "물 축제로 무슨 대표성을 띨 수 있으며, 효과를 낼 수 있겠냐"는 반대 의견도 거셌다. 하지만 이 전임 군수는 "도심 가운데 강과 댐이 있고 10개 읍면 절반이 바다와 연계되어 있는 등 강과 바다가 풍부해 이를 이용해 축제를 만들어 보자"며, 관련 부처와 군민들을 설득했다.

　한 언론 인터뷰에서 이 군수는 "늘 탐진강변을 거닐며 탐진강의 물 축제를 꿈꾸었다. 탐진강가를 거닐며 낙후된 장흥에 희망의 씨앗을 심어주고 침체된 장흥에 활력을 불어넣을 수 있는 그 시작의 하나로 역동적인 축제를 생각했고, 그 축제는 탐진강의 축제 곧 탐진강에서의 물 주제의 축제로 생각했다. 저는 탐진강이라는 역동성이 축제의 주제가 될 수 있고, 탐진강이 장흥읍 중심부를 가로지르고 있어 지역민들의 적극적인 참여도 가능하고, 장흥읍 시가지와 정남진 토요시장, 장흥댐 등과 연계될 수 있어 성공적인 축제로서 가능성을 주목했고, 이제 성공적인 축제로 발전해 가고 있다"고 말했다.

'지상 최대의 물싸움', '살수대첩 거리 퍼레이드' 눈길

매년 7월 말부터 8월 초까지 7일간 진행되는 장흥물축제는 관람 위주의 전형적인 축제의 틀을 벗어나 뜨거운 여름 누구에게나 반갑고 친숙한 '물'을 주제로 하여 방문객들이 함께 어울릴 수 있는 다양한 프로그램을 운영하고 있다. 주제는 '물과 숲-休'이다. 이 주제는 제2회 때부터 사용하여 지금까지 일관되게 사용하고 있다.

제1회 축제 때는 북한 중강진(압록강), 정동진(경포호), 정중앙(양주), 정남진(탐진강) 4곳의 물을 한군데로 합쳐 남북통일과 동서화합을 기원하는 합수식이 눈길을 끌었다. 또 4일간 뗏목하나에 몸을 의지해 탐진강 물살을 헤친 뗏목의 향연이나, 2,008인분의 은어죽을 끓여 나눠먹은 행사도 관심을 끌었다. 축제 프로그램은 살수대첩 거리 퍼레이드 등으로 이루어진 주제 프로그램, 줄다리기와 DJ공연 등으로 이루어진 특별 프로그램, 기타 프로그램, 주무대 프로그램 등 크게 4가지로 구성되어있다.

특히 지상 최대의 물싸움, 천연약초 힐링 풀, 맨손 물고기잡기가 장흥물축제를 대표하는 프로그램이다. 지상 최대의 물싸움은 2012년부터 시작된 남녀노소 모두가 참여할 수 있는 프로그램으로, 편을 갈라 물총을 쏘고 물풍선을 던지며 벌이는 물싸움 난장이다. 무지개다리 주차장에서 펼쳐지는 지상 최대의 물싸움은 소방헬기와 물대포, 소방차, 산불진화 차량까지 동원되어 긴장감을 더한다. 참가자는 물싸움에 필요한 무기를 갖춘 진행요원을 상대해야 한다. 악당과 다양한 복장을 한 퍼포머들이 끼어들어 웃음을 유발하는 퍼포먼스도 펼친다. '성에 갇힌 얼음공주를 구출하라'는 특명을 받은 참가자 팀은 진행요원들을 상대로 신나는 공방전을 벌인다. 관광객과 악당을 자처

지상 최대의 물싸움

맨손 물고기 잡기

하는 진행요원, 관광객과 관광객, 그리고 악당들 간에 펼쳐지는 물싸움은 그야말로 난장이다. '지상 최대의 물싸움'이라는 표현이 결코 과장이 아니다.

천연약초 힐링 풀은 말 그대로 천연 성분을 이용한 스파 개념의 풀장인데, 장흥 각 지역에서 생산된 편백나무, 녹차, 헛개나무, 표고버섯, 동백, 석창포 등을 넣은 7가지 탕으로 구성되어있는 것이 특징이다. 맨손 물고기 잡기는 다른 지역과는 조금 색다른 체험을 선사한다. 각 지역의 물고기 잡기는 단일 어종으로 진행되는 반면 여기서는 탐진강에 서식하는 장어, 메기, 잉어, 붕어 등 다양한 어종을 잡을 수 있는 것이 매력적이다.

이외에도 수상자전거, 오리보트, 우든보트와 카누, 뗏목, 레볼루션, 워터슬라이드, 워터볼 등 다양한 수상놀이를 즐길 수 있다. 해가 저문 밤에도 축하공연, 전국 동네밴드 경연대회, 주민자치경연대회, 록페스티벌, 젊음과 열정이 녹아 있는 전국 대학 뮤지컬 갈라 페스티벌 등이 펼쳐진다. 각종 공연과 체험행사 외에도 물을 주제로 한 물 과학관을 중심으로 장흥한우삼합^{한우, 키조개, 표고버섯}에 포함되는 장흥 특산물 버섯이 주제인 버섯산업홍보전시관, 이청준, 한승원 등 장흥을 대표하

왼쪽부터 수상자전거 타기, 뗏목 타기, 워터볼

는 작가와 그들의 문학세계를 엿볼 수 있는 장흥문학관, 천연자원체험관, 장흥 차관, 다문화복지체험관, 향토음식관, 슬로시티관 등 11개 주제의 전시도 진행된다. 편백숲 우드랜드에서는 목공에 체험교실, 분재 전시, 숲속 콘서트, 삼림욕 등 다양한 프로그램들이 준비되어 있다.

탐진강의 맑은 물과 우드랜드라는 편백나무 숲을 활용해 열리는 장흥물축제는 수변공간과 물 위에서 운영되는 놀이형 체험프로그램이 많아 여름방학 아이들을 동반한 가족 단위 방문객들의 참여율이 높다. 또한 축제장 주변에 대형 야영촌을 운영함으로써 관광객들이 밤새 머무르며, 한여름 밤의 추억을 만들어갈 수 있다.

단순 물놀이에 '역사성'과 '문화 정체성' 보완

장흥물축제는 마을 단위의 공동체형 축제가 아닌 다소 인공적인 특성이 강한 산업형 축제로서 관광산업에 초점을 맞췄다. 그렇다 보니 처음에는 단순 육체적 활동 위주 프로그램으로 문화적 경험과는 거리가 있었다. 태국 등 세계적인 물축제가 이루어지는 곳의 물은 종교적·제의적인 의미를 담고 있는 반면 장흥 물축제는 휴양과 놀이 차원에서 인식되고 있다. 장흥군은 물축제를 통하여 휴양도시, 여름 대표 피서지의 도시 이미지를 부각시키려 하였다. 하지만 물을 단순히 놀이수단으로만 활용하고 있어 지역의 문화적 특성이나 정체성 부여가 부족했다는 지적을 받아왔다. 국내 다른 도시에서도 물축제가 개최되고 있지만, 이들 축제에서도 마찬가지로 '물'은 놀이의 수단일 뿐 명확한 정체성을 찾지 못하고 있다.

프로그램 구성- 2019년 기준

프로그램 구분	행사내용
주제 프로그램	살수대첩 거리퍼레이드, 지상 최대의 물싸움, 황금물고기 잡기
특별 프로그램	장흥 워터樂풀파티, 별밤 수다(水多)쟁이, 지상최대의 워터붐, 수중 줄다리기, 장흥 뻘라주, 워터 그라운드
기타 프로그램	수상프로그램(수상자전거, 우든보트, 바나나보트 등). 상설 프로그램(향토다문화 세계음식관, 정남진 직거래장터, 장흥문학관)
주무대 프로그램	장흥 핫바디 대회 및 모델쇼, 정남진 청소년 강변음악축제, 장흥 POP콘서트, 방송사 공개방송(축하공연)

이런 문제점들을 보완하여 2019년에 장흥물축제는 '살수대첩 퍼레이드'를 '안중근과 물이 만나는 역사테마 퍼레이드'로 연출하였다. 전국에서 유일하게 안중근 의사를 모신 사당이 있는 지역으로서 역사적 의의를 모티브로 퍼레이드를 진행한 것이다. 살수대첩 퍼레이드는 태국의 송크란 축제 등을 벤치마킹해 도입했다. 처음에는 '과연 우

정남진장흥물축제, 살수대첩 퍼레이드

리나라에서 먹혀들까?' 우려도 했지만, 기대 이상으로 반응이 좋아 첫해를 기점으로 대표 프로그램으로 자리잡았다. 또한 동학농민전쟁 최후의 격전지라는 스토리를 가미해 장태를 물풍선으로 터뜨리는 지상 최대의 워터붐을 진행하며 역사성과 문화 정체성 보완을 도모하고 있다.

개막식은 주무대가 아닌 지상 최대의 물싸움장으로 장소를 바꿔 행사 시작부터 물싸움을 벌이는 등 격식을 버린 행사 진행으로 눈길을 끈다. 물축제 기간 중 매일 오후 2시에 펼쳐지는 지상 최대의 물싸움은 단순한 놀이에 집중하는 것을 넘어 장흥이 동학혁명의 중심지였던 점을 활용하였다. 관군과 농민을 주최측과 관광객 팀으로 상정하고, 청색과 백색 티셔츠로 구분된 참가자들이 역사적 사건을 되새기면서 놀이와 교훈을 함께 즐길 수 있는 역사 문화콘텐츠로 발전해왔다.

또한 별밤 수다쟁이, 워터락樂 풀파티 등 야간프로그램 활성화를 통해 체류형 축제로 발전시켜가고 있다. 이런 프로그램으로 인해 20~30대 젊은 방문객들의 수가 눈에 띄게 증가했다. 탐진강에서 이

정남진장흥물축제, 워터락樂 풀파티

루어지는 수상 뱃놀이 요금으로 쌓인 돈을 국제기구인 유니세프나 사회봉사단체에 성금으로 꾸준히 제공해오고 있는 점도 장흥물축제의 미덕이다.

탐진강 물속에서는 매년 최고의 인기를 누리고 있는 맨손 물고기 잡기와 수중 줄다리기가 펼쳐진다. 매일 오후 3시부터 2시간 동안 진행되는 맨손 물고기 잡기는 매일 1천 명 안팎이 참가해 짜릿한 손맛을 느낀다. 장흥교와 예향교 사이에 설치된 사각의 거대한 어장 울타리 안에서 뱀장어, 붕어, 잉어, 메기, 은어 등의 민물고기를 맨손과 쪽대로 맘껏 잡을 수 있다. 점점 어종을 다양화하고 개체수도 늘리는 한편, 잡은 물고기는 즉석에서 얼음 포장해 택배로 발송할 수 있다.

'수중줄다리기'는 전통의 현대적 계승을 잘 나타내주는 프로그램이다. 장흥의 전통민속놀이인 고싸움에서 착안한 수중줄다리기는 참가자들이 두 편으로 나뉘어 물속에서 줄다리기를 하면서 화합과 단결, 어울림과 신명이라는 축제의 특성을 극대화한다. 처음에는 장흥의 읍·면·동 대항전으로 지역민들만 참가하여 진행했으나, 이후 관

정남진장흥물축제, 수중 줄다리기

광객들도 참여케 해 관광객과 지역민 모두가 한데 어울리는 장으로 발전시켰다.

장흥물축제가 물을 주제로 하는 축제로서 한국을 대표하는 여름축제 중 하나로 자리매김한 것은 큰 성과이다. 이런 선점 이미지를 지속적으로 확대해나가야 하고, 야간 프로그램 개발 등을 통해 축제의 차별화도 가능할 것으로 보인다. 해를 거듭할수록 외국인 관광객의 참여가 높아지는 점 또한 축제의 지속적인 발전 측면에서 매우 고무적인 현상이다.

"물은 성스러운 생명을 담고 있는 동시에 신나는 놀이와 즐거운 추억의 소재가 되기도 한다. 참가자 모두가 물이 주는 생명의 에너지 안에서 가장 편안하고 순수한 모습으로 축제를 즐길 수 있도록 노력하겠다." 김성 장흥군수2014~2018의 말 속에서 장흥물축제의 강점과 비전을 확인하게 된다.

축제 브랜드 강화를 위한 슬로건

'장흥물축제'는 관광객 유치를 위한 홍보에 다양한 노력을 기울이고 있다. 2013년에는 장흥군청 공무원으로 구성된 MTB동호회 22명이 제6회 장흥물축제의 성공 개최를 위해 자전거를 타고 제주도 일대에서 3일간 홍보활동을 전개해 화제가 되기도 했다. 2016년에 젊음과 시원함, 유쾌함이 묻어나는 축제의 이미지를 나타내기 위해 '여름이군郡 더우면面 가리里 물축제 1번지 장흥으로路'라는 이색적인 주소를 표어로 내세우기도 했다.

2017년부터는 탐진강의 풍부한 수량과 시원함을 바탕으로 대한민국 여름 축제의 방향을 바꾼다는 의미를 담아 '23도, 정남진으로 진로를 돌려라!'를 슬로건으로 내세웠다. 여름철 탐진강 평균 수온인 23도는 인체가 여름에 시원하게 느끼는 적정 온도로, 국내 근해 평균 수온인 27~28도보다 3도 이상 낮다. 영동고속도로를 타고 가면 평창 인근에 'HAPPY 700'이라는 푯말이 보인다. 평창의 해발고도가 700m라는 뜻과 함께 고기압과 저기압이 만나는 지대로 생체 리듬에 가장 좋다는 힐링의 의미를 담고 있다. 마찬가지로 23℃는 여름철 인체가 가장 시원하게 느끼는 적정수온으로 장흥물축제에서 사용하는 물의 수온이다.

2017년 7월 열린 10회 물축제 기념 국제포럼에서 이종원 한국여행작가협회 회장은 "'23℃ 정남진으로 진로를 돌려라!'는 입에 잘 달라붙지 않는다"며, "SUMMER 23℃처럼 심플하게 사용해 궁금증을 자아내는 마케팅이 필요하다"고 제언했다.

'물'과 '불'의 상생

'물'과 '불'은 보통 대립하는 힘을 상징하기도 한다. 그러나 물과 불의 축제로 불리우는 '장흥물축제'와 '강진청자문화제'는 이런 대립의 힘을 상생의 힘으로 승화시켰다.

장흥물축제와 강진청자문화제는 전라남도의 대표적인 지역 축제이다. 각각 지역의 자연환경과 역사·문화적 특수성을 흥미로운 축제 프로그램에 담아냄으로써 관광객들에게 좋은 볼거리와 즐길거리, 그리고 체험과 추억을 제공하고 있다. 바로 이웃한 이 두 지역의 축제는 연계 없이 개별적으로 운영되었고, 일정부분 경쟁 관계를 형성했다. 개별적으로 열리는 지역 축제가 서로 경쟁하는 것은 어찌 보면 자연스럽고 당연한 일이다.

장흥물축제는 주로 한여름인 7월 말에 열렸고, 강진 청자문화제는 무더위를 넘긴 8월이나 9월에 열리는 것이 보통이었다. 이 두 축제의 개최 시기에 차이가 있어 수도권 등 거리가 먼 지역에 있는 사람들은 두 축제를 모두 맛보기 힘들었다. 그런데 '한 축제에 참여한 사람이 동시에 다른 축제를 즐긴다면 서로 상승효과를 낼 수 있을 것'이라는 협력의 아이디어가 나왔다. 경쟁을 협력으로 바꿈으로써 시너지를 창출하자는 것이다. 이 아이디어는 곧 현실이 되었다.

2010년 12월 24일 정남진장흥물축제와 강진청자축제 상생 협력 협약이 체결되었다. 우선 개최 시기를 같이하기로 했다. 2011년부터 매년 7월 말에서 8월 초 사이에 두 축제가 동시에 진행되었다. 장흥물축제는 7일간, 강진청자축제는 9일간 열리기 때문에 하루 이틀의 차이는 있었다. 또한 두 축제장을 연결하는 셔틀버스를 운행했다. 축제의 홍보 마케팅도 공동으로 추진하였다. 축제 기간 중 야간 공연을 할 때는 일자별로 프로그램과 출연진을 협의하여 조정함으로써 효율성을 높였다. 개막식 행사 때는 두 축제의 협약 내용을 소개하고 실천 내용을 선포했다. 서로 축하 사절을 보내 축제 개최를 축하하고, 성공적인 운영을 기원한다.

두 지역 축제의 동시 개최와 상호 협력은 '물과 불의 상생'으로 표현되었다. 장흥물축제는 '물'을, 강진청자축제는 도자기를 굽는 가마의 '불'을 상징한다. 축제를 찾은 사람은 '물'과 '불'을 동시에 즐길 수 있게 되었다. 2011년 이후 동시에 축제가 열리고 두 축제 간 연계성이 높아지면서 관광객들의 즐거움이 다채로워지고 편의성도 높아졌다. 축제에 참여하는 사람 수도 이전보다 훨씬 늘었다. 또한, 상생의 스토리와 이질적 차원의 즐거움을 동시에 만끽하는 독특함은 두 축제의 경쟁력을 높였다. 이것은 인근 지역축제가 함께 윈-윈하는 상생 모델을 제시했다는 평가를 받았다.

그러나 이들 상생의 시도는 8년 만에 깨졌다. 축제가 7월 한여름에 열리는 이유로 방문객들이 시원한 물이 있는 장흥으로만 몰려 상대적 박탈감을 느낀 강진군이 궁여지책으로 청자축제를 가을로 옮겼기 때문이다. 상생과 협력의 명분도 중요하지만, 축제의 성격, 시기, 특성 등을 종합적으로 검토하고 잘 분석해 상생과 협력을 모색해야 한다는 교훈을 남겼다.

폭염으로 여름축제, 봄·가을로 변경

사상 최악의 '폭염'으로 여름철 축제 흥행 부진을 겪은 전남 시·군이 축제 개최시기를 봄·가을로 옮기는 사례가 줄을 잇고 있다. 시·군이 오랜 기간 지역을 대표해온 '여름 축제' 위상과 타이틀을 버리고, 개최시기 변경에 나선 것은 무더위 속 관광객 급감에 따른 고육지책으로 평가된다.

전남도에 따르면 2019년 개최 시기가 확정된 전남 주요축제 중 여름 시즌에 열리던 5개 축제가 개최 시기를 옮겼다. 문화체육관광부 우수축제인 강진청자축제를 비롯해 고흥우주항공축제, 무안연꽃축제, 무안황토갯벌축제, 영광천일염젓갈갯벌축제 등 평소 7~8월이었던 개최 시기를 옮겼다. 이들 축제는 10년 넘게 지역을 대표해 온 장수축제로 관광객을 끌어모으며 '여름 대표축제'로 이름값을 했지만, 지난해 7~8월 긴 폭염의 영향으로 극심한 흥행 부진을 겪었다.

매년 8월 초에 열렸던 강진청자축제는 지난해 무더위 속에 관람객이 21만 명으로 전년도 32만 명보다 11만 명 감소하자 개최시기를 10월 3~9일로 확정하며 '가을축제'로 변신했다. 7월 말~8월 초에 열렸던 고흥우주항공축제도 지난해 관람객이 전년 8만1000명 대비 2만5000명 감소하자 올해 5월 3~5일로 개최시기를 앞당겼다. 어린이날 연휴 등을 노려 가족 단위 체험학습 프로그램 개발로 관광객 유치에 나선다는 계획이다.

여름을 상징하는 '연꽃'을 테마로 한 무안연꽃축제와 여름 피서객을 타깃으로 삼았던 무안황토갯벌축제도 폭염을 이겨내지 못했다. 8월 중순 열렸던 무안연꽃축제는 7월 25~28일로, 9월 초 열린 무안황토갯벌축제는 6월 14~16일로 개막일을 앞당겼다. 8월 개최된 영광천일염젓갈갯벌축제도 올해부터 젓갈 수요가 많아지는 김장 시즌을 앞둔 10월로 개최시기를 옮겼다. 10월에 열리는 영광군 대표축제인 영광상사화축제와 동시에 개최해 시너지 효과를 노린다는 전략이다.

반면 '폭염'이 흥행을 이끈 축제도 있었다. 더위를 식혀줄 '물'을 주제로 한 정남진장흥물축제는 지난해 축제 기간 45만 명이 찾아 '무더위 특수'를 누렸다.

*출처: 전남일보, 김성수 기자, 2019.2.21.

다른 지역의 물 축제들

'장흥물축제' 외에도 특히 뜨거운 여름에 무더위를 이겨내기 위해 물을 전면에 내세운 축제들이 있다. '물'을 대표 콘텐츠로 하는 축제로는 연기군의 '왕의 물축제', 서울의 '신촌물총축제', '한강 몽땅축제', 강원도 '화천쪽배축제' 등이 있다.

'왕의 물축제'는 조선왕조실록에 세종대왕이 1년간 특송된 물로 아침마다 얼굴을 씻고 마셔 안질이 나았다고 기록된 신비로운 약수인 '전의초수'를 널리 알리기 위해 2003년 시작되었다. 탄산수가 솟아나는 곳으로 유명한 충남 연기군^{현재는 세종시} 전의면 관정리로에서는 매년 5월 '왕의 물축제'가 열린다. 맑은 물 기원제, 연극, 국악공연은 물론 가족 승경도^{전통 말판놀이}시합, 가족 숯대각기, 왕의 물 이동행사 등 다양한 체험행사가 벌어진다.

'신촌물총축제'는 대한민국을 더 즐겁게 만들자는 목표 하에 신촌 연세로 일대에서 매년 7월 진행되는 축제로, 2013년 제1회가 열렸다. 문화기획 단체 '무언가'^{대표 한길우}가 주최하고 서울시와 서대문구청이 후원하는 서울의 대표적인 여름축제다. 신촌 중앙거리에 초대형 워터슬라이드가 설치되고, 물총을 쏘며 신나는 동심의 세계로 빠져든다. 축제 기간 신촌 거리가 물놀이 축제장으로 변해, 도심 속 피서지 역할을 하고 있다. 지역, 인종, 언어 등에 제약 없이 참여할 수 있으며, 이색적인 아이디어로 매년 테마를 정해 운영한다.

'한강몽땅 여름축제'는 한여름 '한강이 줄 수 있는 행복을 몽땅 선사'한다는 의미를 담고 있다. 서울특별시 한강사업본부 주최 및 주관으로 매년 7월 말에서 8월까지 여의도, 뚝섬, 반포 공원을 중심으로 한강공원 전역에서 축제를 개최한다. 2016년 제4회 축제부터 시민, 예술가, 민간기업, 지자체가 함께 만드는 플랫폼형 축제로 발전했다. 총 30여 일간 개최되며 수상체험, 물놀이 프로그램을 포함하는 '시원한강', 음악 콘서트, 공연 퍼포먼스, 문화 전시 프로그램을 포함하는 '감동한강', 환경 생태, 놀이체험, 먹거리, 휴식 프로그램을 포함하는 '함께 한강'이라는 3가지 테마로 총 80여 개의 다양한 프로그램을 운영하고 있다. 물풍선과 물총의 향연이 펼쳐지는 '한강물싸움 축제'를 비롯해 패들보트·카누·카약 등을 즐기는 '한강수상놀이터' 종이배로 한강을 건너는 '한강몽땅 종이배경주대회' 한강에서 튜브를 탄 채 영화도 보고 야경도 감상하는 '시네마 풍당' 등이 대표적인 프로그램이다.

'화천쪽배축제'는 화천에서 운행하던 소금배에서 착안한 쪽배를 주제로 하여 화천읍 붕어섬 일원에서 7월 말부터 8월 초까지 약 2주간 진행되는 축제이다. 2003년 세계 물의 해를 맞아 제1회 화천쪽배

축제가 개최되었다. 축제 기간 각종 수상스포츠와 함께 체험활동, 문화 공연, 지역 특산물을 활용한 다채로운 먹거리, 주변 지역의 연계행사까지 즐길 수 있어 연간 평균 10만여 명의 관광객을 유치하고 있다. 이 축제의 가장 이색적인 행사는 미니 창작쪽배 콘테스트이다. 참가자들이 미리 콘테스트 참가 신청을 하여 마지막 날 대회에서 일정 크기의 쪽배를 만들고, 이를 평가하여 시상하고 있다. 물을 주제로 열리는 행사이지만 수상체험 외에도 육상체험, 문화체험 및 이벤트, 먹거리 장터 등이 진행된다.

Rest Area

동남아시아의 물축제

전 세계적으로도 많은 물축제들이 있다. 특히 동남아시아권에서 많이 찾아볼 수 있다. 메콩강 유역에 있는 농경국가들은 오래전부터 물을 신성시해왔고, 자연스럽게 물과 관련된 축제가 국가적인 행사로 큰 인기를 끌고 있다. 음력을 가지고 있는 중국이나 우리나라는 1월에서 2월 사이에 설날을 맞이하지만 남부와 동남아시아의 몇몇 나라들은 대개 4월 초대략 10일경를 새해의 시작으로 기념한다. 4월에 새해를 맞이하는 나라로는 라오스, 방글라데시, 캄보디아, 네팔, 태국 등을 꼽을 수 있다. 4월을 새해의 시작으로 정한 이유는 이때가 건기에서 우기로 바뀌는 시점이기 때문이다. 이즈음 우기인 몬순이 본격적으로 시작되는데, 동남아시아 사람들은 농작물 수확을 마치고 가장 무더운 건기의 끝 무렵에 더위를 쫓아낼 우기를 기다리는 마음으로 큰 축제를 즐긴다. 대표적인 축제로는 태국의 송크란을 비롯해 미얀마의 띤잔, 라오스의 피마이, 중국 타이족의 발수절이 있다.

* 태국, 송크란 축제

태국의 가장 큰 축제 중 하나인 '송크란songkran'은 낮과 밤의 길이가 같은 매년 4월 10일 전후해 3일간 태국 각 지역에서 진행된다. '송크란'은 산스크리트어로 태양이 움직이는 새로운 날의 시작을 의미한다. 우리가 설에 차례를 지내고 성묘를 가듯이 송크란에도 고유의 풍습이 있다. 바로 사람들끼리 서로 물을 뿌리는 것이다. 온몸이 젖도록 물을 뿌리는 독특함 때문에 송크란은 이제 단순히 '명절'이 아닌 세계적인 '물 축제'가 됐다. "싸와디피마이Sa-wat-di pi mai." 태국어로 '새해를 축하합니다'라는 이 한마디에 매년 4월 13일부터 15일까지 태국 왕실 휴양지였던 후아힌Hya Hin 거리는 축제 분위기로 뒤덮인다.

본래 이 물 뿌리기 놀이는 '깨끗한 물로 죄를 씻어내고, 몸가짐을 깨끗하게 한다'는 의미로서 불교국가 태국이 숭배하는 불상과 불탑을 물로 씻는 의식에서 출발했다. 어른들에게는 향을 넣은 물을 공양하는 의식을 하는 것이 이 축제의 최초 시작이다. 이러한 의식들은 주민들의 참여와 주도 아래 사람들에게 물을 뿌리는 형태의 풍습이 되었고 인간의 죄를 씻어낸다는 의미를 포함한 현대적인 축제로 발전되었다. 이곳에서는 대부분 죽은 뒤 화장火葬을 하기 때문에 성묘가 필요 없어 '물 뿌리기' 의식이 생겨났다고 한다.

* 미얀마, 띤잔 물축제

미얀마 사람들에게 1년 중 가장 소중한 순간은 신년축제 '띤잔Thing-yan 축제'이다. 보통 4월 두 번째 주에 3~4일가량 진행된다. 띤잔 축제 개막이 다가오면 미얀마 거리 곳곳에서 인부들이 섭씨 40도 무더위에도 아랑곳하지 않고 수많은 목조 임시 가옥을 세우는 광경을 볼 수 있다. '조용한 불교의 나라'라는 표현에서 알 수 있듯 사실 미얀마인들은 인내심이 강하고 감정을 쉽게 드러내지 않는다. 얼핏 보면 엄숙해 보이는 미얀마인들이지만 띤잔 축제만큼은 완전히 다른 모습을 보여준다. 일단 거리는 곳곳에서 뿌려대는 물로 흥건히 젖는다. 미리 만들어놓은 목조 건물을 형형색색 페인트로 칠한 뒤 새해의 행복을 맞이하고 서로 죄를 씻어내기 위해 지나가는 사람과 자동차에 무차별 물폭격을 진행한다. 일상적인 모든 업무가 중단될 정도라고 한다. 이처럼 미얀마인들이 띤잔 축제를 애타게 기다리는 이유는 날씨 때문이다. 미얀마는 건기가 한창인 매년 12월부터 3월까지 비가 거의 내리지 않는다. 4월이나 되어서야 비가 내릴 조짐이 보인다. 오랜 시간 애타게 기다려온 비를 떠올리며 서로에게 아낌없이 물을 뿌려대는 것이다. 관광객이나 외국인 역시 예외가 아니다. 눈앞에 있는 사람이 아는 사람인지 모르는 사람인지 관계없이 축복을 빈다는 의미로 서로에게 마구 물을 부린다.

* 라오스, 피 마이 축제

라오스어로 '새로운'을 뜻하는 '피 마이'는 매년 4월 13일에서 15일까지 라오스 전역에서 열리는 새해 축제다. 라오스 월력으로 축제 첫째 날은 한 해의 마지막 날이다. 이 기간에 라오스인들은 각자 몸과 마음을 정결히 하며 새해를 맞을 준비를 한다. 둘째 날은 전해도 새해도 아닌 전환의 시간이고, 축제의 하이라이트인 마지막 날이 새해의 첫날이다. 축제 첫날 라오스인들은 가족과 친지들에게 축복의 의미를 담아 물을 끼얹는다. 시작은 엄숙했지만 이제는 물총, 양동이, 호스 등 물을 뿌릴 수 있는 도구를 총동원해 낯선 사람에게도 물을 뿌리는 '물축제'가 일상이 됐다. 많은 라오스인들은 서로에게, 그리고 외지인에게 물을 뿌리며 '새해 복 많이 받으세요'라는 의미로 '소크 디 피마이Sok dii pi mai'라는 인사를 한다. 다양한 라오스 전통 축제 문화도 엿볼 수 있다. 둘째 날에는 메콩강가에 위치한 루아프라방이라는 곳에서 라오스에서 가장 유명한 불상 '프라방' 행진이 펼쳐진다. 불상을 가마에 태운 뒤 라오스 전설에 등장하는 조상 모습으로 분장한 라오스인들이 승려들과 함께 행진을 벌인다. 라오스인들은 행진 때 사용되고 남은 물을 가져와 집에다 뿌리며 행운을 기원한다. 셋째 날에는 승려들이 거리를 돌아다니며 다양한 음식 공양을 받는다. 저녁 무렵 곳곳을 촛불로 밝히고 사원 주위를 도는 행진으로 축제가 마무리된다.

* 중국, 타이족 발수절

중국 소수민족 '타이족'의 최대 전통 명절인 '발수절' 역시 빼놓을 수 없는 물축제 중 하나다. 미얀마와 인접한 중국 윈난성 남부 지역에 거주하는 타이족 수는 100만 명 정도이다. 17세기에 청나라 속국이 됐지만 독립된 자치국 지위를 유지한 덕분에 자신들만의 전통문화를 보존할 수 있었다. 이들이 보존한 전통문화 중 하나가 발수절로 미얀마의 영향을 받았다. 매년 4월 13일에서 16일까지 열리는 발수절 기간 동안 타이족들은 서로에게 물을 뿌리며 새해를 맞이한다. 축제의 시작 신호가 울리는 순간 전통 복장을 입은 타이족 사람들은 미리 분수대에 자리를 잡고 있다가 바가지로 서로에게 물을 끼얹는다. 관광객 역시 한데 어우러져 '물싸움'을 벌이는 모습은 다른 물축제들과 마찬가지로 흥겹다. 타이족 사람들은 서로에게 신나게 물을 뿌리대며 지난해의 불운·재앙·질병

등을 씻어내고 행운이 찾아오기를 기원한다. 축제 첫째 날 인근 란창강에서 열리는 '용선 경기' 역시 놓쳐서는 안 될 하이라이트. 밤에는 대나무로 만든 폭죽이 하늘을 수놓으며 축제 분위기를 더한다. 물에 더 많이 젖을수록 더 큰 축복을 받는 것으로 여겨지니 눈치 볼 것 없이 마음껏 물을 뿌려대면 된다.

*출처: 정석환, 2015

 '물' 자원을 활용한 관광개발 전략

지금까지 '물' 자원은 생명의 유지, 식량생산, 공산품 생산 등 인간사회의 생활을 영위하기 위해 개발되었다. 그러나 오늘날 현대인들의 여가활동 증대로 인해 관광산업으로서의 물 자원 개발 필요성이 점점 높아지고 있다. 물 자원을 이용한 관광산업으로는 온천관광, 해수욕장, 풀장을 활용한 리조트산업, 소양강호 등 호수를 이용한 레저관광산업, 바다 방조제 등 바닷가의 수려한 경치와 바닷물의 파도 등을 이용한 해안관광 등이 있다. 물은 관광시설 중 레저시설을 이용한 스포츠 관광으로 활용하기에도 좋은 자원이다. 수상스키, 번지점프 등 물을 이용한 스포츠관광을 잘 개발하면 많은 관광객들이 찾아 올 수 있기 때문이다.

특히 물은 경관자원으로서 큰 역할을 수행한다. 푸르른 호수의 잔잔한 물결을 보고서 사람들은 마음의 평온함과 심미적 위안감을 느끼게 된다. 이처럼 물이 있으면 그만큼 관광자원으로의 개발이 쉬워진다. 이 때문에 강과 바다, 호수와 접한 수변시설들을 활용한 축제나 문화공간, 문화콘텐츠는 장소적 이점을 지니게 된다. 물과 해당 지역의 생태자원, 경관자원, 역사문화자원 등 다양한 자원과 연계한다면 특성화된 관광자원으로서 큰 시너지 효과를 낼 수 있다.

 '필(必)환경' 시대, 지속 가능한 사회를 위한 착한축제

전국에서 다양한 축제가 열리는 가운데 사회적 의미와 가치를 더한 '착한 축제'가 주목을 받고 있다. 소비자 사이에서 소비, 놀이 등 라이프스타일 전반에 윤리적인 가치를 더하고 소신을 담아 행동하는 '바람직한 바람'이 불기 시작했기 때문이다. 놀고 즐기면서 사회적 가치까지 전달할 수 있는 '코즈 페스티벌Cause Festival'이 축제의 새로운 트렌드로 자리 잡으면서 '착한 소비'를 하고자 하는 이들의 눈길을 끌고 있다.

장흥물축제의 경우 처음 시작할 때부터 십여 년의 시간이 흘렀음에도 거의 비슷한 금액의 풀장 사용료를 유지하고 있다. 그러면서도 물 기근 국가의 식수지원 사업으로 유니세프에 매년 삼천만 원씩 기부를 하고 있다. 축제 마지막 날 물 축제장에서 기금전달식이 열린다. 이런 사회환원활동을 통해 단순히 물을 이용한 놀고 즐기는 축제가 아닌 환경을 생각하고, 지속가능한 사회를 생각하는 '착한 축제'라는 긍정적 이미지를 형성하고 있다.

환경을 생각하는 대표적인 축제로 그랜드민트페스티벌GMF을 꼽을 수 있다. 2007년, 독특한 콘셉트를 가지고 등장한 피크닉형 음악 축제이다. 올림픽공원에서 이틀간 벌어지는 음악페스티벌로 특히 자연과 사람, 아티스트를 존중하는 축제로 환경캠페인을 늘 함께하고 있다. GMF는 외부 음식 반입이 철저히 금지된다. 재활용기에 준비해 온 음식물^{도시락, 과일}, 인증을 받은 와인, 특이체질을 위한 음식 혹은 이유식 등에 한해 반입이 가능하다. 다량의 쓰레기 배출과 처리가 어려운 패스트푸드^{피자, 치킨, 햄버거 외}, 마트에서 구입한 식음료, 배달음식, 캔과 병 용기 등은 반입이 불가능하다.

우리 사회의 급속한 근대화로 자연환경이나 사람과 사람의 관계가 격변하고 있는 가운데 자연과 공생하는 방법을 주제로 한 페스티벌도 있다. 환경과 생명 그리고 미래의 가치를 외치는 페스티벌인 '그린플러그드 서울'이다. '그린플러그드 서울'은 음악과 문화를 매개로 삼아 환경 캠페인에 대한 공감과 실천을 끌어내기 위해 기획됐다. 기후변화 대응, 생태계 보전 등의 큰 주제 아래 모든 축제 관련 제작물을 친환경 자재를 활용하는 것이 특징이다.

이처럼 '필^必환경' 키워드는 우리 사회의 대표적인 메가트렌드로 자리잡고 있다. 우리가 살아가고 미래가 살아가야 지구 환경문제에 대한 인식도 절박해지고 있다. 폭염, 혹한, 미세먼지, 기후변화 등이 일상화되면서 '필환경' 트렌드는 이제 친환경을 넘어 생존을 위해 반드시 실천해야 하는 미션이 됐다.

참고문헌

이 훈, 2017, 『제10회 정남진 장흥 물 축제 기념국제포럼 – 장흥물축제의 향후과제(유희
　　성 vs 신성성을 중심으로)』, 정남진 장흥 물축제 추진위원회

김병원, 2017, 『제10회 정남진 장흥 물 축제 기념국제포럼 – 정남진 장흥 물축제 10주년의
　　성과』, 정남진 장흥 물축제 추진위원회

이정진·김창수·김정환, 2013, 『한국축제 50선』, 대왕사

최성민, 2019, 『지방분권화의 전개와 지역축제의 정치적 의미: 충남보령머드축제, 전남강
　　진청자축제, 정남진장흥물축제의 사례를 중심으로』, 이화여자대학교 대학원

박소연·임슬예·류문현·유승훈, 2015, 『장흥댐의 레크레이션 편익추정』, 지역연구 제31권
　　제3호

엄대호, 2016, 『삶의 질 향상을 위한 물자원의 관광개발전략』, 한국관개배수 제11권 제2호

문화체육관광부, 2016~2017, 『문화관광축제 종합평가 보고서』

이창주, 2008, 『물축제 토론회 – 주제발표 1 – 장흥군 대표축제 개발과정 기획, 장흥신문

홍성남, 2011, 『물(水, Water)의 표상과 상징』, 에큐메니안

허정림, 2012, 『하천 이야기-신화속을 흐르는 물』, 인간과 하천, 가을호

배상현, 2013, 『[새해설계] 이명흠 장흥군수 "물축제, 엑스포로 도약"』, 뉴시스

장흥군청, 2009, 『제2회 정남진 물축제 기본계획』, 장흥군 문화관광과

김재선, 2009, 『장흥군 '정남진 물축제' 세계화 원년』, 연합뉴스

정석환, 2015, 『[4월 물 축제 버킷리스트] splash! 세계는 이미 여름… 뿌리고 빠지고… 물
　　축제에 젖어볼까』, 매일경제

마동욱, 2011, 『'정남진 물축제' 시작엔 탐진강이 있었다』, 오마이뉴스

김채종, 2017, 『지역축제 효율성 방안 ①정남진장흥물축제 추진배경 및 현황』, 장강뉴스

류정아, 2008, 『물부족 국가의 물(水)축제 의미』, 사이언스컬처

갈등관리 허브, 2016, 『[국민통합사례] 함께하면 효과는 둘이 아닌 셋이 된다(장흥 물축제
　　와 강진청자축제의 상생연계)』, 대통령소속국민대통합위원회

www.jangheung.go.kr/festival

2020~2021 문화관광축제 지역별 현황 지도

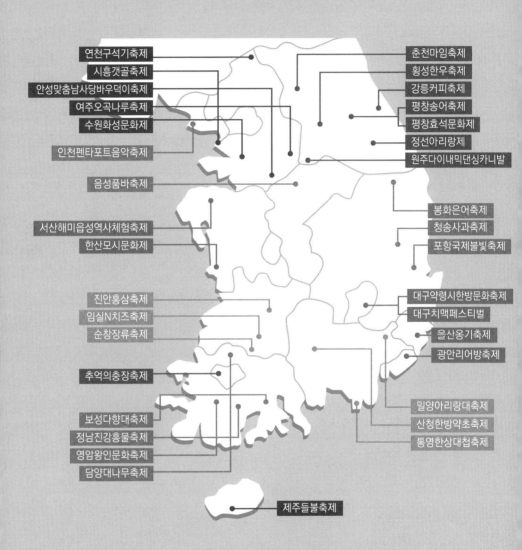

연천구석기축제
시흥갯골축제
안성맞춤남사당바우덕이축제
여주오곡나루축제
수원화성문화제
인천펜타포트음악축제
음성품바축제
서산해미읍성역사체험축제
한산모시문화제
진안홍삼축제
임실N치즈축제
순창장류축제
추억의충장축제
보성다향대축제
정남진강흥물축제
영암왕인문화축제
담양대나무축제

춘천마임축제
횡성한우축제
강릉커피축제
평창송어축제
평창효석문화제
정선아리랑제
원주다이내믹댄싱카니발
봉화은어축제
청송사과축제
포항국제불빛축제
대구약령시한방문화축제
대구치맥페스티벌
울산옹기축제
광안리어방축제
밀양아리랑대축제
산청한방약초축제
통영한산대첩축제

제주들불축제

축제의 탄생

초판 1쇄 발행   2021년 6월 1일
초판 2쇄 발행   2021년 6월 22일

지은이   소홍삼
펴낸이   박성복
펴낸곳   도서출판 연극과인간
주 소   01047 서울특별시 강북구 노해로25길 61
등 록   2000년 2월 7일 제6-0480호
전 화   (02)912-5000
팩 스   (02)900-5036
홈페이지   www.worin.net
전자우편   worinnet@hanmail.net

ⓒ 소홍삼, 2021

ISBN 978-89-5786-781-5 03680

값은 뒤표지에 있습니다.